尼采文集

Die

Geburt

der Tragödie

【德国】尼采 著

赵登荣 等 译

Die Geburt der Tragödie

悲剧的诞生

漓江出版社

图书在版编目（C I P）数据

悲剧的诞生 /（德）尼采（Nietzsche,F.W.）著 . 赵登荣等译 .
—桂林：漓江出版社，2000（2020.7 重印）
（尼采文集）
ISBN 978-7-5407-2506-8

Ⅰ . ①悲… Ⅱ . ①尼… ②赵… Ⅲ . 尼采 .F.W.（1844 ~ 1900）－哲学
Ⅳ . B516.47

中国版本图书馆 CIP 数据核字 (1999) 第 68310 号

BEIJU DE DANSHENG
悲剧的诞生
[德] 尼采　著
赵登荣　范文芳　黄燎宇　译

出版人：刘迪才
责任编辑：张谦　谢青芸
美术编辑：石绍康
责任校对：甘智洪　秦灵
责任监印：张璐

出版发行：漓江出版社有限公司
社址：广西桂林市南环路 22 号　邮编：541002
发行电话：010-85893190　0773-2583322
传真：010-85890870-814　0773-2582200
邮购热线：0773-2583322
电子信箱：ljcbs@163.com
微信公众号：lijiangpress
印制：北京中科印刷有限公司
[北京市通州区宋庄工业区 1 号楼 101 号　邮编：101118]
开本：700 mm × 1000 mm　1/16
印张：14.25　字数：226 千字　插页：12
版次：2007 年 2 月第 2 版
印次：2020 年 7 月第 5 次印刷
书号：ISBN 978-7-5407-2506-8
定价：38.00 元

尼采像　挪威画家爱德华·蒙克作

尼采像

瓦格纳和他的妻子柯西玛(1872年)。尼采完成《悲剧的诞生》初稿后,去拜访瓦格纳、柯西玛,征求他们对初稿的意见。

瓦格纳的歌剧《帕西法尔》剧照。(1882 年)

瓦格纳的歌剧《特里斯坦和伊索尔德》的招贴画。(1865 年)

尼采故居

尼采(左一)在莱比锡大学与“哲学协会”全体成员合影。

瓦格纳是19世纪大音乐家之一,歌剧改革家、新乐剧的创始者。尼采撰写《悲剧的诞生》时曾受到瓦格纳作品的启示。

酒神的信徒们〔意〕提香作(马德里普拉多美术馆藏品)

迈纳德斯。酒神狄奥尼索斯的女伴们。(瓶画)

德国哲学家叔本华(1788—1860)。叔本华重要著作有《作为表象和意志的世界》。尼采在青年时代曾经信奉叔本华哲学。

瓦格纳的妻子柯西玛(1867 年),她是著名音乐家李斯特的私生女,原是冯·布洛的妻子,后与瓦格纳结婚,她的日记对于研究瓦格纳和尼采的关系具有重要参考价值。

酒神狄奥尼索斯(公元前500年古希腊花瓶上的画像)

希腊奥林匹亚宙斯神殿中的阿波罗神像。

拜罗伊特歌剧院(1876年)

目　录

○代总序○

尼采，一位应该被超越的伟人

莫雅平

面对一座万仞高山，我们常常会有说不出多少话来的感觉。同样，面对德国近代哲学家、诗人尼采（Nietzsche，Friedrich Willhelm，1844—1900），我们也有类似的感觉。这个尼采，他曾宣告："上帝死了！"使西方世界大为震撼。这个尼采，他大讲"超人哲学"和"权力意志"，真正理解他的却只是极少数人——他终其一生都与孤独为伴，像很多不幸的天才一样。曾深受尼采影响或对他极为推崇的，既有弗洛伊德、萨特、加缪、海德格尔、萧伯纳、梁启超、鲁迅等文化巨擘，也有希特勒等反面巨人——希特勒曾亲自拜谒过尼采之墓，并曾把《尼采全集》当作寿礼送给另一位大独裁者墨索里尼。

尼采学说的复杂性，尤其是二战时纳粹分子对其学说某些部分的肆意曲解和利用，一度使尼采几乎成了"恶魔"。然而，尘埃落定，今天我们终于逐步对尼采有了一个更公正的认识。1999年英国广播公司（BBC）通过网上投票选举"千年十大思想家"，尼采的名字便赫然在榜，同时入选的还有马克思、牛顿、爱因斯坦、达尔文等。尼采无疑是一位伟人，一位值得我们带着批判精神去学习研究的、精华与糟粕并存的伟人，一位有待也应该被后人超越的伟人。

尼采其人，首先值得我们研习的是他作为一个真正的思想者的永远具有人性光辉的独立精神和批判精神。在精神寄生虫们依附于苏格拉底等古代大师的十九世纪，尼采却对苏格拉底、柏拉图等人的学说表示异议，这当然是需要超群的勇气的。更令人吃惊的是，在基督教一统天下的西方世界，尼采发现基督教约束了人性，腐蚀了人心，因此他进行"价值重估"，不仅对基督教进行了无情的批判，斥之为“最要命、最蛊惑人心的谎言”，而且还发出惊天动地之语：“上帝死了！”无疑这需要更加非凡的勇气，因为这样做在中世纪意味着上火刑架，即使在相对更开明的十九世纪，也会为千夫所指！

如今的世界，各种理论风行，偶像崇拜已成为很多人的生活必需，甚至连邪教都能一呼百应——现代社会的症结，就在于物质的发达已使很多人因智性活动的减少或因思想程式化而逐渐失去了个人的思考力、判断力，失去了个人的独立精神和批判精神。今天，我们真应该听听尼采一百多年前是怎么说的：“神是一种假想，但我希望你们的假想别超过你们创造意志的范围。”单从对人类的精神奴性的批判来看，尼采就无愧于伟人的称号。

尼采的学说，精华与糟粕并存，他的“超人哲学”和与之密切相关的“权力意志”便是如此。尼采是一个极端个人主义者，他崇拜英雄，呼唤强有力的超人出世，认为普通人是粗制滥造的产品，主张由“高等人”统治世界。在个性受到压抑甚至被泯灭的时代，读尼采是极有意义的，因为他极大地张扬了个体生命的价值。假如社会的大多数人都能自立自强，社会作为一个整体就会得到充分的发展。其实即使是在没有人性压迫的时代，读尼采也同样有意义，因为改良人口素质始终是人类进步所必需的。

尼采的“超人哲学”作为一种英雄主义学说，无疑有其颇为可取的一面。几乎每一个时代都需要英雄，因为在知识、智慧和胆略起决定作用的特殊时空下，一个英雄或杰出人物常常胜过千军万马。但是，尼采的英雄主义又是极端的、褊狭的。因为与英雄生活在同一天空下的绝大多数人毕竟是普通人，这是永远无法改变的——没有普通人的衬托，哪里还有“英雄”之说呢？如果英雄与普通人不共戴天，像尼采主张的那样要向庶民开战，天下必定大乱，英雄也难以继续当英雄。英雄人物善待普通人，这种仁慈即使是出于被迫，也是英雄得以长期自保所必需的。在有奴役的地方，谁都不可能有真正的自由。不知尼采是否想到过这一点。尼采说：人应该生活在山顶。假如“超人”或“高等人”是人类之山的山峰，而山峰要摒弃它赖以耸入云天的山体，这不是很可笑吗？

“超人哲学”导致了尼采对贵族政治的极力推崇，这就决定了尼采的反民主倾向。这与历史大潮显然是悖逆的。尼采主张由“高等人”统治世界，希望建立“一个以最严酷的自我训练为基础的庞大的新贵族社会，在那里有哲学思想的强权人物和有艺术才能的专制君主的意志要给千秋万代打下印记”。这作为一种个人信念和主张，本来也无妨。遗憾的是，它被希特勒等进行了别有用心的利用（纳粹鼓吹日耳曼民族为最有资格统治世界的优等民族，其实尼采并不过分赞美德国和日耳曼民族），结果给世界造成了空前的灾难。这罪，当然不在尼采，因为尼采只是一个思想者。（只有黑暗专制的社会才把与众不同的思想者作为异端予以排斥和迫害。）

从尼采的“消灭千百万个粗制滥造者以塑造未来的人”的主张看，尼采是缺乏宽容精神的。这或许与他对基督教的“博爱”与“同情”的教义颇为反感有关。他认为真诚、主动的博爱是不可能的，那不过是恐惧的结果、被动的产物：我害怕他人会伤害我，所以我使他确信我是爱他的。假使我坚强一些、大胆一些，我就会公然表示我对他当然的轻蔑。诚然，尼采此说并不是毫无道理，因为毫无条件的爱的确是难以想象的——即使只是为了获得内心的安慰而行善，其中也有利己的一面，更何况基督教许诺了那么大的一个天堂！然而，尼采主张消灭弱者和劣者，未免过于偏激，谁能在所有方面超过别的人呢？假如人与人的关系只能以敌意为基础，有几个人还愿活在这世界上呢？中国古代政治强人、诗人曹操有诗云：“周公吐哺，天下归心。”这样一种植根于孔孟“仁爱”理想的理想性情怀，尼采这位苦坐书斋的教授、诗人恐怕是从来没有体会过的——尼采的学说具有浓厚的“优胜劣汰”的达尔文主义色彩。尼采是冷酷的。

尼采对爱与同情持否定态度，这最典型地体现在他对女人的态度上。他向来对女人颇多微词。他说：“男人应当训练来战斗，女人应当训练来供战士娱乐。其余一概是愚蠢。”他在作品中借老妪之口说：“你去女人那里吗？别忘了你的鞭子！”他是把女人当作劣者和弱者来鄙弃的。不知他对抚育他的母亲持何态度。在他眼中，女人不强也不美。他说：“有什么比赖凶猛而发出光辉的老虎更美的呢？”他崇尚的是强力的美。有意思的是，他视爱为恐惧的产物，以强悍为美，然而罗素却认为尼采对女人的态度折射出了他自身的某种虚弱——尼采终身未娶，有人怀疑他患有厌女症或恐女症。在现实的女人面前，尼采或多或少有弱的一面，尽管他在精神领域完全凌驾在她们之上。古希腊神庙有箴言曰：“认识你自己。”看来这句话对尼采也同样适用。

尼采的著作里颇多惊世骇俗之语，因而恶之者斥之为“狂人”。设身处地想想，我们真的应该谅解他的偏激之处。他自幼身体多病，35岁时已不得不因病退职，44岁时精神失常，此后大部分时间在精神病院度过，并且至死不愈。他是一个不幸的病人，我们有什么理由去计较一个病人的偏激呢？相反，我们倒是完全应该对尼采表示充分的敬意。一个病人居然有那么强的生命力、那么可贵的独立人格和那么无畏的批判精神，居然能写出那么多富于独特见解的著作并对同时代及后世的人们产生振聋发聩的深远影响，这难道不是一个生命的奇迹吗？难道不值得我们肃然起敬吗？

尼采在哲学、美学、诗歌等众多领域都有独特建树。近一百年过去了，时间已证明尼采是一位伟人。同时，尼采本人和他所处时代的历史局限性，又决定了尼采是一位有待也应该被超越的伟人。尼采说：“人是一种应该被超越的东西。”同样，尼采也是应该被超越的，虽然造就一个尼采这种级别的横空出世的人物，光靠个人的努力显然不够，还需要时代的合作。尼采借查拉图斯特拉之口说：“你们尊敬我，可你们尊敬的人某一天倒下了那又将如何呢？当心啊，别让一根雕像柱把你们压死！”假若有人能在某方面超越尼采，推崇强者的尼采如在地下有知，料想是会感到高兴的。

超越前辈伟人是历史对后人的要求，不然人类还有什么进步的希望？而超越的前提是认识，是批判性的扬弃，对尼采也是如此。彻底地探索和了解尼采的整个体系，无疑是有关学者的重任。但即使是彻底了解了尼采，也仍然是不够的。前不久有朋友极力推崇国内学界一名人，赞其率先向国人引进了国外多种热门理论。我问朋友那位仁兄是否有自己独特的见解和思想体系，因为那更令我感兴趣。朋友说：“你的要求太高了。”在如今的文化界，号称“学富五车”之士不少，而真正具有自己独特独立见解和思想开创性的人却太少了。要想在某种意义上超越尼采等前辈大师，我们多么需要真正的思想者，多么需要尼采向我们昭示的思想者的独立精神、批判精神和开创精神啊！这三种精神对我们来说，甚至比尼采的学说本身更为重要，因为它们意味着“自由”！

当然，对一般读者而言，读一两本尼采著作，能够对尼采的思想作有益于自己的人生的理解，也就够了。比如说，简单一点，认定尼采的“超人哲学”就是说“人应该自强不息”，然后在人生旅程中实践它，这样也就没有白读尼采了。吸其精华，为我所用，何在乎是否不求甚解！有时候，读书而不求甚解，也是一种乐趣，甚至是一种境界。不是吗？

凌晨三点零五分完稿于桂林

一九九九年十一月二十七日

悲剧的诞生

[德国] 尼 采 著
赵登荣 译

自我批评的尝试①

一

这本仁者见仁、智者见智的书究竟缘何而写，这无疑是一个极具吸引力的头等问题，同时又是一个深刻的个人问题。为此作证的是这本书产生的年代，即1870—1871年激动人心的普法战争年代，它是**不顾**这样的战争年代写成的。当沃尔特②战役的隆隆炮声响彻欧洲时，本书作者，这位沉思者和谜语爱好者，却独坐在阿尔卑斯山的一隅，完全沉浸在冥思苦想之中，因而一方面是满腹忧虑，另一方面又可说无忧无虑，他就这样写下他的有关**希腊人**的种种随想——这本奇特而又难解的书的核心部分。本文是为该书写的序(或者说跋)。几星期后，他身陷梅斯③城里，依然摆脱不了他针对希腊人和希腊艺术的所谓“达观”提出的疑问；直到最后，在那最紧张的一个月里，当凡尔赛和谈进行之际，他也和自己达成和解，逐渐治愈了从战场带回的疾病，终于把《悲剧从**音乐**精神中的诞生》一书写成了。——从音乐中？音乐和悲剧？希腊人和悲剧音乐？希腊人和悲观主义艺术作品？迄今为止人类中最健壮、最优美、最令人羡慕、最富人生魅力的种类，这些希腊人——怎么了？偏偏他们**需要**悲剧？而且——还需要艺术？希腊艺术有何功能？……

人们大概已经猜到，关于生存价值的大问号画在了什么地方。难道悲观主义**必定**是毁灭、衰落、失败的标志，疲惫而虚弱的本能的标志？——如同在印度人以及——种种迹象表明——我们“现代人”和欧洲人身上那样？是

---

① 这是尼采于1886年为《悲剧的诞生》写的序。——译注（书中注释是译者所加，下同。）

② 德国西南部傍莱茵河小城，普法两军曾在此激战。

③ 又译麦茨，法国东北部城市，罗马帝国时代建立城堡，1871—1918年属德国。

否有一种**强者**的悲观主义？一种因幸福舒适、健康无比、生活**充实**而生发的对于生活中的艰辛、恐怖、邪恶、疑难问题的理智的偏爱？也许有一种过于充实而生的痛苦？一种目光敏锐以求一试的勇敢，**渴求**可怕的事物，犹如渴求敌手，渴求真正的敌手，以便考验自己的力量，体验什么叫害怕[①]，在最美好、最强大、最勇敢的时代的希腊人那里，**悲剧**神话意味着什么？宏大的狄俄尼索斯[②]现象意味着什么？从这个现象中诞生的悲剧意味着什么？——另一方面，导致悲剧消亡的是道德的苏格拉底主义、辩证法、理论型的人易于满足和生性快乐吗？——怎么，难道不正是这种苏格拉底主义可能是毁灭、疲惫、疾病、错乱解体的本能的征象吗？难道后期希腊精神的“希腊达观”只是一种回光返照？**反**悲观主义的伊壁鸠鲁意志只是受苦者的谨慎？还有科学本身，我们的科学——不错，全部科学，如果把它看作生命的象征，究竟意味着什么？全部科学向何处去，更糟的是，它**来自何处**？科学性也许只是对悲观主义的惧怕和逃避，是吗？是**真理**的一种巧妙防卫？说得好听一点，是类似怯懦和虚伪的东西？说得不好听一点，是狡猾？噢，苏格拉底，苏格拉底，也许这就是你的秘密？噢，神秘的冷嘲者，也许这就是你的——冷嘲？

二

当时我要抓住的是某种可怕的、危险的东西，是一个带角的问题，虽说未必是一头公牛，但无论如何是一个新问题。今天我要说，那是**科学本身的问题**——科学第一次被视为成问题的、可怀疑的东西。然而，本书的任务原本不适合于青年，而我当时写这本书时年轻气盛、大胆怀疑，这是一本多么

---

① 影射瓦格纳的剧本《西格弗里德》。

② 狄俄尼索斯，希腊神话中的酒神和植物神。

不像样的书啊！它纯粹建构在超前的、极不成熟的个人体验的基础上，而这些体验全都介于可表达与不可表达之间，它被置于艺术的基础之上——因为科学问题不能在科学的基础上被认识。这也许是一本为那些兼有分析和反省能力的艺术家（即艺术家中的例外类型，人们不得不寻找而又不愿寻找的那一类型）写的书，充满心理学的创见和艺术家的奥秘，其背景是艺术家的形而上学，一部充满青年人的勇气和青年人的忧伤的青年之作，即使在它似乎屈从于某种权威和自我崇敬之时，它也是独立不羁，傲然而立。简言之，尽管它处理的是个古老的问题，尽管它患有青年人的种种毛病，尤其是“铺张冗长”，“狂放不羁”，它仍不失为一部首创之作，哪怕是从这个词的种种贬义上说。另一方面，鉴于它所取得的成功（尤其是在伟大的艺术家理查德·瓦格纳身上，本就像是与他的一场对话），可以说这是一部**得到了验证**的书，我的意思是，这是一本至少让“那个时代的最优秀人物”[①]满意的书。因此，我本该体谅它，不对它说三道四；然而，我依然忍不住要说，现在我觉得它多么别扭，事隔十六年，它在我面前是多么陌生——我现在有了一双更加老练、更加挑剔，然而热情不减当年的眼睛，这双眼睛对于这本大胆的书首次从事的任务本身并没有变得更加生疏，这任务就是：**用艺术家的眼光考察科学，用人生的眼光考察艺术……**

三

再说一遍，今天我觉得，这是一本不像样的书——我要说写得很坏。它笨拙，读来令人不快，充塞杂乱的比喻，好动感情，有的地方甜甜地发出女儿气，速度时快时慢，缺乏追求逻辑的清晰性的意愿，过于自信，因而疏于

---

① 参见席勒剧本《华伦斯坦》第一部《华伦斯坦的阵营》的序曲。郭沫若译，人民文学出版社，1955年，北京。

论证，甚至怀疑论证本身是否**合宜**。它是给内行人写的书，是给那些为音乐而生、从一开头就为共同而罕见的艺术体验深深吸引而联系在一起的人的“音乐”，是给那些同族亲人的认证标记——一本居高临下、高谈阔论的书。该书一开始就拒“文化人”大众于门外甚于“普通百姓”，然而正像它的影响已经证明和正在证明的那样，它必定会善于寻找其狂热的共鸣者，把他们吸引到新的隐蔽小径和舞场上。不管怎么说，在这里说话的是——人们怀着好奇或反感承认这一点——一个陌生的声音，一个“尚不知名的上帝”的弟子。他一度用学者的斗篷帽，德国人辩证的一本正经的深沉样和瓦格纳信徒的拙劣仪表隐蔽自己；在这里出现的是一个怀有异样而无名的需要的英才，他的头脑充满了可以像加个问号那样冠以酒神狄俄尼索斯的名字的疑问、经验、秘密；在这里说话的——人们带着怀疑的神态说——是个神秘的，几乎狂乱的人，他既费力又随心所欲地，仿佛用别人的舌头结结巴巴地说话，几乎拿不准他是全盘托出还是秘而不宣。这个“新的灵魂”，他本该**唱**，而不是说！我不敢以诗人的身份说我当时要说的话，多么可惜啊！其实，这一点我当时也许是能够做到的，至少以语言学家的身份是能够做到的。就是今天，在这个领域几乎一切都尚待语言学家去发现和发掘！首先是这样一个问题，即这里存在问题以及——在我们对“什么是狄俄尼索斯精神”的问题找到答案以前——希腊人和从前一样是完全陌生的，不可想象的……

四

那么，什么是狄俄尼索斯精神？本书给予了回答。在书中说话的是一位“知者”，他本人的上帝的入道者和弟子。如果我今天写这本书，那么谈论这样一个艰难的心理问题，我也许会更加谨慎，少用雄辩的口吻；在希腊人看来，悲剧的起源正是这样一个艰难的心理问题。这里，一个基本问题是希腊人与痛苦的关系，他的敏感性的程度如何。这种关系是始终如一呢，还是发生变化的呢？希腊人越来越强烈的**对美的渴望**，对节庆、娱乐、新的礼拜仪式的渴望是源于短缺、匮乏、伤感、痛苦的吗？假定这是真的，那么——正如伯里克利[①]（抑或修昔底德[②]？）在其著名的葬礼演说中所暗示的那样——我们就要问：先于此产生的相反的渴望，即**对丑的渴望**，是缘何产生的呢？更早的希腊人渴望悲观主义，渴望悲剧神话，渴望生活中一切可怕的、邪恶的、神秘的、毁灭性的、危险的东西的良好而严肃的意愿缘何产生？简言之，悲剧源于什么？也许源于**喜悦**，源于力量、无比的健康、过分的丰裕？要是那样，从生理学上说，那种既产生悲剧又产生喜剧的狄俄尼索斯的疯狂意义何在？疯狂也许未必是蜕变、衰败、没落文化的征兆吧？也许有一种源于**健康**的精神病，因种族处于青春期，充满青春活力而产生的精神病（这是精神病医生的问题）？萨梯里[③]身上神与羊的结合意味着什么？希腊人由于何种自我经历，出于何种内心需要，非把狄俄尼索斯狂欢者和原始人想象成萨梯里的模样呢？说到悲剧合唱队的起源，那么，在希腊人的躯体非常健壮、希腊人的心灵充满青春活力的几个世纪，也许有过当地特有的狂喜？有过让整个整个部落、让整个整个祭祀团体都染上的幻想和幻觉？可否假定，希腊人恰恰在富于活力的青春期具有倾向悲剧的意志，是些悲观主义者呢？恰恰是疯狂——借用柏拉图的一句话[④]——让希腊人产生**无比**的幸福感呢？恰恰在崩溃衰败时期，希腊人反而越来越乐观、轻浮、做作，越来越热衷于逻辑，追求合理的宇宙论，同时也就越来越“快乐”、越来越“科学”呢？与种种“现代理念”和带有民主意味的诸般偏见相反，也许正是**乐观主义**的胜利，此时占统治地位的**理性**，实际的和理论上的**功利主义**，连同与之同时的民主，而不是悲观主义，可能是力量衰微、老年将至、体力减退的征兆？是否可以说，正因为伊壁鸠鲁[⑤]是个受苦者，所以是乐观主义者？

读者现在看到了，本书探讨的是一大堆难题，而且我们还加上一个难中之难的问题：透过生活之镜，伦理道德意味着什么？

---

① 伯里克利（前495—前429），古雅典民主派政治家，前444年后历任大将军，他当政期间为希腊最盛时期。

② 修昔底德（前460—前400）古希腊历史学家，著有《伯罗奔尼撒战争史》八卷。

③ 希腊神话中半人半羊的森林诸神，是酒神狄俄尼索斯的随从。

④ 柏拉图（前427—前347），《斐多篇》。

⑤ 伊壁鸠鲁（前341—前270），古希腊哲学家，伊壁鸠鲁学派的创始人。

五

在献给理查德·瓦格纳的序言里，我已经指出，构成人的真正**形而上**活动的是艺术，而不是道德。在书中多次出现那句暗示性的句子，即世界的存在只有作为审美现象才是**合理**的。真的，全书通篇所言仅为一切事物所含有的一种意义，即无论明显的还是隐含的艺术家意义，如果你愿意，也可以说它只知道一个“神”，当然只是一个毫不令人疑虑的、非道德的艺术家之神。无论创造还是毁坏，好事还是坏事，这个艺术家之神总要领略它自己的同一种乐趣和自负，一边创造世界，一边又要摆脱因富裕和**过分富裕**造成的**困苦**，摆脱各种内在矛盾引起的痛苦。世界乃每一瞬间所**达到**的神之解脱，乃受苦最深、对立最甚、最富内心矛盾者的不断变化、永远翻新的幻觉，而这位受苦者只是表面上懂得自我解脱。人们尽可把这整个艺术家形而上学称为任意的，多余的，幻想型的；然而重要的是，它已经预示了一种精神，这种精神将不顾任何危险，反对对生活做道德的诠释。这里，也许是第一次，预告着某种“超善恶”的悲观主义就要来到，那种“反常的思想”要登台亮相，对这个说法，叔本华曾不遗余力，预先就用种种最猛烈的诅咒和利斧加以抨击[①]。这里所说的是这样一种哲学，他敢于把道德本身置于现象世界，从而贬低了它，更有甚者，它不仅把道德（在理念主义这个专门术语的意义上）置于现象之中，而且将它看作表象、妄想、错误、诠释、美化，归入“假象”之列。我在本书中论及基督教时所采取的谨慎的、敌意的沉默态度——把它看作人类迄今为止所见到过的对道德问题的最详尽冗长的形象体现，也许最能衡量这种**反道德**倾向的深度。与我在本书纯粹从美学角度对世界所做的解释和辩护相对立的，千真万确，以基督教学说为最烈；基督教学

---

① 叔本华（1788—1860）《补遗》第2卷第107页。

说只讲，并且只想讲伦理道德，以其绝对真理，比如上帝的真实存在论，将艺术，将**任何**一处艺术贬入**谎言**之国，加以否定、咒骂和谴责。透过这种思维方式和评价方式——只要它还保持一点真诚，它就必定敌视艺术——，我一向感觉到那种对**生命的敌视**，对生命本身的强烈的、企图复仇的厌恶：因为一切生命都立足于表象、艺术、错觉、外观以及憧憬未来和错误的必要之上。而基督教则自产生之日起，从本质上彻头彻尾地厌恶生命，只是用所谓“另一个”或“更好的”来世伪装自己，掩盖自己，美化自己。对“世俗”的憎恨，对感情的诅咒，对美与情欲的恐惧，虚构出一个天堂，以更好地诽谤尘世，从骨子里对虚无、末日、安息的渴望，直至对“最后的安息日”的渴望，所有这一切，连同基督教只承认道德价值的绝对意志，在我看来，一直是某种“追求毁灭的意志”的各种可能的形式中最危险、最可怕的形式，至少是重病缠身、精疲力竭、厌倦生活、生命萎缩的征兆，因为按照道德，尤其是基督教的绝对道德，由于生命从本质上说是非道德的东西，因而生命必定是、而且始终是无理的。生命背负着长期被蔑视、永远被否定的重压，人们自然产生这样的感受：生命不值得追求，生命没有价值。那么道德呢？难道道德不是“否定生命的意志”，旨在摧毁、压缩、诽谤吗？难道它不是末日的开始吗？因而，难道不是最大的危险吗？于是，在当时，我的本能，我那为生命请命的本能就起而**反对**道德，写了这本众说纷纭的书，发明了一种完全相反的评价生命的学说，可以说，这是纯美学的、**反基督**的学说。给它起什么名呢？我作为语言学家和言语专家给它起了一个希腊神的名字，即**狄俄尼索斯**学说；这样取名不无一定的随意性，因为有谁知道反基督者的真正名字呢？

六

人们是否知道，我当时写这本书意味着给自己压了多重的任务？我现在深以为憾的是，我当时还没有勇气（或者说还不够自信），在任何方面都采用**自己的语言**，阐述我的独特的见解和创新的理论，而不辞辛苦地试图用叔本华和康德的语汇，去表达从根本上说与康德和叔本华的精神及格调相矛盾的崭新的观念！关于悲剧，叔本华是怎么想的呢？他在《作为意志和表象的世界》中说："促使一切悲剧性的东西兴起的真正推动力是这样一种认识：现世，即生命，不能给予我们真正的满足，因此**不值得**我们对它忠诚，此乃悲剧精神之所在，它引导人们**听天由命**。"噢，当时，狄俄尼索斯对我说的话与这番话是多么格格不入啊！噢，当时，这种听天由命的论调和我相去何止十万八千里啊！——然而，比起用叔本华的语汇使得狄俄尼索斯隐约感到的东西变得模糊不清，甚至变了味，书里还有更糟的东西，让我更感遗憾的，那就是我在论述这个伟大的、我看得清清楚楚的**希腊问题**时，掺进了时下流行的东西，从而**败坏了**它！在毫无希望、一切都明白无误地指向末日的地方，我却表达了希望！我基于德国的最新音乐，开始编织所谓"德国精神"，仿佛它正在自我发现、自我回归似的！而我做所有这些事情时，正是德国精神——不久前它还踌躇满志，要统治欧洲，还拥有力量，能领导欧洲——按照遗嘱最终**退位**，以成立帝国的堂而皇之的借口，向平凡、民主和"现代观念"过渡之时！现在我认识到了一点，那就是对"德国精神"要不存希望，不留情面，这也适用于现在的**德国音乐**，浪漫主义就彻头彻尾地属于这种音乐，它是一切可能的艺术形式中最缺乏希腊精神的艺术形式，而对一个喜欢豪饮、把暧昧尊为美德的民族，它不啻是头等神经杀手，是双倍的危险，是既让人陶醉又使人**麻痹**的麻醉剂。不过，尽管我当时怀有种种操之过急的希望，在古为今用上运用不当，从而损害了我的第一本书，但是，那个狄俄尼索斯大问号，就像书中所画的那样，依然存在，在音乐方面也继续存在。这个问题就是：**狄俄尼索斯**音乐，而非如同德国音乐那样的有浪漫主义渊源的音乐，该是什么样子的呢？

七

——且慢，亲爱的先生，如果你的书不是浪漫主义，那么在这个世界上哪里还有浪漫主义？在你的所谓艺术家形而上学理论中，对“现世”、“现实”和“现代观念”的痛恨不是比任何其他地方都更加强烈吗？你的艺术家形而上学不是宁可相信虚无，相信魔鬼，而不相信“现在”吗？透过你的复调声音艺术和诱饵骗术，不是听得见一个愤怒的、充满毁灭欲的低音在低吼吗？这是一种凡属“现在”的一切都要反对的狂暴的坚定意志，它与实际的虚无主义实在相去不远，仿佛在说：“宁可什么都是假的，也不愿意看到你们是对的，你们的真理是对的！”我的悲观主义先生，我的艺术至上者先生，你竖起耳朵，听听从你自己书中挑选出来的一段话吧，听听那段雄辩的讲降龙伏虎勇士的精彩文字吧，对于那些年轻的耳朵和心灵，这段话很可能充满不可抗拒的魅力。怎么？这难道不是1830年的真正的浪漫派自白，而又伪装成1850年的悲观主义吗？透过这悲观主义的声音，我们不是听到了通常的浪漫派终曲的前奏：断裂、崩溃、复归古老的信仰和古老的神灵、拜倒在它的面前吗？你的悲观者著作不正是一篇反希腊精神和浪漫主义之作吗？不正是“既让人陶醉又使人麻痹”，是一种麻醉剂，一段音乐，而且是一段德国音乐吗？请听：

让我们这样想象正在成长的一代新人，他们目光坚毅，勇往直前，这些降龙伏虎的勇士步伐坚定，意气风发，抗拒乐观主义的种种虚弱教条，以求不折不扣地“勇敢生活”：那么我们要问，这种文化的悲剧人物，在进行自我教育，培养自己严肃和畏惧的品质时，岂不是必定向往一种新的艺术，形而上慰藉的艺术，把悲剧作为属于他的海伦苦苦追求？岂非要借用浮士德的话大声喊道：“我岂能不如醉如狂，让绝代美人重见天光？”[①]

“岂不是**必定**……吗？”否！一百个否！你们这些年轻的浪漫主义者听着，事情并**非**必然如此！但是，事情很可能会如此**结束**，**你们**会如此了却一生，如同白纸黑字所写的那样，会“得到安慰”，尽管你们自己教育自己要严肃与畏惧，你们还是“受到形而上的安慰”，简言之，会像浪漫主义者那样，像**基督徒**那样结束一生……不！你们首先应该学习**尘世**安慰的艺术，我的年轻的朋友，倘若你们想继续当悲观主义者，你们就应该学习**笑**；也许有朝一日，你们会朗朗大笑，让所有形而上安慰，由形而上学领头，统统见鬼去！我们不妨引用那个名叫**查拉图斯特拉**的狄俄尼索斯恶魔的话：

> “我的弟兄们，提起你们的精神，让心花怒放！也别给我忘了腿！你们是善舞者，抬起你们的腿！脑袋朝下倒立也许更好！”
>
> “这顶笑者的王冠，这顶玫瑰花环的王冠：我自己将它戴到头上，我自己宣布我的笑是神圣的。今天，还没有别的什么人如此强大，能效法我这么做。”
>
> “善舞的查拉图斯特拉，轻捷的查拉图斯特拉，他扑动翅膀示意，向所有禽鸟示意，他——一个意欲飞行的人，一个漫不经心的乐天派，已做好飞行的准备。”
>
> “预言者查拉图斯特拉，用笑预示未来的查拉图斯特拉，从不心烦意乱，一向处事随和，他喜欢朝令夕改，喜欢放荡不羁：我自己戴上这顶王冠！”

---

① 这段文字引自《悲剧的诞生》第十八节，最后两句诗引自歌德《浮士德》第二部，第7438行和第7439行，郭沫若译为：

“那么我靠着憧憬的诚心诚意，

使那惟一的美人重生岂不可以？”

人民文学出版社，1959年，第147页。

“这顶笑者的王冠，这顶玫瑰花环的王冠：我的弟兄们，我把这顶王冠掷给你们！我宣布笑是神圣的！你们这些高等人，给我好好学笑吧！”①

① 可参见高寒译《查拉图斯特拉如是说》第4部第73节，上海文通书局，1949年，第365页。

前 言

——致理查德·瓦格纳[1]

鉴于我们的审美公众的特殊品性，集中在这本书里的思想可能会引起种种疑虑、不安和误解。为了抛开这一切的干扰，同时也为了能怀着同样平静欢悦的心情来写这本书的前言（这本书的每一页都铭刻着这欢悦的印记，如同美好崇高时光的化石），我想象着您，我尊敬的朋友，收到这部著作时的情景。您也许在一天傍晚，雪中散步归来，端详着扉页上被解放了的普罗米修斯，读着我的名字，立刻就相信，不管书里写些什么，作者必定有严肃而深切的话要说，同时也相信，他像面对面那样，把他想到的一切都向您倾吐，而且只能把适于面谈的东西记载下来。您这时会记起，正是在您写作纪念贝多芬的精彩绝伦的文章之时，也即在刚刚爆发的战争引起的既恐怖又庄严的气氛中，我全神贯注，构思着这些思想。然而，如果有人这样全神贯注思索时想到的是爱国主义的激情和纵情审美享受、勇敢的严肃和欢快的游戏的对立，那么他就错了。但愿他们在认真阅读这部著作时会惊讶地发现，我们讨论的是多么严肃的德国问题，我们真真切切地把它看作德国希望的中心，看作脊梁和转折点。然而，倘若他们把艺术仅仅看作趣味盎然的附属品，对于"生命的严肃"是可有可无的小铃铛，仿佛没有人懂得，与这样的"生命的严肃"作对比本身有什么意义，那么，对他们来说，如此严肃地看

---

① 理查德·瓦格纳（1813—1883），十九世纪大音乐家之一，歌剧改革家，新乐剧的创始者。1868年在拜罗伊特（Bayreath）建筑成理想的剧场，尼采与瓦格纳交密正是在这个时期。瓦格纳的主要作品有《漂泊的荷兰人》、《特里斯丹和绮瑟》、《纽伦堡的名歌手》、《尼贝龙根的指环》等。尼采的《悲剧的诞生》中的许多观念都是得自瓦格纳作品的启示。

待一个美学问题，也许根本就有失体统。可以给这些严肃的人提供教益的是，我追随另一位男子，坚信艺术是生命的最高使命，是生命本来的形而上活动，我的这本书就是献给我的这位走在同一条路上的高贵的先驱者的。

1871年底于巴塞尔

一

如果我们不仅仅从逻辑上认识到，而且从直观上把握到，艺术的持续发展受**阿波罗精神和狄俄尼索斯精神**的二元性的制约，犹如生育有赖于性的二元性，两性持续不断地斗争，而只间以周期性的和解，我们就在审美科学方面获益良多。我们从希腊人那里借用这两个名称，他们虽然没有用概念，却用他们的神话世界的极其鲜明的形象，让聪慧之士能够感受到他们的艺术观的深刻而隐秘的内涵。与阿波罗①和狄俄尼索斯②这两位艺术之神相关，我们认识到，在希腊人的世界，按照其根源和目标，在阿波罗艺术即造型艺术和狄俄尼索斯艺术即非造型的音乐艺术之间，存在着巨大的对立。这两种完全不同的本能共存并处，在大多数情况下相互公开对立，相互激发不断孕育新的更加强有力的生命，以求在它们身上继续保持矛盾对立的斗争，"艺术"这个共同的用语只是在表面上消除了这种斗争罢了。直到最后，"希腊意志"的一个奇迹般的行为，使两者似乎交合为一体，由此交合终于产生了阿提卡③悲剧这种既是狄俄尼索斯的又是阿波罗的艺术品。

为了进一步了解这两种本能，我们姑且先把它们想象成**梦**和**醉**两个互相分开的艺术世界，在这两个生理现象之间，如同在阿波罗精神和狄俄尼索斯精神之间那样，可以发现存在相应的对立。按照卢克来修④的看法，壮美的神灵形象是在梦中首先向人的心灵显现的，伟大的雕塑家是在梦中看见那些超人神灵的优美无比、令人愉悦的肢体构造。如果当时有人向希腊诗人询问诗歌创作的秘密，那么他也会像汉斯·萨克斯⑤那样提到梦，给我们留下同样

---

① 即日神。

② 即酒神。

③ 阿提卡半岛，位于希腊中部，是雅典城邦所在地。

④ 卢克来修（约前99—前55），古罗马诗人、哲学家，著有《物性论》。

⑤ 汉斯·萨克斯（1494—1576），德国诗人。

的教导。萨克斯在《名歌手》中歌唱道：

> 我的朋友，解释和记载他的梦境，
> 正是诗人毕生的使命。
> 相信我，人的最真实的幻想，
> 总是显现于他的梦乡。
> 一切诗学，一切诗篇，
> 除了释梦岂有他焉？

在创造梦境方面，每个人都是不折不扣的艺术家，而梦境的美丽表象是一切造型艺术的前提，而且，我们下面将会看到，也是一大半诗歌的前提。直接领悟艺术的形象是我们的享受，种种形式本身在跟我们说话，没有可有可无的、多余的东西。即使在这个梦的现实显现为活灵活现的真实时，我们仍能朦胧地感觉到它是一种**幻象**。至少这是我的经验，我可以提供某些证据和诗人的名言警句，证明这种经验是常见的，甚至是常态。具有哲学头脑的人甚至有这种预感，在我们生活于其中的现实之下，还隐藏着另一个全然不同的现实，也就是说，我们生活于其中的这个现实也是个幻象。叔本华直截了当地指出，在某些时候能感觉到人和一切事物是纯粹的幻影和梦境的禀赋是哲学才能的标志。艺术上敏感的人与梦幻现实的关系，可比之于哲学家与存在之现实的关系。他喜欢“观察”梦幻现实，因为他根据梦中的图像解释生活，通过这些过程演练自己适应生活。他在自己身上清清楚楚体验到的，绝非只是令人亲切愉快的图像；严肃的、忧郁的、悲伤的、阴暗的东西，突然的压抑心绪，命运的捉弄，掺着恐惧的期待，总之，在整部生活“神曲”，连同“地狱篇”，一一从他身旁闪过，不仅仅像皮影戏，因为他就在这些场景之中生活、受苦，但另一方面，他仍有那种这是幻象的依稀感觉。有些人也许和我一样记得，当他在梦中遇到危险和恐怖场面时，有时会鼓励自己，成功地喊出声来：“这是一个梦！我要把它做下去！”我曾听说，有些人能够一连三四个晚上做同一个连贯的梦。这些事实证明，我们最内在的本质，我们所有人共同的内核，必定要体验梦境，并深感喜悦和快乐。

同样，希腊人在他们的阿波罗身上也表达了这种体验梦境的令人愉快的必然性。阿波罗既是一切造型力量之神，又是预言之神。按其本源，他是“发光者”，是光明之神，同时，他也掌管内心幻想世界的优美表象。这更高的真实，这些与不能全然理解的日常现实相对立的状态的完美性，还有对睡眠和梦境中起康复治疗作用的自然本质的深刻意识，是预言能力的象征性类比物，而且根本就是各种艺术的象征性类比物，有了这些艺术，生活才变得可能，才值得人们去经历一番。但是，那梦像条不许逾越的隐隐的界线——越过这条界线，就会让人产生那是病态的印象，我们就会受骗，把表象误认为粗俗的现实——在阿波罗的形象中也是不可缺少的，这就是适度的克制，避免过分狂暴的冲动，雕塑家之神的大智大慧的静穆。他的眼睛按其来源必须是“明如太阳”，即使他发火怒视，眼神仍是庄严的，让人觉得外表优美。在某种意义上，叔本华关于隐身在摩耶面纱①下面的人所说的话，也可适用于阿波罗。他在《作为意志和表象的世界》里写道：“翻腾的大海无边无际，汹涌的大浪咆哮如雷，船夫独坐一叶小舟，任凭风吹浪打；同样，大千世界充满苦难，个体的人置身其中，凭借并信赖个体化原理，泰然安坐。”②不错，关于阿波罗的确可以说，在他身上，对于这个原理的坚定信念，隐身于其中者的安坐姿态，得到了最高超的表达，我们不禁要把阿波罗本身称作个体化原理的壮美的圣像，他的表情，他的眼神，无不向我们表明“幻象”的全部乐趣、智慧和美丽。

在同一个地方，叔本华向我们描述了当人由于充足理由律在某种形态里似乎遇到了例外，因而突然怀疑起现象的种种认识形式时，他所感到的无比**恐惧**。如果在恐惧之外，我们再加上个体化原理破碎之时从人的内心深处，就是说从他的天性中涌出叫人筋化骨酥的狂喜，我们就看见了**酒神**的本质，用一个**醉**字比拟其本质是再贴切不过了。无论是所有原始先民和各民族的颂歌里都谈到的醉人的饮料发生作用也好，还是使万物复苏、生灵欢唱的春天来临也好，总之这时狄俄尼索斯的激情苏醒了，而且随着激情的高涨，主体逐渐进入浑然忘我之境。在中世纪的德国，也是成群结队的人，受同一种狄

① 摩耶原是婆罗门教中作为苦难经历的现象世界，梵文原文是Maja，其形象为用面纱遮身的美女。叔本华把这一概念引入他的哲学体系，用以指称他所说的虚幻之境。

② 叔本华《作为意志和表象的世界》第一部，可参见石冲白中译本第63页，商务印书馆，1982年，第483~484页。

俄尼索斯威力的驱使，载歌载舞，从一处行进到另一处，队伍越滚越大。在这些圣约翰节和圣维托节的舞蹈者身上，我们重睹了古希腊人的狄俄尼索斯歌队，看到了这种歌队在小亚细亚，直至巴比伦和放纵狂舞的萨克亚人[①]的雏形。现在有人由于缺乏经验或麻木迟钝，由于感觉自己肌体健康，对这类现象或冷嘲热讽，或表怜悯惋惜，像躲避“大众疾病”那样，远远地避开它们。这些可怜人当然料想不到，倘若热烈奔放的酒神节崇拜者载歌载舞从他们身边经过，他们的所谓“健康”会显得怎样的苍白暗淡，阴森可怕。

凭借狄俄尼索斯的魔力，不仅人与人重新修好，而且被疏远的、敌意的或被奴役的自然也重新庆祝她与她的浪子——人类——和解的节日。大地自动奉献它的贡礼，山崖荒漠中的猛兽温驯地走过来。狄俄尼索斯的车辇装饰着鲜花和花环，由虎豹驾驭着向前行进。请诸位将贝多芬的《欢乐颂》化作一幅油画，让想像力继续高扬，设想数百万人惊恐万分、浑身发抖地倒到尘土里，这样你们就能把握狄俄尼索斯的本质特性了。此时，奴隶成了自由人，贫困、专断或“无耻的时尚[②]”在人与人之间树立的所有牢固而敌对的藩篱都土崩瓦解了。现在，空中响着世界大同的福音，每个人都感到和周围的人联合了、和解了、融合了，甚至合为一体了，仿佛摩耶的面纱已经破裂，只剩下一些碎片在神秘的太一面前飘忽。人以歌舞的方式表明自己是一个更高级的集体的成员，他忘却了怎样走路怎样说话，正一边手舞足蹈，一边向空中飞升。他的神态表明，他着了魔。如同此刻动物开口说话，土地流出牛奶蜂蜜，人身上也出现了超自然的力量：他感到自己是神，正像在梦中看见众神变幻那样，他自己也陶陶然飘飘然，开始变幻。人不再是艺术家，他变成了艺术品。这里，透过醉的颤栗，整个大自然的威力显露无遗，太一的快感得到极度的满足。最精良的陶土，最珍贵的大理石——人，在这里被揉捏、被雕琢，随着狄俄尼索斯的宇宙艺术家的雕琢声，响起厄琉西斯秘仪[③]的呼喊声：“万民啊，你们倒下了吗？宇宙啊，你预感到造物主了吗？”[④]

---

① 萨克亚人，居住在今土耳其小亚细亚西北部的古代人。

② 参见瓦格纳短篇小说《朝拜贝多芬》。

③ 厄琉西斯秘仪，古希腊祭祀得墨忒耳和佩尔塞福涅的一系列神秘的庆祝活动，其产生与农耕有关，始于雅典西北的厄琉西斯。参加厄琉西斯神秘仪式的人要发誓保守秘密，因此后人对这一秘仪的内幕的了解极不确切。

④ 参见席勒《欢乐颂》。

二

至此，我们考察了**无须人间艺术家的中介**，从自然本身产生的两种艺术之力——阿波罗及其对立面狄俄尼索斯。这两种力量的艺术冲动首先直接地以下述方式获得满足：一方面作为梦的形象世界，这个世界的完美性与个体人的智力水平或艺术修养毫无关系，另一方面作为醉的现实，这种现实同样不重视个体人，甚至要毁灭个体人，用一种神秘的雷同感让个体人得到解脱。面对大自然的这些直接的艺术状态，任何艺术家都是“模仿者”，不是阿波罗的梦幻艺术家，就是狄俄尼索斯的醉狂艺术家，或者（如同在希腊悲剧中）一身二任，既是醉狂艺术家，又是梦幻艺术家。关于后者，我们恐怕可以这样设想：他狄俄尼索斯般酩酊大醉，自暴自弃，独自一人，离开载歌载舞行进的歌队，倒在一边；继而受阿波罗梦的感应，他自己的境界，即他与世界本质的统一，**在譬喻性的梦境中**向他显现。

论述了这些一般的前提，做了这些一般的对比后，我们现在来看看**希腊人**，在他们身上，那些**自然的艺术冲动**发展到了什么程度，达到了什么高度，这样，我们就能够更深刻地理解和评价希腊艺术家和他们的原型之间的关系，亦即亚里士多德所说的“对自然的模仿”。说起希腊人的**梦**，尽管他们留下了许多写梦的文学和讲梦的轶闻，我们也只能推测，不过这种推测有相当的把握：鉴于他们的眼睛具有令人难以置信的准确可靠的立体感受能力，他们对色彩执著而真诚的爱好，我们不禁要认为，他们的梦也具有线条、轮廓、色彩、布局的逻辑因果关系，具有与他们最优秀的浮雕类似的舞台效果，这一点令所有后人羞愧。他们的梦的完美性使我们有理由——如果可以这样比喻的话——把做梦的希腊人称为荷马，把荷马称为做梦的希腊人。这个比喻的意义比现代人在做梦方面敢于自比莎士比亚更深刻。

相反，如果说把**狄俄尼索斯希腊人**和狄俄尼索斯野蛮人分开的鸿沟应该填平的话，那么这就不仅仅是推测了。在古代世界的各个地方（这里不谈近代世界），从罗马到巴比伦，我们都能够拿出证据，证明酒神节的存在。这些古代酒神节与希腊酒神节的关系，最多就像其名称和标志取自公羊的长胡子的萨梯里与狄俄尼索斯本身的关系。几乎在所有地方，这些节日的核心都是狂放无度的性放纵，其汹涌澎湃的大浪冲决了任何家庭生活及其庄严的规范；这里，自然中最凶残的兽性脱开了任何羁绊，乃至肉欲与残暴混杂一起，令人厌恶，这种既淫且暴的混合在我看来一向就是真正的“妖女淫药”。有关这些节日的知识从所有陆路和海路传给希腊人，看来，在开初一段时间，他们凭借傲然挺立的阿波罗形象，完全顶住了这些节日的狂热刺激，阿波罗用墨杜萨[①]的头，却不能抵抗比丑陋粗野的狄俄尼索斯更危险的力量。阿波罗的这种庄严拒绝的姿态在多立克风格[②]艺术中得到了永久的表现。当类似的冲动终于从希腊人的内心深处打开一条路，迸发出来时，抵抗便成了问题，甚至不可能了。现在，得尔菲[③]神能做到的只有这样一点了：及时和强大的对手和解，从而让他放下毁灭性武器。这次和解是希腊祭拜史上最重要的时刻，无论哪方面，这一事件引起的变化都是明显的。两个对手和解了，严格确定了他们从此必须遵守的界线，定期互赠信物；但鸿沟并未从根本上消除。不过，如果我们观察一下，狄俄尼索斯的权力如何在媾和的压力下显现出来，我们就会清楚地看到希腊人的狄俄尼索斯狂欢所具有的意义：它们是拯救世界的节日，是神化的日子，这与巴比伦的萨克亚人及其由人变为虎猴的倒退形成对比。只有在希腊人身上，自然才得到它的艺术欢乐，个体化原理的崩溃才是一种艺术现象。在这里，由肉欲和残暴混合而成的“妖女淫药”失去了效用，只有狄俄尼索斯狂热信徒的激情中那奇妙的混合和双重性才让我们想起它，就像药物让人想起致命的毒药一样。这就是我们常看到的一种形象：痛苦引起快感，欢呼夹带哀声，乐极而生惊恐，泰极而求失落。在那些希腊节日里，大自然仿佛呼出一口伤心气，好像它不得不为自己分解为许多个体而叹息。对于荷马的希腊世界，这些具有双重心态的狂欢者

① 墨杜萨，希腊神话中的女怪，头上长的不是头发，而是毒蛇，能使见到她的头的人化为石头。她的形象常见于古希腊人的盾牌和房屋入口处，意在化险避邪。

② 希腊古典艺术主要有三种艺术风格：多立克风格、爱奥尼亚风格和科林斯风格。

③ 得尔菲，古希腊城市，位于帕尔那索斯山下，以神托所和阿波罗神庙而出名。据传说，阿波罗杀死凶龙皮托后在得尔菲修建了神托所和神庙。此处的得尔菲神即指阿波罗神。

的歌唱和姿态是些闻所未闻、见所未见的新鲜事儿，尤其是狄俄尼索斯的**音乐**更使他们胆战心惊。如果说音乐似乎早已作为阿波罗艺术而在希腊流传，那么严格地说，它只是节奏的拍打，其造型力量是为描绘阿波罗状态而发展起来的。阿波罗音乐是用声音表达的多立克风格建筑艺术，而且只是类似竖琴所特有的那种暗喻性的声音。而那些决定狄俄尼索斯音乐乃至一般音乐的特性的因素——音调的动人心弦的震撼力，旋律的强劲的奔流直泻，和声的无与伦比的境界，恰恰被当做非阿波罗的因素，小心翼翼地排除了。在狄俄尼索斯颂歌里，人则受到强烈刺激，最充分地调动他的一切象征能力；某些从未有过的感受非表现不可，摩耶面纱一定要揭去，混沌一元被视为族类之神，甚而为自然之神。现在，要让自然的本质象征性地得到表现，这就需要一个全新的象征世界，整个躯体都应具有象征意义，不但包括嘴唇、面颊、语言，而且包括让肢体有节奏地运动的舞姿。于是，另一类象征力，表现在节奏、律动、和声中的音乐的象征力突然变得强大起来。为了理解所有象征力的完全释放，人必须达到一种忘我境界，它要通过那种种力量象征性地表现自己。所以，唱着颂歌的狄俄尼索斯信徒只能被他的同路人理解！阿波罗式的希腊人看到他时必定惊愕万分！而当惊愕中掺入了恐惧，原来这一切于他并非如此陌生，连他的阿波罗意识也只是遮盖狄俄尼索斯世界的一层面纱时，他的惊愕就越发厉害了。

三

为了理解这一点，我们不得不——仿佛一块石头一块石头地——拆掉精美的**阿波罗文化**大厦，直到看见下面的地基。我们首先看到的是**奥林匹斯**诸神的壮美形象，他们挺立在大厦的山墙上，表现他们事迹的熠熠生辉的浮雕装饰着大厦的装饰线。虽然阿波罗作为与众神平等的一员跻身其间，并不要求得到特殊的地位，我们却不能因此而受迷惑。体现在阿波罗身上的同一种冲动产生了整个奥林匹斯世界，在这个意义上，我们可以视阿波罗为众神之父。然而，究竟是什么巨大的需要产生了光辉灿烂的奥林匹斯诸神社会的呢？

谁怀着另一种宗教感情，走向这些奥林匹斯神祇，到他们身上寻找高尚的操行以至圣德、非肉体的精神升华、慈悲爱怜的目光，他就必定深感失望和不快，马上掉头而归。这里没有任何东西能让人想到苦行、修身和义务，我们看到的只是快乐、自信，乃至意气昂扬的生命，在这种生命状态中，一切存在的东西，不论善恶，都被神化了。面对这充满活力、生机盎然的景象，观者可能会惊愕地自问：这些豪放自信的人服了什么灵丹妙药，如此尽情享受人生，以致到处都有那“给人甜蜜的感官享受”的海伦——他们自身生存的理想形象和他们笑脸相向。但是，我们要向已经调转脑袋的观者大喊一声：“别走开！先听听希腊民间智慧关于这个其乐融融、在你面前展现的生命说些什么。”有一个古老的传说讲的是，弥达斯国王[①]在树林里久久地追寻狄俄尼索斯的伴友，聪慧的**西勒尼**[②]，却没有找到。当西勒尼终于落到国王手里时，国王问他，对人来说，什么是最好最妙的东西。那精灵绷着脸站着，一声不吭。后来，经不住国王的催逼，他突然发出一阵尖笑，说道：“可怜的浮生啊，命运多舛的孩子啊，你为什么要逼我说出你最好不要听到的话呢？那最好的东西是你根本无法得到的，这就是不要降生，不要**存在**，归于**乌有**。不过，对你来说，等而次之的东西是——立刻就死。”

奥林匹斯的众神世界与这民间智慧的关系若何呢？可以说无异于受刑的殉道者迷醉的幻觉之于他的痛苦。

现在，奥林匹斯魔山仿佛向我们开启了大门，让我们看到它的根基。希腊人深深体会到生存的恐怖和可怕。为了能够生存下去，他们不得不将奥林匹斯众神的光辉灿烂的幻境置于恐怖之前。对大自然的泰坦式[③]威力的无比

---

① 弥达斯，希腊神话中佛律癸亚国王，传说他捕获了狄俄尼索斯的伴友西勒尼，后又放了他，狄俄尼索斯为了报答而授他点金术。从此，他触到的东西都变成黄金，连饭也无法吃。于是他只能请狄俄尼索斯收回他的魔力。

② 西勒尼，希腊神话中的精灵，狄俄尼索斯的养育者和老师。他是个终日醉酒的快活老，喜爱音乐，并能预卜未来。如果有人抓住他绑起来，可迫使他说出对未来的预言。

③ 泰坦诸神，也称泰坦巨神，希腊神话中天神乌拉诺斯和地神盖亚所生的六子六女，力大无比，曾与宙斯争夺统治权而为所败。

疑惧，不受任何认识支配的劫数，折磨人类伟大朋友普罗米修斯的兀鹰，智慧的俄狄浦斯的可怕命运①，驱使俄瑞斯忒斯弑母的阿特柔斯的家族咒语②，总之，致使忧郁的伊特鲁利亚人③毁灭的山林之神的全部哲学及其神秘例证——这一切都被希腊人借助于奥林匹斯诸神的艺术**中介世界**不断地、一次又一次地克服，至少被掩盖，被移出了视线。为了生存下去，希腊人不得不创造出这些神祇。我们恐怕可以这样设想这个过程：如同从荆棘丛中长出玫瑰花那样，由于阿波罗的美的冲动，原始泰坦诸神的恐怖体系经过几个渐进的过渡阶段，演化成奥林匹斯诸神的欢乐体系。如果人生没有被更灿烂的光环所围绕，没有在他的神祇世界中得到展现，那么，这个如此敏感，欲望如此强烈，特别能体验**痛苦**的民族怎么能忍受这人生呢？创造艺术——这艺术是促使人们活下去的人生的补充和完成——的同一种冲动，也促成了奥林匹斯世界的诞生，有了这个世界，希腊人的“意志”有了一面让人升华的镜子。众神自己过了人的生活，从而为人生作了辩护——这就是惟一令人满意的神正论④。人们感到，在这些神祇的明媚阳光下生活是值得追求的，荷马式人的真正**痛苦**在于和这种阳光下的生活分离，尤其是很快死亡。我们可以将西勒尼的格言反过来用在他们身上：“对他们来说，最糟的是立即死亡，次糟的是迟早要死亡。”人们一再地为短命的阿客琉斯⑤叹息，为人生的迅速变迁和英雄时代的没落悲叹。哪怕是最伟大的英雄，渴望活下去，甚至作为苦役活下去，也并不丢脸。在阿波罗阶段，“意志”强烈地渴望这种生活，荷马式人感到自己和生存融为一体，连叹息也成了生存的颂歌。

这里必须指出，近代人热切期盼的、席勒用“朴素”这一术语表达的人和自然的和谐统一，绝非简单的、自然产生的、似乎不可避免的、在每种文化的入口处**必定**会作为人类的天堂遇见的一种状态。相信这一点的只能有一

---

① 指俄狄浦斯受命运捉弄而弑父娶母。

② 阿特柔斯为迈锡尼王，其弟梯厄斯忒斯企图谋杀他夺取王位，阴谋败露。后阿特柔斯对梯厄斯忒斯报复，杀死他的两个儿子，并把肉煮给他吃。梯厄斯忒斯发现吃的是儿子的肉时，便诅咒阿特柔斯家族。这个诅咒后来应验在阿特柔斯的孙子俄瑞斯忒斯身上。

③ 伊特鲁利亚人，古意大利人的一支。

④ 神正论，认为神允许人世有恶是正确的哲学思想。德国哲学家莱布尼茨写过长篇论文《神正论》，宣扬信仰与理性的和谐一致，讨论恶的起源等。

⑤ 阿客琉斯，特洛亚战争中的英雄，特洛亚城陷落前战死。

个时代，即试图把卢梭的爱弥尔[①]看作艺术家，以为荷马是在自然的怀抱里孕育出来的艺术家的时代。但凡我们在艺术中遇到“朴素”的地方，我们都能看到阿波罗文化的最高境界：这种文化总是必先推翻泰坦帝国，杀死巨怪，然后借助强烈的幻觉和快乐的幻想，战胜那种对世界穷根究底的可怕的沉思默想和多愁善感的脆弱天性。但是，达到这种朴素的境界，即与幻象之美完全融合为一体，这种情形是多么少见啊！所以**荷马**的崇高伟大是无与伦比的，他作为个体与阿波罗民族文化的关系，可以和个体的梦幻艺术家与民族的乃至自然的梦幻能力的关系相比。荷马的“朴素”只能理解为阿波罗幻想的完全胜利，而阿波罗幻想正是大自然为达到自己的意图所经常采用的一种幻想。真正的目的为某种幻象所遮蔽，我们伸手去抓后者，大自然则由于我们受骗而实现了前者。在希腊人身上，“意志”要通过创造力和艺术世界的升华而观照自己。为了赞美自己，意志的造物主必须首先感到自己值得赞美，他们必须在一个更高的境界里再度观照自己，而又不能让人觉得这个完美的被观照的世界是命令或责备的印象。这就是美的境界，他们在这里看到了他们自己的映象——奥林匹斯众神。希腊人的“意志”用这种美的观照对抗忍受痛苦、富于受苦智慧的艺术天赋。耸立在我们面前的朴素艺术家荷马就是这个“意志”获胜的纪念碑。

四

关于这位朴素艺术家，梦的类比可以给我们一些启示。倘若我们这样设想，做梦的人沉醉在梦的幻境之中，对自己高喊一声“这是一个梦，我要把它做下去”，梦境却并没有因这喊声而被打破；倘若我们可以因此而推断，观照梦境带来某种深深的内心快乐，另一方面，倘若为了能带着观照的内心

① 爱弥尔是卢梭同名小说的主人公。

快乐做梦，而不得不完全忘却白昼及其可怕的烦心事，那么，我们对所有这些现象大概可以在释梦的阿波罗的指导下，作如下解释：生活分为醒和梦两个部分，前者肯定被认为重要得多，应更受重视，更受偏爱，更值得经历一番，甚至是惟一经历过的生活；我却以为，不管看起来多么荒谬，对于我们身为其现象的本质的神秘基础而言，应该得到重视的恰恰是梦。我愈在自然界中察觉到无比强大的艺术冲动，愈察觉到这种冲动中有对外观表象、对由外象而求解脱的热烈渴望，我就愈感到非得出这样的形而上假定不可：那真实的存在和太一作为永恒的受苦者和矛盾体，为了时时刻刻得到解脱，需要醉人的幻觉，需要悦人的外面表象。我们耽于这表象，由这表象所构成，必定会觉得这表象是真正的非存在，即在时间、空间和因果关系中永恒变化的过程，换句话说，会觉得是经验的真实。我们暂且离开我们自己的“真实”片刻，把我们的经验生存如同一般的世界存在那样，看成在每一个瞬间制造出来的太一的表象，那么我们就必定会把梦看作是**表象的表象**，从而把它看作是追求外观表象的原始欲望的更高满足。基于这同一个理由，人性的最深处对素朴艺术家和素朴艺术品怀有一种不可言状的快乐，而这艺术品也只是“表象的表象”。**拉斐尔**本人是这类不朽的素朴艺术家之一，他的一幅象征画给我们描绘了表象转化为表象的过程，即素朴艺术家同时也是阿波罗文化的原始过程。他的作品**《变貌》**[①]的下半部画了一个迷醉的男孩，几个绝望的扛夫，惊恐不安的门徒，画家以此反映了永恒的原始痛苦，世界存在的惟一理由，在这里，表象是永恒矛盾即一切造化之父的映象。犹如飘出一股沁人的芳香，从这表象中幻化出了一个幻觉般的新的虚幻世界，那些囿于第一个表象世界的人是看不见这个新的虚幻世界的。它闪闪烁烁地飘浮在纯粹的欢乐之中，飘浮在毫无痛苦的、光芒四射的观照中。透过高度的艺术象征，我们看到了阿波罗的美的世界及其基础，看到了西勒尼的可怕智慧，并且直觉地领悟了它们之间互相依存的关系。但是，阿波罗却再次以个体化的原理的神圣体现者的姿态出现在我们面前，原始太一的永恒目标，即通过表象而得到解脱，只有在这原理中得以实现。阿波罗以其崇高庄严的姿态向我们表

---

① 《变貌》，指耶稣面貌的神化。《新约·马太福音》第十七章记载：“过了六天，耶稣带着彼得、雅各和雅各的兄弟约翰，暗暗地上了高山，就在他们面前变了形象，脸面明亮如日头，衣裳洁白如光。忽然有摩西、以利亚向他们显现，同耶稣说话。”

明，人们多么需要这整个痛苦世界，它促使个体人产生让人得到解救的幻觉，然后安坐在茫茫大海中的一叶颠簸小舟上，沉浸在对这种幻觉的观照之中。

如果人们设想的个体化的神化带有强制性，是用来制定规范的，那么它只知道一个法则——个人，即个人界限的遵守，希腊人所说的**节制**。道德之神阿波罗要求他的门徒节制、自知，惟有自知才能节制。因此，与美的审美必要性相伴的，是“认识你自己”和“勿过度”的要求；自傲与过度则被视为非阿波罗领域的与之敌对的恶魔，因而是阿波罗以前时代即泰坦时代的特征，是阿波罗以外的世界即野蛮世界的特征。普罗米修斯由于对人类怀有无比巨大的爱，不得不被兀鹰啄食；俄狄浦斯由于过分聪慧，解开了斯芬克司之谜[①]，注定陷入罪恶的深渊——这就是得尔菲神对希腊历史的诠释。

在阿波罗的希腊人看来，**狄俄尼索斯**激起的效果也是“泰坦式的”和“野蛮的”；不过他无法隐瞒，在内心里，他自己与被推翻的泰坦诸神和诸英雄有着亲缘关系。不仅如此，他还感觉到，他的整个生存及其全部的美和节制是建立在隐蔽的痛苦和认识的基础上的，正是狄俄尼索斯生存向他揭示了这个基础。看啊！阿波罗离开了狄俄尼索斯就不能生存！说到底，“泰坦”与“野蛮”和阿波罗因素一样必不可少！现在让我们设想一下，狄俄尼索斯节的狂欢声，那越来越诱人的具有魔力的旋律，传进这个建立在外观表象和节制之上、人为地加以抑制的世界，在这旋律中，自然在欢乐、痛苦和认识方面的限度被**大大超越**，变成了能穿透一切的狂呼大叫；试想，面对这疯狂的、声势浩大的群唱，那吟唱赞美诗、拨弄竖琴发出幽灵般乐声的阿波罗艺术家算得了什么呢！“表象”艺术的缪斯们面对在陶醉中说出真理的艺术，简直黯然无光，西勒尼的智慧冲着庄重的奥林匹斯诸神喊道：“啊，滚开！滚开！”原本遵守种种界限和恪守节制原则的个体，这时进入了狄俄尼索斯的忘我境界，忘记了阿波罗的规范。“**过度**”显示为真理，矛盾，由痛苦而生的狂喜从自然的心底迸发出来。凡狄俄尼索斯涉足之处，阿波罗精神就被抛弃、被毁灭。但另一方面，同样确定的是，在初次进攻被挡住的地方，得

① 斯芬克司，希腊神话中的人首狮身怪物，住在忒拜附近的山洞里。过往行人猜不出她的谜，都被她杀死。俄狄浦斯猜出她的谜，被拥戴为忒拜王。

尔菲神的威望和尊严就比以往更显坚固，更具威力。我只能把**多立克**国家和多立克艺术解释为阿波罗神的永久军营，因为只有不断地抗拒狄俄尼索斯的泰坦的、野蛮的本性，一种如此固执而又脆弱、壁垒林立的艺术，一种如此尚武而又严厉的教育，一种如此残酷无情的国家制度，才能长久维持。

至此，我已经进一步论述了我在本文开头提出的论题：狄俄尼索斯精神和阿波罗精神如何通过连绵不断的新生互相提高，支配了希腊精神；“青铜器”时代及其巨神之争和粗陋的民众哲学如何在阿波罗美的冲动支配下，演进为荷马世界；这种“朴素的”壮美又如何被狄俄尼索斯的洪流所吞食；最后，面对这股新势力的崛起，阿波罗精神如何把自己升华为庄严古板的多立克艺术和多立克世界观。如果按照这两种敌对原则在斗争中的消长，把古希腊历史分为这样的四大艺术时期，那么，我们必然要追问：倘若最后达到的时期，即多立克艺术时期，并不是那些艺术冲动的顶峰和意图，那么这种演变和冲动的最终意图到底是什么？这时，我们的眼前出现了**阿提卡悲剧**和紧张热烈的酒神颂歌结合的伟大且备受赞扬的艺术杰作，它是两种冲动的共同目标，这两种艺术冲动在长期斗争后的神秘联姻在这个既是安提戈涅又是卡珊德拉[①]的孩子身上得到了完美的体现。

五

现在我们接近本文研究的真正目的了，这就是认识狄俄尼索斯和阿波罗创造力及其艺术作品，至少去感悟两者结合的奥秘。我们首先要问，在希腊人的世界里，那个后来发展为悲剧和紧张热烈的酒神颂歌的新萌芽首先在何处显露。对此，古代史本身给了我们形象的启示，古代人把**荷马和阿尔基洛**

① 安提戈涅，俄狄浦斯的女儿，曾违抗克瑞翁王的禁令，埋葬兄长波吕尼克斯，被克瑞翁关进地牢，在牢中自杀。卡珊德拉，特洛亚公主，曾预言特洛亚城的陷落，但无人相信。

科斯[1]当做希腊诗歌的始祖和火炬手，并列雕刻在雕像和宝石饰物上，并确信惟有这两个同等杰出的巨擘才值得重视，从他们身上涌出的强大火流将贯穿希腊的世世代代。专注自身的年迈梦幻家荷马，这位阿波罗的素朴艺术家的典型，现在惊愕地看着狂放尚武的缪斯仆人阿尔基洛科斯兴奋昂扬的脑袋，近代美学在解释这个场面时只是说，这里与“客观”艺术家对峙的是第一个“主观”艺术家。这个解释对我们没有什么用处，因为在我们的心目中，主观艺术家是坏艺术家；我们求之于艺术的，无论哪个种类哪个高度的艺术，首先是战胜主观，解脱“自我”，闭口不提任何个人的意愿和欲望；没有客观性，没有客观的、超然的观察，我们就无法相信有哪怕一点点真正的艺术创作。所以，我们的美学必须首先解决这样一个问题：“抒情诗人”怎么能是艺术家？各个时代的经验告诉我们，一个抒情诗人总是说“我”，总是向我们吟唱他的激情和欲望。正是荷马身边的这个阿尔基洛科斯，大呼小叫地倾吐他的愤恨与嘲讽，如醉如狂地表白他的情欲，吓得我们心惊肉跳。如此说来，他，第一个被称为主观的艺术家，岂不是真正的非艺术家吗？然而，诗人所享有的尊崇该作何解释呢？难道不正是得尔菲的神托所，“客观”艺术的发源地，也用非常奇特的神喻，给予他极大的尊荣吗？

席勒曾用一个他自己也说不清楚，然而似乎并不可疑的心理观察向我们说明了他的创作过程。他承认，在创作前的准备阶段，他眼前或心中并没有一系列有条理的、有逻辑关系的形象，而是有一种**音乐情绪**。他说：“就我而言，感觉初起时并无确定的对象；这对象是后来才形成的。先产生某种音乐情绪，然后我才有诗的意念。”[2]我们再补充另一个例子，整个古代抒情诗历史中最重要的一个现象是，**抒情诗人**与**音乐家**结合乃至融合为一体，这一点在任何地方都被视为非常自然，与此相比，近代抒情诗仿佛成了无头神像。举了这两个例子后，我们就可以根据先前阐明过的审美形而上学，用下述方式解释抒情诗人了。首先，他是狄俄尼索斯艺术家，完全与“太一”、与他的痛苦和矛盾融合为一体，用音乐制作太一的临摹画，倘若音乐极其正当地被称为世界的再现、世界的重铸。受阿波罗梦幻的影响，他觉得这音乐

---

① 阿尔基洛科斯，公元前7世纪中叶希腊抒情诗人和讽刺诗人，对古希腊的诗歌、悲剧和早期喜剧有相当大的影响，古希腊人曾把他与荷马并列。

② 席勒1796年3月18日致歌德的信。

仿佛像一幅**譬喻性的梦境**，变得有形可视了。原始痛苦在音乐中的没有图像、不含概念的再现及其在表象中的解脱，现在产生了第二个映象，这是个别的譬喻或例证。在狄俄尼索斯的演变时期，艺术家就已经放弃了他的主观性。现在向他显示他与世界之心灵相统一的图像是一个梦境，它使原始矛盾、原始痛苦以及表象的原始快乐变得有血有肉，可以感知了。抒情诗人的“自我”呼喊来自存在的深谷，近代美学家所说的“主观性”实在是一种主观臆想。当希腊第一位抒情诗人阿尔基洛科斯向吕坎伯斯的女儿们表达他的痴情，同时又发泄他的蔑视时[①]，在我们眼前如醉如痴狂舞的并不是他的热情；我们看到的是狄俄尼索斯和他的侍女们，是舞之蹈之的醉汉阿尔基洛科斯醉入梦乡，如同欧里庇得斯在《酒神的伴侣》[②]中所描写的那样，在中午的阳光下，他在阿尔卑斯山的高山草地上酣睡。这时阿波罗走近他，用月桂枝轻轻拨弄他。于是，沉睡者身上狄俄尼索斯与音乐的魔力仿佛向四周喷射出如画的火花，这就是抒情诗，它发展到顶点就是悲剧和戏剧酒神颂。

雕塑家及其近亲史诗诗人沉浸在对形象的纯粹观察之中。狄俄尼索斯音乐家则无任何形象，他本身只是原始痛苦及其原始回响。抒情天才感觉到，从神秘的自弃状态和一体状态中产生了一个形象与譬喻的世界，在色彩、因果关系和速度等方面，这个世界与雕塑家和史诗诗人的世界迥然不同。雕塑家和史诗诗人只生活在这些形象中，而且只有在形象中他们才感到舒适快乐，他们不知疲倦地、充满爱心地、细致入微地观察它们，连最细小的特征也不放过。对他们来说，连愤怒的阿客琉斯的形象也只是一幅画，他们怀着对表象的梦幻般喜悦欣赏他发怒的表情。因此，有了这面表象的镜子，他无须担心与他塑造的形象融合为一体。与此相反，抒情诗人的形象只是他自己，仿佛是他自己的种种不同的客观变体，无怪他作为那个世界的活动的中心，可以高喊“我”。只是这个“我”不同于清醒的、现实的人的“我”，而是那个惟一的、真实存在的、永恒的、立足于万物之基础的“我”，抒情诗人通过它的映象洞察事物的基础。现在让我们设想一下，他如何在这些映象中发现**自己**是非天才，即发现了他的“主体”，那个由种种主观的、针对

---

① 据传，阿尔基洛科斯曾向吕坎伯斯的女儿求婚，被拒绝。阿尔基洛科斯对此十分恼火，写了一首诗，表达他的愤怒之情。

② 《酒神的伴侣》是欧里庇得斯的悲剧，死后才演出。

某一确定的、在他看来是现实的事物的激情和意愿组成的混合体。如果现在给人这样的印象，抒情诗人和与他相联系的非天才好像合为一体，前者用“我”这个小小的字眼谈论自己，那么，这个表象不能像以前曾经诱骗过那些称抒情诗人为主观诗人的人那样，诱骗我们了。实际上，阿尔基洛科斯这个既热烈地爱，又热烈地恨的人，只是创造力的一个幻影，已不再是阿尔基洛科斯，而是世界天才，他通过阿尔基洛科斯这个人的譬喻，象征性地说出了他的原始痛苦。那位有主观意愿和主观欲望的人阿尔基洛科斯永远成不了诗人。况且，抒情诗人根本无须把阿尔基洛科斯这个人作为永恒存在的映象置于面前；悲剧证明，抒情诗人的幻想世界可以远离那先期存在的现象。

叔本华不隐瞒抒情诗人给哲学艺术观带来的困难，并相信已经找到了一条我不能与之同行的出路。只有他通过他的深刻的音乐形而上学，获得了根本解决这个困难的手段，正如我本着他的精神，怀着对他的敬意，自认在本书中解决了该困难一样。然而，他却这样描述诗歌的本质：“充满歌者意识的是意志的主体，即自己的意愿，它常常是已经得到满足的、瓜熟蒂落的意愿（快乐），但更多的是受抑制的意愿（悲哀），始终表现为冲动、热情、情绪骚动的心境。除此之外，也是与此同时，歌者通过观看到周围的自然景物，意识到他是纯粹的、无意志的认识的主体，这种认识的不可动摇的、安详的宁静和始终受约束的、少得可怜的意愿的骚动形成鲜明的对比。这种对比和交替的感觉正是整篇诗歌所表达的东西，这种感觉就是抒情心态。在这种心态中，纯粹认识仿佛向我们走来，要把我们从意愿及其骚动中解脱出来；我们顺从地跟着走，但只跟了片刻。意愿，对我们个人目标的回忆总是一再地让我们放弃安静的观赏察看；但下一个纯粹的、无意志的认识在其中显现的优美景色又重新引诱我们离开意愿。这样，在抒情诗和抒情状态中，意愿（对个人的目的、兴趣）和对眼前景物的纯粹观看总是奇妙地相混合。人们探索、设想两者之间的关系。主观的情绪，意志的波动，使被观看的景物在反射时带上它的色彩，反之亦然。真正的诗歌就是这样一个既混合又分开的情绪状态的复制品。”①

---

① 叔本华《作为意志和表象的世界》第一部，可参见中译本第51节，商务印书馆，1982年版，第346~347页。

通过这段叙述，谁还能看不出来，抒情诗在这里是被定性为不完善的、仿佛突然达到目的、很少达到目的的艺术，甚至是半艺术，其**本质**在于意愿和纯粹观看，即非审美与审美状态的奇妙混合？我们则认为，被叔本华当做价值尺度划分艺术的主观和客观的对立在美学中根本不适宜，因为主体，即有愿望的、追求一己目的的个人在这里只能设想为艺术的敌人，而不是艺术的源泉。但是，如果主体是艺术家，那么他就已经摆脱了个人意愿的束缚，仿佛成了中介；通过这个中介，一个真正存在的主体庆祝他在表象中的解脱。因为，不管这对我们是褒是贬，有一点我们必定十分清楚，整部艺术喜剧根本不是为我们，譬如说为了改造我们、教育我们而上演的，我们也不是那艺术世界的真正创造者。不过我们可以这样看，对于艺术世界的真正创造者来说，我们已经是图像和艺术投影，艺术作品的意义就是我们的最高尊严，因为只有作为**审美现象**，生存和世界才是永远**合理**的。另一方面，我们对我们的意义的意识几乎无异于画布上的士兵对画布上所反映的战役所具有的意识。由此看来，我们的全部艺术知识从根本上说是完全虚幻的，因为我们作为知者，与那个作为艺术喜剧的惟一作者和观众、为自己提供永恒艺术享受的本质并不融为一体，并不等同。只有当天才在艺术创作时与这位世界原始艺术家融为一体，才能对艺术的永恒本质略有所知。因为非常奇妙的是，只有在这种状态，他才类似童话中能转动自己的眼睛看自己的神秘画像。此时，他既是主体，又是客体，既是诗人和演员，又是观众。

六

关于阿尔基洛科斯，学术研究发现，是他把**民歌**引进了文学，由于这个功绩，在希腊人的一般评价中，他得到了惟一与荷马同等的地位。史诗完全是阿波罗式的，与此相比，民歌是什么呢？它不就是阿波罗与狄俄尼索斯两者结合的永久痕迹吗？它广泛流布于所有民族，不断新生繁衍，扩大范围。

这种情况向我们证明，自然的双重艺术冲动是多么强烈，这种冲动在民歌里留下它的痕迹，正如一个民族纵情狂欢的活动凝固在音乐中一样。在历史上肯定可以找到证据，证明任何一个民族丰产的时期如何强烈地受到狄俄尼索斯潮流的激发。我们始终须把这狄俄尼索斯潮流看作民歌的基础和前提。

但是，我们首先要把民歌视为音乐的世界镜子，视为原始的旋律，这旋律现在为自己寻找对应的梦境，并在诗歌里把它表现出来。**所以，旋律是最早出现的、普遍的东西，**因而能在多种歌词里承受多种客观变体。在百姓的朴素评价中，它也是重要得多、必要得多的东西。旋律产生诗歌，而且不断地重新产生诗歌。**民歌的诗节形式**所表明的就是这一点。我在观察这种现象时总感诧异，后来我终于找到了这个说明。谁运用这个理论研究民歌集，比如《男童的神奇号角》[1]，谁就会找到无数的例子，表明这连续不断生育的旋律怎样向四周放射出形象之火花。这火花绚丽多彩，变化万千，纷至沓来，令人目不暇接，透出一股缓缓流动的史诗未曾见过的强劲力量。站在史诗的角度，抒情诗的这个不均衡、不规则的形象世界简直该受谴责，忒潘德罗斯[2]时代阿波罗节日的庄严的行吟诗人肯定也是这么做的。

我们在民歌创作中发现，语言全力以赴**模仿音乐**。因此可以说，阿尔基洛科斯开创了一个与荷马世界根本对立的新的诗歌世界。这样，我们就描画出了诗歌与音乐、词语与声音之间惟一可能的关系：词语、图像、概念寻找一种可与音乐类比的表达方式，因而忍受音乐施予自己的暴力。在这个意义上，我们可在希腊民族的语言史上，根据语言模仿现象世界和形象世界还是模仿音乐世界，区分出两个主要潮流。只要读者深入思考荷马和品达罗斯[3]在语言色彩、遣词造句方面的区别，就能理解这一对立的意义，就会清楚地看到，在荷马和品达罗斯之间，肯定回响过**奥林匹斯欢腾狂放的笛声，**直到音乐已经十分发达的亚里士多德时代，这笛声依然使人陶醉激动，以其原始效果激发同时代人的一切诗歌表现形式去仿效它。这里，我提醒读者注意我们时代的一个众所周知的、我们的美学似乎反感的现象。我们一再地发现，

---

① 《男童的神奇号角》（1806—1808），德国作家阿尔尼姆（1781—1831）和布伦坦诺（1778—1842）编辑出版的民歌集，广泛收集了德国古代和当代的民歌。

② 忒潘德罗斯，公元前7世纪古希腊音乐家，被视为七弦琴和基塔拉琴的发明者。

③ 品达罗斯（前522？—前442或前438），古希腊抒情诗人，写过各种合唱琴歌，如颂神歌、酒神颂等。

某些听众在听一首贝多芬交响曲时，总情不自禁地产生图像的联想。其实，一首乐曲产生的种种不同图像的拼盘原本就异常五光十色，甚至相互矛盾；拿这样的拼盘练习可怜的机智，对真正值得阐述的现象却视而不见，恰恰符合这种美学的本性。纵使作曲家用形象标注他的乐曲，比如他把一首交响曲称为《田园交响曲》①，把一个乐章称为《小溪景色》，把另一乐章称为《乡民的欢聚》那也只是譬喻性的、产生于音乐的想象，而非音乐所模仿的对象。不管从哪方面看，这些想象都不能给我们指明音乐的**狄俄尼索斯**内容，甚至与其他图像相比，也没有自己特有的价值。现在，我们把这个将音乐拆卸成图像的过程移用到一个朝气蓬勃、富于语言创造力的人群身上，就能大致了解这种分诗节的民歌是如何产生的，模仿音乐这一新原则如何激发了全部语言能力。

如果我们把抒情诗看作用形象和概念模仿音乐闪射出的光芒，那么我们就可以这样问："在形象和概念的镜子里，音乐**表现**为什么？"引用叔本华的一个词，它**表现为意志**，即审美的、纯粹观照的、无意志的情绪的对立面。这里，我们要尽可能严格地区分本质概念和现象概念，因为按其本质，音乐不可能是意志，如果它是意志，就必须完全被逐出艺术领域，因为意志本身是非审美的。然而，它却表现为意志。抒情诗人为了用形象表达音乐的现象，需要动用所有的情感，从温情脉脉的细语到雷霆万钧的怒吼。他有一种用阿波罗譬喻谈论音乐的冲动，这时，他把整个自然和自然中的自我仅仅理解为永恒的欲求者、追求者、渴求者。然而，只要他用形象解释音乐，他就安静地坐在那万籁俱寂的大海上，做阿波罗式静观，哪怕他通过音乐的媒介所看到的一切在他四周汹涌澎湃，喧闹骚动。当他通过这同一个媒介看到自己时，展现在他面前的是，他处于感情得不到满足的状态中，他自己的欲求、渴念、呻吟、欢呼是他用来为自己解释音乐的一种譬喻。这就是抒情诗人的现象，作为阿波罗天才，他用意志的形象解释音乐，他自己则完全摆脱了意志的欲火，是纯净透彻、洞察一切的神眼。

以上所论坚持一个观点，即抒情诗依赖音乐之精神，音乐则完全彻底地

---

① 《田园交响曲》，贝多芬作品，又称《F大调第六交响曲》，是最早的一部标题交响曲。全曲分五个乐章，各章均有标题。第二乐章题为《小溪景色》，第三乐章题为《乡民的欢聚》。

不**需要**形象和概念，只**容忍**概念的存在。除了已经极其广泛、普遍有效地蕴含在音乐中的东西，抒情诗人的诗不能表达任何其他东西，是音乐驱使他用形象说话。因此，音乐的宇宙象征是绝对不能用语言穷尽的，音乐象征性地涉及到太一之核心的原始矛盾和原始痛苦，所以它象征着一个超出一切现象、先于一切现象的领域。比之于音乐，恐怕任何现象都只是譬喻。因此之故，**语言**作为现象的器官和符号，绝对不可能把音乐最深层的内核披露出来，它和音乐——只要它模仿音乐——永远只能停留在表面接触上，无论什么抒情诗的诗才都不能使我们更进一步探究到音乐的奥秘。

七

现在，为了在我们称之为**希腊悲剧的起源**的迷宫里找到路径，我们必须借助前面探讨过的所有艺术原理。倘若我说，这个起源问题迄今为止尚未严肃地提出过，更不用说已经解决，我想这并不是夸大其词，尽管古代流传下来的零星碎片一次又一次地缝了又拆，拆了又缝。古代传说明白无误地告诉我们，**悲剧是从悲剧的合唱队中产生的，**而且在发端时期只是合唱队而已。因此，我们必须把悲剧合唱队作为真正的原始戏剧，对它进行深入地考察，而不要满足于流行的种种有关艺术的陈词滥调，诸如合唱队是理想的观众，要在舞台上代表平民与贵族分庭抗礼云云。在某些政治家耳中，后一种解释听起来非常崇高，仿佛民主的雅典人那永不变更的道德法则在平民的合唱队里得到了体现，尽管国王们狂暴越轨、放纵无度，这个平民合唱队总是真理在握。尽管可以引用亚里士多德的话支持这个观点，但它与悲剧的起源却毫无关系，因为平民与贵族的对立，甚至可以说任何政治社会冲突，都不涉及纯粹宗教根源。有人说，在我们所熟悉的埃斯库罗斯和索福克勒斯作品中的合唱队的古典形式里可以感到“立宪人民代表制”的雏形，我们认为这是一种亵渎，但有的人却不怕亵渎。古代的国家宪法在实践上并没有实行过立宪人民代表制，但愿他们在他们的悲剧里对此连预感也没有过。

比这种政治解释更为著名的是A.W.施莱格尔[①]的观点。他建议我们在一定程度上把合唱队看作观众的化身和楷模，看作理想的观众。把这一观点与悲剧起源时只是合唱队这一历史传说加以对照，就可看出，这种观点是粗陋的、不科学的，然而闪光的见解。但是它的光泽只是得益于言简意赅的表达形式，得益于对一切所谓“理想”的东西的日耳曼式偏爱和我们一时的诧异。不错，一旦我们把我“们熟悉的剧场观众与古代的合唱队加以对比，并且自问是否能从这群观众中提炼出类似悲剧合唱队的东西，我们就诧异万分了。在我们的内心，对这个问题的答复是否定的，我们既诧异于施莱格尔观点的大胆，也诧异于希腊观众具有完全不同的天性。我们一向以为，无论是谁，只要是真正的观众，他就必然意识到他面对的是一件艺术品，而不是经验的现实。相反，希腊人的悲剧合唱队则把舞台上扮演的角色看作真人实事。扮演海神女儿的”合唱队真的以为他们看到的是巨神普罗米修斯，并且自认为和舞台上的神一样，自己实实在在就是海神的女儿。难道和海神的女儿那样，把普罗米修斯视为真身，视为真实的存在，就是最高级、最纯粹的观众类型？难道冲上舞台，把神从施暴者手中解救出来，就是理想观众的标志？我们一向相信审美的观众，认为一个观众越是把艺术作为艺术对待，加以审美观照，他就越有才智。现在，施莱格尔的观点却向我们暗示，完美的、理想的观众根本不是以审美的方式看待舞台上的世界，而是把它视为身历其境的生活。啊，我们为这些希腊人叹息！他们把我们的美学翻了个个儿！但是习惯成自然，只要谈到合唱队，我们就自然重复施莱格尔的名言。

但是古代流传下来的材料明确地否定施莱格尔的见解。没有舞台的合唱队本身即悲剧的雏形与理想观众的合唱队是水火不相容的。从观众这样一个概念产生的、“观众”为其真正形式的艺术是什么样的一种艺术门类呢？没有戏剧的观众是一个荒谬的概念。我们认为，悲剧的诞生恐怕既不能用对民众的道德智慧的尊重，也不能用没有戏剧的观众这个概念加以解释，这个问题实在深奥至极，如此肤浅的考察方式连皮毛也不能触及。

席勒早在《麦西拿的新娘》一剧的著名序言中，就已经对合唱队的意义

---

① A.W.施莱格尔（1767—1845），德国文学批评家和语言学家。

发表过很有价值的见解。他把合唱队看作悲剧在自己四周筑起的一道活的围墙，旨在与现实世界完全隔离，为自己保有理想的土壤和诗歌的自由[①]。

席勒用他这个重要武器对抗自然主义的平庸概念，对抗强求于戏剧诗的妄念。席勒说，剧场里的日子只是人为划定的，舞台布景只是象征，韵文具有理想性质，然而从总体上说还有一种误解：把原本为一切诗歌本质的东西仅仅当做诗歌自由加以容忍是不够的。采用合唱队是具有决定意义的一步，人们以此公开而坦诚地向艺术中的任何自然主义宣战。我觉得，我们这个自命不凡的时代恰恰将这样一种观点轻蔑地标榜为"假理想主义"。我担心，我们现在如此敬重自然和真实，反而到达了理想主义的反面，即来到了蜡像馆的领域。正如在当代某些受欢迎的长篇小说中一样，蜡像馆里也有某种艺术。只是请别要求我们承认，这种艺术已经克服了席勒和歌德的"假理想主义"。

按照席勒的正确观点，希腊人的萨梯里合唱队，即原始悲剧的合唱队经常巡游的土地自然是"理想"之境，是高踞于芸芸众生的现实的人生轨道之上的。希腊人为这个合唱队建造了一座虚构的**自然状态**的空中楼阁，安置了虚构的**自然精灵**。悲剧在这个基础上产生，因而一开始就不具有酷肖现实的特性。但另一方面，它不是任意想象出来的、悬于天地之间的世界，而是一个其真实可信性和奥林匹斯及其诸神对虔信的希腊人所具有的真实性和可信性一样的世界。萨梯里作为狄俄尼索斯歌者生活在一种认可神话和仪典的宗教现实之中。悲剧以他为发端，悲剧的狄俄尼索斯智慧借他之口说话，这是与悲剧产生于合唱队一样令我们诧异的现象。倘若我提出这样的论点，即虚构的自然精灵萨梯里与文明人的关系和狄俄尼索斯音乐与文明的关系一样，我们也许就有了考察的出发点。理查德·瓦格纳说，文明为音乐所消融，如同烛光为日光所消融一样。同样，我相信，面对萨梯里合唱队，希腊的文明人觉得自己被融化了，狄俄尼索斯悲剧引起的下一个效应是，国家和社会，总而言之，人与人之间的一切沟壑樊篱都让位于强大无比的一体感，这种一体感让人们回归自然的怀抱。我已经指出，任何悲剧都给我们形而上的安慰，即从事物的本质上说，尽管其表现形式变化万千，生命却是坚不可摧、

① 参见席勒《论合唱队在悲剧中的运用》（《麦西拿的新娘》序言，1803）。

充满欢乐的。这种慰藉具体地体现在萨梯里合唱队中，体现在自然精灵的合唱队中，这些自然精灵顽强地生活在一切文明的深处，不可摧毁，而且历尽世代更替人间沧桑，他们依然故我，不改其性。

深沉的、惟一能感受细微至极、沉重无比的痛苦的希腊人用这种合唱队安慰自己。他们敢直视世界史的可怕浩劫，又敢于面对自然的残暴，而且陷于这样一种危险之中：渴望佛教式地否定意志。艺术救了他们，生命通过艺术为自己救了希腊人。

狄俄尼索斯的狂醉状态，包括他对生存的一般界限和樊篱的毁灭，在其持续的过程中含有**忘河**[①]的成分，过去亲身经历的一切都变得模糊不清，忘却了。这样，一条遗忘之河就隔开了日常现实世界和狄俄尼索斯现实世界。然而，一旦那个日常现实再度进入意识，人们就觉得它面目可憎，令人厌恶了。这种状态使人产生寡欲无为的情绪。在这个意义上，可以说狄俄尼索斯式的人与哈姆雷特有相似之处：两者都对事物的本质作过真正的探索，而且**悟到了**事物的本质，他们厌恶行动，因为他们的行动丝毫改变不了事物的永恒本质，他们觉得，要求他们重新构建散了架的世界是可笑或可耻的。认识扼杀了行动，人们需以幻想蒙面才能行动，这是哈姆雷特的教训，而不是梦幻者汉斯的廉价智慧，后者由于顾虑重重，仿佛面对数不胜数的可能性而无法行动。压倒任何导致行动的动机的不是顾虑，而是真知灼见，对可怖的真理的了悟，哈姆雷特也好，狄俄尼索斯式的人也好，无不如此。现在，任何安慰都无济于事了，渴念超越了彼岸世界，超越了神灵本身，生存及其在神灵身上或永生的彼岸世界的熠熠生辉的反照统统都被否定。人一旦意识到了他所看见的真理，他在四海之内看到的就只有生存的可怖悖谬了。现在，他明白了奥菲利亚[②]命运的象征意义，懂得了山林之神西勒尼的智慧，他心生厌恶了。

在他处于意志的极大危险之中时，救命仙子艺术降临了。惟有**艺术**才能把对悖谬可怖的生存感到的厌恶想法转化为能令人活下去的想象，这些想象就是：以艺术遏制可怖即**崇高庄严**，以艺术化解对荒谬的厌恶即**滑稽可笑**。

---

① 忘河，希腊神话中冥府的一条河流，死者的灵魂喝了忘河的河水，就忘记生前的一切事情。

② 奥菲利亚，莎士比亚《哈姆雷特》中主人公哈姆雷特的心上人。

酒神颂的萨梯里合唱是希腊艺术的救世之举。在狄俄尼索斯随从的中间地带，先前描述过的突发的情绪得到了淋漓尽致的表达。

八

萨梯里和近代田园情调的牧人都是对原始的、自然的东西无限渴念的产物。然而，希腊人是多么坚定果敢地一把抱住森林之人[①]，而现代人则多么羞答答怯生生地与情意绵绵、弱不禁风的吹笛牧人的媚态形象调情！希腊人把萨梯里看作尚未受过认识雕琢的、文化之闩尚未开启的自然，因此在他看来，萨梯里不能和猿猴视为一体。相反，他是人的原型，是人的最高级最强烈的情感的表达，是由于神灵在旁而欣喜若狂的狂欢者，是感受神灵痛苦的难友，是来自自然深处的智慧先知，是自然的性之万能力量的象征，希腊人对这种力量总是敬而仰之，惊而叹之。在眼露悲苦的狄俄尼索斯式的人看来，萨梯里是崇高而神圣的东西，换成矫揉造作的牧羊人会使他感到侮辱。他的眼光流露出崇高的满足感，注视大自然毫无掩饰雕琢、充满生气的画卷，这里，蒙在人的本来面目上的文明幻影一扫而光，露出了真实的人，长胡子的萨梯里，他在向他的神灵欢呼。和他一比，文明人变得十分渺小，成了一个谎话连篇的漫画式人物。关于悲剧艺术的这些最初萌芽，席勒的观点也是正确的。他说，合唱队是防御现实进击的一堵活的墙壁，因为与自以为是惟一现实的文明人相比，萨梯里合唱队更真切、更真实、更完整地反映生活。诗歌领域并不是诗人头脑中想象出来的空中楼阁，存在于世界之外。恰恰相反，它要不加修饰地表现真实，因此必须舍弃文明人所谓现实的骗人包装。真正的自然真理与自以为惟一真实的文化谎言之间的对立可与事物之永恒核心即自在之物与全部现象世界之间的对立相比。正像悲剧以其形而上安

---

① 指森林之神。

慰指出现象不断毁灭，而生存核心永恒存在那样，萨梯里合唱队这个象征已经用譬喻表明了自在之物与现象之间的原始关系。现代人田园式的牧人只是被他看作自然的全部虚幻教育的模拟像。而狄俄尼索斯式的希腊人要的是最原始的、最有力的真理和自然——他看见自己幻化成了萨梯里。

怀着这样的情绪和认识，狄俄尼索斯信徒的狂欢队伍一边欢呼一边行进，他们的力量使他们自己在自己的眼里发生变化，他们似乎看见自己变成了再生的自然精灵，变成了萨梯里。后来的悲剧合唱队结构是对这个自然现象的艺术模仿，不过在模仿时自然必须区分狄俄尼索斯观众和狄俄尼索斯着魔者。只是有一点，我们必须时时记住，那就是阿提卡悲剧的观众又发现自己置身于乐队的合唱队之中。从根本上说，观众和合唱队并不相互对立，因为大家都在一个由又歌又舞的萨梯里或由萨梯里所代表的人组成的大合唱队里。在这里，施莱格尔的话必定向我们展示更深一层的意义。如果说合唱队是惟一的**观众**，是舞台幻想世界的观众，那么他就是“理想观众”。我们所说的由观者组成的观众，希腊人不知为何物。在他们的剧场里，每一个坐在圆弧形的级级升高的梯形观众席上的人都可能对自己周围的整个文明世界**视而不见**，在全神贯注时觉得自己就是合唱队的一员。根据这个看法，我们可以把原始悲剧最初阶段的合唱队称为狄俄尼索斯式人的自我映照。这一现象可以用演员的体验最清楚地加以说明，有真才实学的演员看见他所扮演的角色栩栩如生地浮现在眼前。萨梯里合唱队首先是狄俄尼索斯群众的幻觉，如同舞台世界是这支萨梯里合唱队的幻觉一样。这个幻觉的力量极其强大，致使人们忘却了“现实”，模糊了投向坐在四周一排排座位上的文明人的视线。希腊剧场的形式使人联想起一座孤寂的山谷，在山中四处遨游的酒神狂女从高处俯视时，整座舞台建筑就像一朵光芒四射的云彩，宛如四周饰以美丽边框的场地，狄俄尼索斯的形象在场地中央向他们显现。

倘若人们对基本艺术过程进行学究式的考察，那么，我在这里为了解释悲剧合唱队而提到的这一艺术原始现象几乎会令人厌恶。然而确定无疑的是，诗人之所以成为诗人，是因为他看见人物形象围在他四周，在他面前生活行动，他能看到他们的内心本质。由于现代本能的一个特有的弱点，我们往往把审美的原始现象想象得过于复杂、过于抽象。对于真正的诗人来说，比喻不是修辞手段，而是替代某一概念、真正浮现在他眼前的一幅图像。对他而言，角色不是由某些个别特性拼凑在一起的集合体，而是在他面前活动的活生生的人，他的人物与画家的同一种幻象的惟一区别在于他的人物在继续生活，继续行动。荷马为什么比所有其他诗人都描绘得更加生动具体？因为他比别人观察得更多。我们谈论诗歌时都非常抽象，因为我们大家通常都是蹩脚诗人。从根本上说，审美现象是简单的。一个人只要能够不断地观察生动活泼的游戏，持续地生活在精灵中间，他就是诗人；一个人只要感到有改变自己的冲动，要借别人之身别人之口说话，他就是戏剧家。

狄俄尼索斯的亢奋情绪能将这种艺术才能传染给整整一群人，看到自己被这样一群精灵所包围，感到内心和他们合为一体。悲剧合唱队的这一幻化过程是**戏剧**的原始现象：在自己眼前看见发生变化，现在以他人之身行动，仿佛真的进入另一个肉体，变成了另一个人。这一过程乃戏剧之发端。这里有某种不同于行吟诗人的东西，行吟诗人并不与他的人物形象融合为一体，而是像画家那样，用静观的眼睛观看身外的事物。这里已经可以看到个体因投身于异体而消失的现象。而且这种现象具有传染性，成群结队的人感到自己着了魔，发生了相同的变化。因此，酒神颂与其他合唱有本质的区别。那些手持月桂枝、唱着祭祀游行歌曲、庄严地向阿波罗寺庙行进的少女们依然保留着自己的身份和自己的名字，而酒神颂合唱队却是被变形者的合唱队，他们完全忘记了他们在人世间的过去和社会地位，变成了生活在任何社会领域之外的、他们所崇奉的神灵的永恒仆人。希腊人的所有其他合唱诗都只是阿波罗单个歌者的进一步发展，而在酒神颂里，站在我们面前的是由不自觉的演员组成的群体，他们彼此看到各自发生了变化。

着魔是一切戏剧艺术的前提。在这种着魔状态中，狄俄尼索斯狂欢者把自己视为**萨梯里，而作为萨梯里，他又看见了神，**就是说，他在变化过程中看见了一个新的幻象，这新幻象就是他的状态的阿波罗式完成。戏剧随着这个幻象而告完成。

按照这个认识，我们必须把希腊悲剧理解为不断地演化为阿波罗现象世界的狄俄尼索斯合唱队。所以在一定程度上，把悲剧衔接起来的合唱部分是全部所谓对话的母腹，即孕育整个形象世界和戏剧本身的母腹。在多次连续演化过程中，悲剧的原始根基放射出戏剧的幻象。这个幻象一方面完全是梦幻现象，因而具有史诗性质；但另一方面，作为狄俄尼索斯状态的客观化，它又不是在表象中的阿波罗式解脱，而是个体的瓦解，个体与原始太一融为一体。可以说，戏剧是狄俄尼索斯认识与效力的阿波罗式感性化，因而与史诗有天壤之别。

有了这样的见解，希腊悲剧的**合唱队**，全体狄俄尼索斯般兴奋激动的群众的象征，就可获得充分的解释。以往，我们因为习惯于合唱队在现代舞台上的地位，特别是歌剧合唱队的地位，就根本不能理解希腊悲剧合唱队何以比“戏剧动作”本身更古老、更原始，甚至更重要，尽管这原本就是清清楚楚流传下来的东西；由于希腊悲剧合唱队的成员都是些卑微的下人，甚至开始时只是山羊似的萨梯里，我们就不能把它与那流传下来的高度重要性和根据性相联系；舞台前的乐队对我们来说始终是一个谜。那么现在我们明白了，从根本上说，舞台以及舞台上的戏剧动作开始时只是当做**幻象**，惟一的“真实”是合唱队，合唱队从自身制造出幻象，用舞蹈、音乐、道白的全部象征手段谈论它。这个合唱队在它的幻觉中看见它的主人和导师狄俄尼索斯，因此永远是**为之服务**的合唱队，它观看这位神如何受苦，如何赞颂自己，因而它自己不**行动**。合唱队处于这种从属地位，却是**自然**的最高表达，即狄俄尼索斯表达，并且如同自然那样，在激情中说出神谕和格言警句。它是神的**难友**，同时又是从宇宙核心宣告真理的**智者**。这样就产生了那个奇妙的，又显得粗俗的智慧而热情的萨梯里形象，与神相比，他同时又是个“愚人”，是自然及其种种强烈无比的冲动的化身，是自然的象征，又是自然的智慧和艺术的宣告者：他集音乐家、诗人、舞蹈家和巫师于一身。

按照这一认识和传统，真正的舞台主角和幻象中心**狄俄尼索斯**在悲剧的最初阶段并不真正出场，而只是被想象为出场，也就是说，最初悲剧只是“合唱”，而不是“戏剧”。后来人们才试图把这位神灵作为真实的神显现出来，让每个人都能见到这个幻觉形象及其灿烂神圣的背景，狭义的“戏剧”随之发端。现在酒神颂合唱队的任务是，激发观众的情绪，让他们达到狄俄尼索斯的狂醉程度，从而使他们在悲剧主角出现在舞台上时看到的不是戴着奇形怪状面具的人，而是仿佛由自己恍惚迷离的心态产生的幻觉形象。我们不妨设想一下阿德墨托斯[①]，他魂牵梦绕地思念着新亡的妻子阿尔刻斯提斯，脑海中出现的总是她的倩影，这时一个容貌和步态都像他妻子的女子蒙着面纱，突然被带到他的面前，我们可以想象一下他此时突然感到的骚动不安，飞速的比较，直觉的确信——这样我们就会有类似处于狄俄尼索斯兴奋痴迷状态的观众看见已经与其痛苦合而为一的神灵出现在舞台上时所感受到的感觉了。他不由自主地把他心灵中魔幻般颤动的整个神灵形象移到那个戴面具的角色身上，仿佛把真实的演员化为幽灵般的虚幻之物。这就是阿波罗的梦幻状态，在这种状态中，白昼的现实世界披上了一层面纱，变得朦胧了，一个比她更清晰、更易理解、更感人，然而又更像鬼影的新世界不断交替变化着在我们眼前诞生。与此相关，我们发现悲剧中存在两种风格的根本对立：合唱队的狄俄尼索斯抒情诗和舞台的阿波罗梦境是两个完全不同的表达领域，其语言、色彩、话语的灵性和力度等有天壤之别。狄俄尼索斯在其中客观化的阿波罗现象不再像合唱队音乐那样，是“永恒的大海，不断交替的编织，火热的生活”[②]，不再是那种使兴奋的狄俄尼索斯仆人感到神就在近旁的只能感受，不能浓缩为图像的力量。现在从舞台上向他说话的是清晰、确定的史诗；现在，狄俄尼索斯不再通过力量，而是以史诗主角的身份，几乎用荷马的语言说话了。

---

① 阿德墨托斯，希腊神话中阿尔戈英雄之一，因举行婚礼时未向狩猎女神献牲，女神大怒，在新婚床上放了一条毒蛇，这是新郎短命的象征。经阿波罗求情，女神答应，如阿德墨托斯亲人中有人愿代他去死，阿德墨托斯可免其一死。其妻阿尔刻斯提斯愿代丈夫就死，阿德墨托斯得以活命。赫剌克勒斯在地狱入口处抢回阿尔刻斯提斯，把她送到阿德墨托斯面前。

② 歌德《浮士德》第一部，第505~507行。郭沫若译为：

“一个永恒的大海，
一个连续的波浪，
一个有光辉的生长。”

人民文学出版社，1959年版，第27页。

九

在希腊悲剧的阿波罗部分即对话中，所有突至表面让人见到的东西看起来都是单纯、透明、美丽的。在这个意义上可以说，对话是希腊人的化身，他的本性在舞蹈中表露无遗，因为在舞蹈里，最强大的力量只是潜在的，却通过灵活敏捷、多姿多彩的动作表现出来。因此，索福克勒斯的英雄的语言以其阿波罗式的确切与明快让我们感到如此意外，致使我们以为看到了他们最内在的本质，并且略微诧异于深入本质的道路竟如此之短。然而，倘若我们撇开英雄浮现到表面清晰可见的性格——这性格不外是投射到黑暗墙壁上的影像，即彻头彻尾的现象——倘若我们深入到投射在这些明亮映象中的神话本身，那么我们就突然体验到与熟知的光学现象相反的现象。当我们试图用肉眼观察太阳，感到目眩而掉过脸时，我们的眼前就会有黑暗的色斑，仿佛是疗治眼睛的药物。反过来，索福克勒斯英雄的明亮的映象，简言之，面具的阿波罗因素，是观察自然的内在奥秘和可怖本性的必然产物，如同治疗受恐怖黑夜伤害的眼睛需要亮斑一样。只有在这个意义上我们才能认为我们正确理解了“希腊达观”这一严肃而重要的概念。而在现代，我们随处都可见到达观这一概念被误解为平安惬意的现象。

在索福克勒斯看来，不幸的**俄狄浦斯**这个希腊舞台上最悲惨的人物是一位高尚的人。他虽然聪慧过人，却命中注定要犯错受苦，但是由于他承受了巨大的痛苦，最终他对四周产生了一种神秘的、福气四溢的力量，这力量在他去世后仍起作用。这位深沉的诗人想告诉我们，高尚的人不犯过错。任何法律，任何自然秩序，甚至整个道德世界，都会由于他的行为而毁灭，正是这个行为产生了一个更高的神秘影响区，这些影响力在被摧毁的旧世界的废墟上建立起一个新世界。这就是诗人——倘若他同时又是宗教思想家的话——要告诉我们的东西。作为诗人，他首先给我们看一个结得严严实实的讼案之结，法官一环一环地解开这个结，自己也随之毁灭。这种辩证的解决激起的真正希腊式的快乐如此之大，以致一股欢快之气贯通整个作品，减弱了这个讼案的可怖前提的锋力。在《俄狄浦斯在科罗诺斯》[①]剧中，我们又发现了这同一种欢快，不过那是无限神化的欢快。一方面是这位遭受大苦大难的老人，他全然是个**受苦人**，屈从命运的摆布；另一方面又从神界降下超凡的欢快，并喻示我们，英雄由于采取纯粹被动的态度而达到远远超越他的生命的、最高度的主动性，而他以往的思想和追求却使他只能陷于消极被动。这样，那个在常人看来无法解开的俄狄浦斯故事的死结就慢慢解开了，当我们看到辩证法的这一神圣的对立物时，人间最深沉的欢乐不禁涌上我们的心头。如果这个解释切中诗人的本意，那么我们还可以问，神话的内涵是否已经穷尽？我们看到，诗人的全部见解不外是我们看了一眼深渊后，治疗百病的自然提供给我们的那个光亮的映象。俄狄浦斯弑父娶母，破了斯芬克司之谜！这种命运的神秘的三重性告诉我们什么呢？有一个古老的，尤其在波斯流传的民间迷信认为，智慧的巫师只能由乱伦而生。考虑到破谜和娶母的俄狄浦斯，我们马上就可以这样解释这种民间信仰：凡是预见未来而又神秘莫测的力量打破了现在和未来的约束、僵化的个体化法则，甚至自然的真正魔力的地方，必定有巨大的违背自然的事件——比如这里所说的乱伦——已经作为原因先期发生。因为，倘若人们不通过非自然的手段反抗自然，战胜自然，怎么能迫使自然暴露它的奥秘呢？我看到，俄狄浦斯可怕的三重厄运清楚地体现了这个道理。那破解自然——双重变态的斯芬克司——之谜的人必定要破坏神圣的自然秩序，弑父娶母。这个神话似乎要轻轻地告诉我们，智慧，尤其是狄俄尼索斯智慧是违反自然的暴行，谁用知识把自然推入毁灭的深渊，谁就得在自己身上体验自然的瓦解。“智慧之矛调转矛头刺向智者，智慧是对自然的犯罪”，这是神话向我们高喊的可怕语句。但是，希腊诗人却像一束阳光那样，抚摸这个神话的庄严可怕的门农之柱[②]，使它突然用索福克勒斯的旋律发出鸣响。

---

① 《俄狄浦斯在科罗诺斯》，索福克勒斯写的悲剧。科罗诺斯位于雅典附近，是俄狄浦斯最后居住和逝世的地方。

② 门农，特洛亚战争中的英雄。希腊人把埃及阿门科忒佩三世的雕像称为门农。据传，该雕像在第一束阳光照到身上时发出类似人声的哀鸣。

现在，我将照耀埃斯库罗斯的**普罗米修斯**的主动的光荣与被动的光荣作对比。思想家埃斯库罗斯要告诉我们他作为诗人只想通过类似譬喻的形象让我们感悟的东西，青年歌德借用普罗米修斯之口，用一番豪言壮语作了揭示：

我坐在这里造人，
按照我的形象，
一个类似我的族类，
他们像我一样，
受苦，哭泣，
享乐，欢喜，
不把你看在眼里！①

升华到巨神界的人争得了他的文明，迫使诸神与他结盟。因为他凭借他特有的智慧，把他们的生存和界限操在手里。这首普罗米修斯诗按其基本思想本是对不敬神的赞美，然而诗中最奇妙的东西却是埃斯库罗斯对**正义**的深深的渴求：一方面是勇敢的“个人”的无限痛苦，另一方面是神的困境，对诸神末日的预感，这两个受苦世界的迫使两者和解，达到形而上统一的力量，所有这一切极其强烈地促使我们想起埃斯库罗斯世界观的核心和要旨，按他的世界观，作为永恒正义的摩伊拉②高踞于诸神和人类之上。埃斯库罗斯把奥林匹斯世界放到他的正义天平上，真是勇敢非凡，面对这一点，我们不禁想到，深沉的希腊人在秘密的宗教仪式中有一种不可动摇的坚定的形而上思想基础，会冲着奥林匹斯发泄他们种种突发的怀疑。。尤其是希腊艺术家，面对这些神灵时有一种互相依赖的朦胧感觉，正是在埃斯库罗斯的普罗米修斯身上，这种感觉得到了象征性的表现。这位艺术巨擘身上有一种坚强的信念，坚信自己能创造人，至少能毁灭奥林匹斯诸神。他以其高度智慧从事这个业绩，当然，他不得不为此而永远受苦，借以赎罪。这位伟大天才的

① 这是歌德《普罗米修斯》中的一节。
② 摩伊拉，希腊神话中的命运三女神，同时也指神和人的命运、劫数。

杰出“才能”（为此而永恒受苦的代价算不得什么），**艺术家**的苦涩的自豪，这就是埃斯库罗斯作品的内容和灵魂；而索福克勒斯在他的俄狄浦斯剧中奏起了**圣徒**凯旋曲的序曲。然而，即使用埃斯库罗斯对神话的解释也不能测出神话所蕴含的深不可测的恐怖。毋宁说，艺术家对成长感到的快乐，蔑视一切灾难从事艺术创作的欢乐，只是蓝天白云映照在黑暗的悲伤之湖上的明亮倒影罢了。普罗米修斯传说是雅利安各民族共同的原始财产，是他们善于感受忧郁悲惨的东西的天赋的证据。这一神话之于雅利安人，很可能与堕落神话之于闪米特人具有相同的表征意义，两个神话之间有着兄妹般的亲属关系。普罗米修斯神话的前提是天真的人类赋予**火**以极大的价值，把火看作每一种新兴文化的守护神。但是，人自由地支配火，人得到火不只是靠上苍的馈赠，如点燃一切的闪电，温暖一切的阳光，这在沉思的原始人看来真是一种罪过，是对神圣自然的掠夺。于是，这个原始哲学问题就在人神之间设置了一个令人为难的、无法解决的矛盾，如同一块巨石，把它横在每种文化的门前。人类所能分享的最宝贵的东西是通过犯罪争取到的，人类不得不为此承受其后果，即忍受被冒犯的上天降给正在兴起的人类的痛苦与苦难之长河。这是个苦涩的思想，它赋予罪恶以**尊严**，并以此尊严与闪米特的堕落神话相区别。在这堕落神话里，好奇、欺骗、脆弱、色欲，总之，一系列主要是女性的爱好被看作罪恶之源。使这一雅利安观点显得突出的是把这种**积极进取的罪孽**看作真正普罗米修斯德行的崇高见解。同时，我们由此发现了悲观悲剧的伦理基础，即为人类的不幸**辩护**，既为人类的过错辩护，又为由此产生的苦难辩护。事物本质中的不幸（深沉的雅利安人无意加以抹杀），世界内心的矛盾，在他面前显现为诸如神灵世界和凡人世界等不同世界的交错混杂。每个世界作为个体都是合理的，但它们与其他世界并列时，却要为自己的个体化受苦。当个人勇敢地融入一般，试图摆脱个体化的引力，想成为**整体**的世界生灵本身时，他就亲身遇到了隐含在事物中的原始矛盾，也就是说，他亵渎并因而受苦。雅利安人视亵渎为男性，闪米特人视罪孽为女性，正如原始亵渎由男人所犯，原罪为女人所犯。况且男巫合唱队如此唱道：

女人已走千步长，
我们无须细较量，

不管女人多卖力，
男人一跃便赶上。[①]

谁理解了普罗米修斯传说的实质，即泰坦般奋发向上的个体必然要亵渎神灵，他同时就必定会感觉到悲观观点的非阿波罗成分。因为阿波罗恰恰在个体之间划出界限，一再提醒他们，这些界限是神圣至极的、要求人们“认识自我”和“适度”的世界法则，以此安抚个人。为了使形式在出现阿波罗倾向时不至变得埃及式的僵硬冷漠，为了在设法画定道道波浪行进的轨道和范围时，不致使整个湖面变成一潭死水，失去活力，狄俄尼索斯的洪流巨浪又不时地冲毁阿波罗意志企图制约希腊精神的所有小小的规矩。那骤然暴涨的狄俄尼索斯洪流背负起众多个体的小小波浪汹涌向前，就像普罗米修斯的兄弟、泰坦巨神阿特拉斯[②]背负着地球一样。要成为肩负所有个人的阿特拉斯，用巨背将所有个人越举越高，越举越远这一强烈渴望是普罗米修斯精神和狄俄尼索斯精神的共同点。在这个意义上，埃斯库罗斯的普罗米修斯是狄俄尼索斯的面具，而先前提到的埃斯库罗斯对正义的深深追求则表明，就父系而言，他源于阿波罗这位个体化和正义界限之神，源于这位明智者，埃斯库罗斯的普罗米修斯的双重性格，他兼有的狄俄尼索斯和阿波罗本性可用下面一句概念化的话加以表达：“一切存在既公正又不公正，在两种情况下都同样合理。”

这就是你的世界！这就叫世界！[③]

---

① 歌德《浮士德》第一部，第3982~3985行。郭沫若译为：

男子不必尽斯文，
女人纵快一千步，
男子一跃便赶上，
女人虽快复何如！

人民文学出版社，1959年版，第215页。

② 阿特拉斯，泰坦伊阿佩托斯和克吕墨涅之子，曾与其他泰坦一起反对宙斯，失败后被罚去顶天。

③ 歌德《浮士德》第一部，第409行。郭沫若译为：

这便是你的世间！
这也算是个世间！

人民文学出版社，1959年，第23页。

十

一个无可争辩的传说是，最古老形态的希腊悲剧只表现一个题材：狄俄尼索斯的痛苦，很长一段时间里狄俄尼索斯是惟一的舞台主角。不过，可以同样肯定地说，在欧里庇得斯以前，狄俄尼索斯一直是悲剧主角，希腊舞台上的普罗米修斯、俄狄浦斯等所有著名的角色统统是那个原始主角狄俄尼索斯的面具。所有这些面具后面隐藏着一个神，这就是这些著名角色所具有的、经常为大家所赞叹的、典型的“理想”。我不知道是谁曾经断言，所有个人作为个人都是可笑的，因而是非悲剧性的。从这个说法可以推断，希腊人根本不能忍受舞台上的个人。看来，他们真是这么感受的，柏拉图对“理念”和“偶像”、复制品的区分和评价正是深深地植根于希腊人的本质之中。如果我们采用柏拉图的术语，那么我们可以这样谈论希腊舞台的悲剧人物塑造：真正真实的狄俄尼索斯以许多不同的形象出现，是戴着面具的英勇战斗的英雄，陷入了一张个人意志的大网。看那位出场的神说话和行动的样子，就像是一个迷误的、奋争的、受苦的个人。他**显得**史诗般明确清晰，要归功于释梦者阿波罗，阿波罗用那个比喻性现象向合唱队解释了他的狄俄尼索斯状态。而实际上，这个英雄正是神话中受苦的狄俄尼索斯，那个亲身体验个体化痛苦的神。许多奇妙的神话说明，他出生后如何被泰坦诸神撕碎，又如何在这种状态下作为查格琉斯[①]受到尊崇。此说法暗示，这种肢解，即本来意义上的狄俄尼索斯**痛苦**，如同化为气、土、水、火，我们须把个体化状态视为一切痛苦的根源和始因，视为卑下的东西。狄俄尼索斯的微笑产生了神，他的眼泪产生了人。作为被肢解的神，狄俄尼索斯具有双重性：既是残

---

① 查格琉斯，俄耳浦斯教派信徒给酒神狄俄尼索斯的别名。他们认为狄俄尼索斯原为宙斯和佩尔塞福涅所生，名叫查格琉斯，后被泰坦撕碎，从塞墨勒腹中二次诞生。

暴野蛮的恶魔，又是温和仁慈的明君。然而，秘仪信徒①却寄希望于狄俄尼索斯的再生，现在我们充满预感地把他的再生看作个体化的终结：秘仪参与者向新生的第三个狄俄尼索斯热烈欢呼，歌声震天。被撕碎的、肢解为个体的世界只因抱有这种希望，才在脸上露出喜悦的光芒。神话形象地说明了这一点：沉浸在永恒悲伤中的得墨忒耳②听说她能**再次**诞生狄俄尼索斯时，第一次重开**笑脸**。上述观点已经包含了深沉而悲观的世界观的所有要素，同时也包含了**悲剧的神秘学说，即存在万物皆为一体的基本认识，视个体化为恶之根源**的观点，艺术是指望个体化得以打破的可喜希望，是统一会重建的预感。

前面已经指出，荷马史诗是奥林匹斯文化的诗作，是奥林匹斯文化赢得可怕的泰坦战争的赞歌。现在，在悲剧诗歌的强大影响下，荷马神话重新投胎降生，它们的轮回转生表明，现在，连奥林匹斯文化也被一种深刻的世界观所战胜。顽强的泰坦巨神普罗米修斯向折磨他的奥林匹斯神宣布，倘若他不及时和他联合，他的统治就将面临巨大的危险。在埃斯库罗斯作品里，我们看到了惊恐不安、担心末日来临的宙斯和泰坦诸神结为联盟。这样，事后又把以前的泰坦时代从塔耳塔罗斯③中放出，使它重见天日，野蛮赤裸的自然的哲学带着真理的坦然表情，看着在它面前飘然而过的荷马世界的神话。面对这位女神闪电般的目光，这些神话脸色苍白，浑身发抖，直到狄俄尼索斯艺术家强有力的巨掌迫使他们为新神服务。狄俄尼索斯真理接收了整个神话领域，作为**它的**认识的象征，分别在悲剧的公开祭礼或戏剧性的神秘节日的秘密庆祝活动上宣告它的这些认识，不过，这些认识始终披着古老神话的外衣。是什么力量把普罗米修斯从鹰爪中解放出来，把这个神话转变为狄俄尼索斯智慧的车驾？是音乐的赫剌克勒斯④般巨大的力量。这音乐在悲剧中臻于完善，善于对神话作出新的深刻的诠释，我们以前已经把这称为音乐最了不起的能力。因为这是每个神话的命运：它们先是一步步潜入某种所谓历

---

① 指厄琉西尼亚神秘仪式的参加者。在古希腊厄琉西斯一带为祭祀得墨忒耳和佩耳塞福涅，举行各种神秘仪式，对狄俄尼索斯的崇拜对这些庆祝活动有所影响。

② 得墨忒耳，希腊神话中丰收和农业女神，也是家庭和婚姻的保护神。

③ 据《伊利亚特》，塔耳塔罗斯是宙斯囚禁泰坦的地方，为冥界下面暗无天日之深渊。

④ 赫剌克勒斯，希腊神话中最有名的英雄，曾完成“十二件奇迹”，在现代语言中是“大力士”的代名词。

史现实的狭小天地，后来到了某个时代被当做具有历史意义的独一无二的事实。希腊人早已准备把他们整个神话般的青春梦想巧妙而任意地改写为实用史学的**青年期历史**。这种情况有如宗教的消亡：当一种宗教的神秘前提在严格而理智的正统教义的监视下，被系统化为历史事件的总和，当人们开始忐忑不安地为神话的可信性进行辩护，却又抗拒宗教自然而然地继续生存和传播，当对神话的感情逐渐枯萎，被宗教需要历史基础的要求取而代之时，宗教就消亡了。现在，新生的狄俄尼索斯音乐的天才抓住了濒临死亡的神话，神话在他的手里再一次繁荣复兴，呈现出从未有过的绚丽色彩，散发出使人产生一个形而上世界就要来临的渴望和预感的芬芳香气。经历了这次回光返照后，神话就凋零了，它的枝叶枯黄了，古代冷嘲热讽的卢奇安[①]们很快就去追逐四散飘落、枯黄凋败的花朵。神话通过悲剧获得了深刻的内容和完美的形式；如同受伤的英雄，他再一次挺起身，他的全部过于充沛的力量，死者充满智慧的安详宁静在他的眼睛里熊熊燃烧，放射出最后的灿烂光辉。

傲慢的欧里庇得斯，当你试图迫使这位临终者再次为你服役时，你要的是什么？他死于你强暴的手下；你现在需要一个仿制的冒牌神话，它就像赫剌克勒斯的猴子那样，只知道用旧的豪华衣装打扮自己。你不仅失去了神话，你也失去了音乐的天才。即使你贪婪地把所有音乐之国掠夺一空，你能完成的也只是仿制的冒牌音乐。你离弃了狄俄尼索斯，阿波罗也就离你而去。你把所有热情从他们的栖身之处赶出来，收进你的领地吧，为你的角色的语言字斟句酌，准备好一套诡辩的辩证法吧——你的角色依然只有模仿的假热情，他们讲的只是模仿的戴面具的语言。

---

① 卢奇安（约120—?），希腊讽刺散文作家。

十一

希腊悲剧的衰亡与其他一切更古老的姊妹艺术种类不同，它是由于无法解决的冲突自杀而亡，因而是悲壮的，而其他各种艺术都是在耄耋之年安详平静地仙逝。如果说有了茁壮的后代，毫无痛苦地告别人生是符合幸福的自然状态的话，那么那些更古老的艺术的结局就向我们表明了这样一种幸福的自然状态：它们慢慢地消亡，在它们就要闭目的眼睛前已经站着比自己更秀美的子嗣，正急不可耐地勇气十足地昂起他的头。相反，希腊悲剧灭亡后则出现了一个到处都深深感觉到的巨大空白。如同拉伯里乌斯[①]时代希腊渔夫在一座孤岛上听见“伟大的潘[②]死了”的撕心裂肺的呼号那样，现在整个希腊都响彻了一个悲痛的哀号之声：“悲剧死了！诗歌也跟它一起消亡了！滚开，你们这些发育不全、瘦骨伶仃的子孙！滚到地狱去！你们在那里还能饱餐一顿你们先辈大师的残羹剩饭！”

但是后来还是兴起了一种新的艺术，并且把悲剧尊为它的祖先和导师，此时我们惊恐地发现，它带有母亲的特征，然而却是她在长时间垂死挣扎时表现出来的那些特征。这场悲剧的垂死挣扎是**欧里庇得斯**进行的；那后起的艺术种类作为**希腊新喜剧**而闻名于世。悲剧以某种退化的形态活在这喜剧中，成为悲剧极其艰难而又惨烈的死亡的纪念碑。

这么一来，我们就可以理解新喜剧诗人何以对欧里庇得斯如此钟爱；斐勒蒙[③]的愿望也就不奇怪了，他说，要是他确信死者仍有理智，他愿立刻上吊，到阴间去拜访欧里庇得斯。如果我们要简明扼要地概括欧里庇得斯和米

---

① 拉伯里乌斯（前42—37），罗马皇帝（14—37），奥古斯都的继子。

② 潘，希腊神话中的森林之神和牧神。传说，在拉伯里乌斯统治时期，有一只渔船从伯罗奔尼撒驶向意大利途中突然听到空中传来喊声：“伟大的潘死了！”拉伯里乌斯向全民发布了这一消息。在近代文学作品中，这句话不仅象征伟大人物的逝世，还象征一个时代的结束。

③ 斐勒蒙（前363—前263），古希腊新喜剧作家。

南德[1]、斐勒蒙的共同点，说明什么是后者眼中的典范，那么我们只需提出一点就够了：欧里庇得斯把**观众**带到了舞台上。谁认识到欧里庇得斯前的普罗米修斯悲剧家用什么材料塑造他们的主角，压根儿没有想过要把现实的忠实面具搬上舞台，他就会了解欧里庇得斯的与此全然不同的倾向。靠了他，常人走出观众席，登上了舞台，舞台这面镜子以往只表现伟大勇敢的性格，现在则连自然的败笔也是忠实地再现无遗。现在，古代艺术中的典型希腊人奥德修斯在新诗人的笔下降格为平庸的常人，从现在起，这类心肠好、头脑灵的家奴人物占据了戏剧舞台的中心。在阿里斯托芬的《蛙》一剧中，欧里庇得斯认为自己的功绩是，他用家庭常备药使悲剧艺术摆脱了华而不实的肥胖症，这首先可在他的悲剧主角身上感觉到。从本质说，观众在欧里庇得斯的舞台上看到和听到的是自己的化身，并为他能言善辩而满心欢喜。然而观众不仅仅停留在欢喜上，他们还向欧里庇得斯学习说话。欧里庇得斯在与埃斯库罗斯竞赛时曾自夸，说是他使民众学会运用巧妙的诡辩术内行地观察事物，与人磋商，得出结论。他通过公众语言的这种变革，才使新喜剧成为可能。因为从现在起，如何以及用什么警句格言才能使日常生活登上舞台，已经不是秘密了。欧里庇得斯寄托他的全部政治希望的平凡民众现在登台说话了，而在此以前，决定语言特征的，在悲剧中是半神，在喜剧中是酩酊大醉的萨梯里或半人。这样，阿里斯托芬笔下的欧里庇得斯自豪地强调指出，他如何描绘了每个人都能判断的普通的、众所周知的、日常的生活和行为。如果说现在全体民众都在推究哲理，无比精明聪慧地管理土地田产和进行诉讼，那么，这是他的功绩，是他向民众灌输智慧的结果。

现在，大众经过这样的调教和启蒙，可以向他们拿出新喜剧了，在某种程度上，欧里庇得斯是这新喜剧的合唱队教师，只是这一次观众合唱队不得不好好排练一番。一旦合唱队学会用欧里庇得斯的调子唱歌，新喜剧——类似棋赛的戏剧种类——就产生了，并且靠了机智和计谋不断取胜。不过，合唱队老师欧里庇得斯不断受到赞扬，倘若人们不知道悲剧诗人和悲剧一样都已死亡，他们就会自杀，以便向他学习更多的东西。然而，随着悲剧的死

---

① 米南德（前342—前291），古希腊新喜剧诗人，主要剧作有《公断》、《割发》、《恨世者》等。

亡，希腊人已经放弃了他们永生不死的信念，不仅放弃了对理想过去的信念，也放弃了对理想未来的信念。著名的墓志铭[1]中那句“人到老年轻率又古怪”的话也适用于年迈的希腊化时代。只顾眼前、玩世不恭、漫不经心、喜怒无常是这个时代的最高神灵。第五等级即奴隶等级，现在至少在精神上要夺权了。如果现在还存在“希腊欢乐”的话，那也是奴隶的欢乐：他们无需承担重大责任，无需追求伟大事物，除了现在，他们不懂得尊重过去、尊重未来。正是“希腊欢乐”的这种表象使基督教的前四个世纪深沉而可怕的人物感到愤怒，在他们看来，遇到严肃可怖的事就怯懦地逃之夭夭，沉浸于舒适的享受而沾沾自喜，不仅是可悲的，而且是货真价实反基督的思想和态度。存在了几百年的古希腊观点坚韧不拔地保持了那种粉红色的欢快颜色，这要归功于他们的影响——好像从来不曾有过诞生了悲剧的第六个世纪及其神秘的宗教仪式、毕达哥拉斯[2]和赫拉克利特[3]似的，好像这个伟大时代的艺术作品不存在似的，然而我们根本不能这样解释这些艺术品，说如此老态龙钟又奴性十足的生存乐趣和达观是其产生的土壤，它们各自显示，它们的生存基础是完全不同的另一种世界观。

我在前面说过，欧里庇得斯把观众搬上了舞台，从而让他真正有能力评判戏剧。这使人产生这样的印象，似乎欧里庇得斯以前的悲剧没有克服与观众不相适应的关系，人们甚至会赞扬欧里庇得斯在艺术作品和观众之间建立适当关系的激进倾向，并把他看作是超越索福克勒斯的一大进步。然而“观众”只是一个词而已，根本不具经久不变的价值。艺术家何需调节自己，去适应某种只靠数量取胜的力量呢？倘若艺术家按其才能和志向，感到胜过任何一个观众，那么他何需面对所有听命于他的观众的集合体时比之相对来说最有才能的单个观众感到更多的尊重呢？正是欧里庇得斯在漫长的一生中都是趾高气扬地对待他的观众，在这一点上其他希腊艺术家都望尘莫及。甚至当群众拜倒在他脚下时，他也是摆出一副高傲的样子，公开扇了他自己的倾向一记耳光，而他正是以标榜这个倾向征服观众的。倘若这位天才对观众这群恶魔哪怕只有一点点敬畏，那么他遭受了失败的打击后，早就在创作生涯

① 参见歌德《格言集》。

② 毕达哥拉斯（约前580—约前500），古希腊数学家、哲学家。

③ 赫拉克利特（约前540—约前480与470之间），古希腊哲学家。

的中期前就彻底垮台了。这样一来我们就发现，我们关于欧里庇得斯把观众搬上舞台是为了让观众真正具备判断能力的说法需要重新审视，我们对他的倾向就会获得更深的理解。相反，大家都知道，埃斯库罗斯和索福克勒斯生前死后是如何地深受人民的爱戴，因而针对欧里庇得斯的这些先辈，根本谈不上艺术作品与观众之间的不协调关系。那么，是什么东西促使这位才华横溢、创作欲望永不枯竭的艺术家离开沐浴在伟大诗人名声的阳光下，享受着民众宠爱这万里晴空的恩泽的道路的呢？是什么样的对观众的特殊关照反而使他背离了观众呢？他过度重视观众，怎么会转而藐视观众呢？

欧里庇得斯觉得作为诗人大概比群众高明，却不比他的两个观众更高明，这就是上述之谜的谜底。他把群众搬到舞台上，把那两个观众尊为惟一能评判他的全部艺术的法官和大师。遵照他们的教导和劝戒，他把迄今为止在观众席上作为看不见的合唱队对每一次节日演出所体验到的感觉、激情和经验移置到他的舞台主角的心灵里。当他为这些新角色寻找新的语言和新的音调时，他向他们的要求让步。当他再次受到观众法官的责备时，只有在他们的声音里，他才听到对他的创作的有效判决和增强胜利信念的鼓励。

这两个观众中的一个是欧里庇得斯自己，作为**思想家**而不是作为诗人的欧里庇得斯。我们可以说，像莱辛一样，他的异乎寻常的批判天才即使说不是产生，也是不断孕育了一种附带的艺术冲动。欧里庇得斯天赋甚高，批判思维极其清晰敏捷，他坐在剧场里观看他的先辈的杰作，竭力去重新认识它们，就像观看退色的油画时重新认出每一道运笔、每一条线条。这时他发现了熟悉埃斯库罗斯悲剧奥秘的人恐怕不会感到意外的东西：某种令人迷惑的明确性，同时又是深不可测的模糊性，可说是背景无穷无尽。即使最清楚确定的人物形象也拖着一条彗星尾巴，这条尾巴似乎意味着缥缈朦胧的东西。戏剧结构也是同样笼罩在朦胧暗淡的光线中，尤其是合唱队的意义。伦理问题的解决令他何等的疑窦丛生！神话的处理是多么成问题！幸运和不幸的分配是多么的不均匀！连早期悲剧的语言，也有许多东西令他不快，至少他觉得难以捉摸。尤其是他发现，剧中用了过多的华章丽辞表达简单的关系，把过多的热烈与排场给予质朴的性格。于是，他焦虑不安地思考着坐在剧场里，作为观众的他向自己承认，他不理解他的伟大先辈。在他看来，理解是一切享受和创作的真正根源，所以他不得不问，是不是还有别人和他想的一样，同样承认存在互相协调的东西。然而许多人，包括那几个最出色的人，对他都只报以疑惑的微笑，没有一个人能给他解答，为什么大师们面对他的疑虑和反对依然是正确的。他在痛苦万分的情况下发现了**另一个观众**，他不理解悲剧，因而也不给予重视。有他作为盟友，他摆脱了孤立状态，敢于向埃斯库罗斯和索福克勒斯的艺术作品发起激烈的斗争——不是用论战文章，而是作为诗人，用**他的**悲剧观点反对传统的悲剧观点。

十二

在说出另一个观众的名字以前，我们先花点时间，回顾一下前面谈到过的有关埃斯库罗斯悲剧本质中存在矛盾和不协调的印象。让我们想一想，我们自己面对这种悲剧的**合唱队**和**悲剧主角**时是何等诧异，我们无法将它们两者与我们的习惯、与传统看法协调起来。直到后来，我们重新发现那种双重性，它是希腊悲剧的起源和本质，是**阿波罗精神和狄俄尼索斯精神**这两种互相交织在一起的艺术冲动的表现。

剔除悲剧中原始的、万能的狄俄尼索斯因素，在非狄俄尼索斯艺术、习俗和世界观的基础上重新建立悲剧，这就是现在清清楚楚显现在我们眼前的欧里庇得斯的意向。

欧里庇得斯本人在晚年曾在一部神话剧里向他的同时代人特别提出了这种意向的价值和意义的问题。难道容许狄俄尼索斯因素存在吗？难道不该把它从希腊土地上铲除吗？诗人对我们说，要是做得到，当然该铲除；但是狄俄尼索斯神太强大了，诸如《酒神的伴侣》中的彭透斯[①]这样聪明至极的对手都出人意料地被他的魔力所迷，然后鬼迷心窍地陷入厄运。卡德摩斯和忒

---

① 彭透斯是希腊神话中的忒拜王。他反对崇拜狄俄尼索斯，因而被参加酒神节游行的妇女撕碎致死。

瑞西阿斯[①]这两位老人的论断似乎也是年迈诗人的论断：哪怕是最聪明的个人，他的思考也不能推翻那些古老的民间传说，不能推翻对狄俄尼索斯经久不衰的尊敬，所以，至少向这类神奇的力量表示外交式审慎的兴趣，倒不失为合宜的做法，即使这样，这位神灵仍有可能对这种毫无热情的参与感到不快，最终把外交家（比如这里所说的卡德摩斯）变成一条龙。跟我们说这番话的是这样一位诗人，他和狄俄尼索斯英勇对抗了一生，到头来却对对手倍加颂扬，以自杀结束自己的生涯，就像一个头昏目眩的人仅仅为了摆脱可怕的、无法忍受的眩晕，从高塔上跳下一样。这部悲剧是针对他的意向是否可行提出的抗议；啊，这意向已经付诸实施！奇迹发生了，当诗人要收回他的倾向时，他的倾向胜利了。狄俄尼索斯被赶下了舞台，而且是被借欧里庇得斯之口说话的魔力赶下台的。在某种意义上，欧里庇得斯也只是一具面具。借他之口说话的神不是狄俄尼索斯，不是阿波罗，而是完全新生的魔鬼，名叫**苏格拉底**。产生了新的对立——狄俄尼索斯精神和苏格拉底精神的对立，希腊悲剧艺术作品因这一对立而灭亡。不管欧里庇得斯怎样改悔，要以此安慰我们，他无法挽回败局了，雄伟壮丽的庙宇已经化为一片废墟。破坏者呼天号地也好，承认那是最美的庙宇也好，对我们又有何益？哪怕一切艺术时代的法官把欧里庇得斯变成一条龙，以示惩罚，这点可怜的补偿能使谁满意呢？

现在，我们来考察一下欧里庇得斯借以反对并战胜埃斯库罗斯悲剧的**苏格拉底**倾向。

我们现在要问，欧里庇得斯只以非狄俄尼索斯精神作为建立悲剧的基础这一意图如能得到最理想的贯彻，会得到什么结果呢？如果诞生戏剧的母腹不是音乐，不是狄俄尼索斯神秘朦胧之境，那么它还会有什么形式？只能是**戏剧化的史诗**罢了，在这阿波罗的艺术领域，**悲剧**效果自然无法达到。这里的问题不在于被描述的事件的内容。我甚至要断言，倘若戏剧如是发展，歌德在他所构想的《瑙西卡》[②]里也不可能把第五幕中牧歌式人物的自杀描写得那么悲怆动人。因为史诗的阿波罗力量如此强大，能凭借对表象及通过表

---

① 卡德摩斯，降龙勇士，忒拜城的建立者；忒瑞西阿斯，忒拜先知。

② 瑙西卡，希腊神话中费阿客亚王阿尔克诺俄斯的美丽女儿。《奥德赛》中，奥德修斯漂到斯刻里亚岛上时，按雅典娜所托之梦来海滨洗衣的瑙西卡给了他衣服，并引他入宫见父王。

象得到解脱所感到的快乐，使最可怖的事物在我们的眼前着魔变化。戏剧化史诗的诗人和史诗吟诵者一样，不能和他的形象完全融化为一体。他始终是个不动声色的、从远处观看**面前**各种形象的观者。这种戏剧化史诗的演员从根本上说依然是行吟诗人，他的一切表演都带有内在梦幻的色彩，因而他从来不是一个完全的演员。

如果问欧里庇得斯戏剧与阿波罗戏剧的这种理想关系如何，那么我们可以比之于较后期的行吟诗人和古代严肃的行吟诗人的关系。前者在柏拉图《伊安篇》里这样描述自己的性情："我说到悲伤的事，就两眼泪汪汪；我说到恐怖可怕的事，就毛骨悚然心惊肉跳。"这里我们已经看不到一点对表象的史诗般的迷恋，看不到一点真正的演员所具有的不动声色的冷静，真正的演员在全神贯注于演剧时，完全成为表象和对表象的喜悦。欧里庇得斯是心惊肉跳、毛骨悚然的演员。他作为苏格拉底式思想家制订计划，作为热情奔放的演员执行计划。无论制订计划还是执行计划，他都不是纯粹的艺术家。所以欧里庇得斯的戏剧总是冷和热的混合体，既能让人冻得发僵，又能让人热得发烧。所以他不可能达到史诗的阿波罗效果，而另一方面又尽可能地摆脱了狄俄尼索斯因素。因此，为了使戏剧产生效果，他现在需要新的刺激手段，它们既不可能存在于阿波罗艺术冲动中，又不可能存在于狄俄尼索斯艺术冲动中。这些新的刺激手段是取代阿波罗直观的冷静悖理的**思想**和取代狄俄尼索斯狂喜的炽热的**情绪**，而且是极度真实地模仿的，绝非虚无缥缈的思想和情感。

我们已经看到，欧里庇得斯把戏剧只是建立在阿波罗基础上的努力根本没有成功，相反，他的非狄俄尼索斯倾向陷入了一种自然主义的、非艺术的迷途。这样，我们就可以考察**审美的苏格拉底主义**的实质了。苏格拉底主义的最高原则可表述为"清晰明了为美"，与苏格拉底另一名言"唯知者有德"相辅相成。欧里庇得斯以此准则衡量并校正戏剧的各种成分：语言，人物性格，戏剧结构，合唱音乐。与索福克勒斯比较时，欧里庇得斯身上经常被我们看作其创作缺点和退步的东西，大多是这个深入的批判过程和大胆地追求明白晓畅的产物。欧里庇得斯的**开场**可以用作说明这种理性主义方法的例证。违背我们的舞台技巧的莫过于欧里庇得斯戏剧中的"开场"了。他的戏开场时，总有一人登台，告诉观众他是谁，说明已经发生了什么事，剧情将如何发展，这在现代剧作家看来，是有意放弃悬念效果，是不可原谅的。大家都知道将要发生的一切，谁还愿意等着它们真的发生？因为这里连预言的梦和后来发生的事实之间令人兴奋的关系也根本不会出现。欧里庇得斯的想法则完全不同。在他看来，悲剧的效果从来不立足于情节的紧张、令人屏声息气的悬念，有了这种悬念，人们无法捉摸会发生什么事；相反，悲剧的效果有赖于既雄辩又抒情的宏大场景，在这些场景，主角的激情和雄辩有如汹涌的大河一泻千里。一切都为了激起激情，而不是为了制造情节；凡不能激起激情的东西，都应予以摒弃。而妨碍观众入迷地欣赏这类场面的最大障碍是观众少了一个环节，即他对引起剧情的前因缺乏完全的了解。只要观众不得不花费脑筋，捉摸某个角色代表什么意义，志趣、意向的某种冲突因何产生，那么他就不可能全神贯注于主角的痛苦和行为，就不可能身临其境地与角色同苦共忧。埃斯库罗斯和索福克勒斯的悲剧运用了极巧妙的艺术手段，在头几场戏里就把理解全剧所需的所有线索差不多不经意地交到观众手里。这是大家风范，他们安排必要的形式时能藏而不露，仿佛水到渠成一般自然。不过，欧里庇得斯却自认为他发现了，观众在看头几场戏时焦躁不安，苦苦探求戏剧情节以前发生的事，这样，对他来说，诗的美和说明性文字的激情就白白丢掉了。因此，他在说明性文字前又安排了开场，而且让一个大家可以信赖的人承担这项任务：通常是一位神灵出场，由他向观众担保悲剧的情节发展，从而消除人们对神话的真实性所抱的种种怀疑，如同笛卡尔[①]只能诉诸神的诚实无欺才能证明经验世界的真实性一样。为了让观众确信他的主角未来的命运，欧里庇得斯在戏剧的结尾需要再次借助神祇的诚信，这就是所谓收场[②]的功能！在史诗的预告（开场）与前瞻（收场）之间是真正的“戏剧”，是戏剧与抒情的现在。

因此，欧里庇得斯作为诗人首先是反映他自己的自觉认识，正是这一点使他在希腊艺术史上占有重要的地位。谈到他的批判性创作活动，他必定常有这样的感觉：他该赋予阿那克萨戈拉[③]著作的开头几句话以新的生命；用

① 笛卡尔（1596—1650），法国哲学家、物理学家、数学家、生理学家。

② 收场（deux ex machina），戏剧结束时说明主角今后命运的文字。

③ 阿那克萨戈拉（约前500—前428），古希腊哲学家，原子唯物论的思想先驱。他提出“种子说”和“奴斯说”。在希腊文中，“奴斯”本义为心灵，转义为理性。

到戏剧上，这几句话就是："宇宙之初，万物混沌，理性出现，始创秩序。"如果说，阿那克萨戈拉提出"奴斯说"，在哲学家中的地位犹如来到一群醉汉中的第一位清醒者，那么欧里庇得斯可能会觉得他与其他悲剧诗人的关系可与之类比。只要宇宙惟一的支配者和管理者"奴斯"被排除在艺术创作之外，那么世界万物仍将混沌一片。欧里庇得斯必定如此判断，他必定以第一个"清醒者"自居，批评那些"醉醺醺"的诗人。索福克勒斯针对埃斯库罗斯说的话"他做得对，尽管是无意的"，肯定不是欧里庇得斯理解的意思。欧里庇得斯顶多只会这么说，**因为**埃斯库罗斯不是自觉地做事，所以就做错了。连圣人柏拉图谈到这位诗人的创作才能时——这不是有意识的判断——也是多半带着讽刺的意味，并把他与预言者和释梦者的才能相提并论，仿佛诗人不昏厥，不丧失理智，就没有创作能力似的。像柏拉图曾经做过的那样，欧里庇得斯也要让世界见识一下"非理性"诗人的对立面。我已经说过，他的审美原则"自觉意识者为美"和苏格拉底的"自觉意识者为善"是相辅相成的。据此，我们可以把欧里庇得斯看作美学上的苏格拉底主义的诗人。苏格拉底是不理解旧悲剧，因而不看重旧悲剧的**第二个观众**。有他做盟友，欧里庇得斯就敢于做新的艺术创作的英雄。如果说旧悲剧毁于这种新的艺术之手，那么美学上的苏格拉底主义是杀人的原则；这场斗争是针对旧艺术中的狄俄尼索斯精神的，就这一点而言，我们发现苏格拉底是狄俄尼索斯的敌人，是新的俄耳浦斯，他起来反对狄俄尼索斯，尽管他被雅典法庭的酒神侍女们撕得粉碎，终究迫使这位无比强大的神祇逃跑，就像他以前被厄多涅斯王吕枯耳戈斯[①]驱逐，到大海深处藏身逃命，即藏身于一种逐步席卷世界的秘密崇拜的神秘洪流中。

① 吕枯耳戈斯，特剌刻的厄多涅斯王，狄俄尼索斯的敌人。传说他把狄俄尼索斯及其伴友逐出本国，为此受到宙斯的惩罚。

十三

苏格拉底与欧里庇得斯关系密切，志趣相投，这一点没有逃脱同时代人的眼睛。这种敏锐感觉的最有力例证是在雅典流行的传说，说欧里庇得斯作诗时苏格拉底常常给予帮助。每当要列举当代蛊惑人心的教唆犯时，“古老的太平盛世”的拥护者们总是一口气说出他们两个人的名字，说古老的马拉松般的强壮矫健越来越成为某种可怕的教化的牺牲品，越来越心力交瘁，这要归咎于他们的影响。阿里斯托芬喜剧就是操着这种调子谈论他们两人的，既带着愤怒，又透出蔑视，这让后来人感到害怕，他们虽然愿意摒弃欧里庇得斯，但当他们看到苏格拉底在阿里斯托芬剧里被写成是头号**诡辩家**，是一切诡辩行为的镜子和缩影时，简直惊诧不止。这时惟一能给他们安慰的，就是把阿里斯托芬本人指责为诗坛上招摇撞骗的阿尔西比阿德斯①。我在这里无意为阿里斯托芬的深刻直觉辩护，反驳这类攻击，我要继续按照古人的感受，证明苏格拉底和欧里庇得斯两人的密切关系，特别要提醒读者注意的是，苏格拉底作为悲剧艺术的反对者是不看悲剧的，只有上演欧里庇得斯的新戏，他才去剧场。但是说明他们两人息息相关的最著名的例子是，得尔菲神谕把他们两人的名字并列在一起，称苏格拉底是最智慧的人，同时裁决，把智慧竞赛的亚军授予欧里庇得斯。

索福克勒斯名列第三。他在埃斯库罗斯面前可以自夸，他做了正确的事，而且是由于他**知道**何为正确。显然，正是明了**知识**为何物，使他们三人成为他们时代的三个“智者”。

当苏格拉底发现自己是惟一承认**一无所知**的人时，说了一番最尖锐不过的言论，表达了对知识和洞察事理的新的闻所未闻的高度尊重。他走遍雅典

---

① 阿尔西比阿德斯（约前450—前404），雅典将军、政治家，苏格拉底的学生。以政治主张反复无常闻名于世。阿里斯托芬曾在剧中对他表示赞赏。

与人辩论，拜访大政治家、大演说家、大诗人和大艺术家，每到一处都发现人们自认为有知识。他惊奇地发现，所有这些名人对他们的职业都缺乏正确而稳妥的了解，而只凭本能从事他们的工作。“只凭本能”，这个说法触及到了苏格拉底倾向的内核和中心。苏格拉底主义用这句话谴责当时的艺术和伦理道德。他审视的目光所到之处，无不看到缺乏真知灼见，充塞幻想之力，并且从缺乏知识得出结论，认为一切现存的东西在内里都是颠倒乖谬、荒唐卑下的。据此，苏格拉底认为必须匡正人生：他孤身一人，作为一种完全不同的文化、艺术和道德的先驱，脸上露出不屑一顾、高人一等的表情，进入一个我们摸到它的一点边就会感到莫大幸运崇敬之情油然而生的世界。

这就是我们每次面对苏格拉底时产生的巨大疑问，它一再地激励我们去认清古代这一最令人疑惑的现象的意义和目的。希腊精神体现为荷马、品达罗斯和埃斯库罗斯，体现为斐狄亚斯[①]、伯里克利[②]、皮提亚[③]和狄俄尼索斯，是值得我们肃然起敬的耸入云端的高山、深不可测的深渊。是谁敢于独树一帜，否定这种精神？是什么魔力敢于诋毁这奇妙的神酒？是哪个半神使得人类最高贵者组成的精灵合唱队不得不向他高呼：

“哀哉！哀哉！
你用铁拳巨掌，
彻底毁坏了
这美丽的世界，
它倒塌了，粉碎了！”[④]

---

① 斐狄亚斯（约前500—约前438），古希腊雕刻家，主要作品为雅典卫城的帕特农神庙的雕像、奥林匹斯的宙斯像。

② 伯里克利（约前500—前429），古希腊政治家。在他治下（前461—前431），雅典达到全盛，成为当时希腊民主制的中心。

③ 皮提亚，得尔菲神托所能预言的女祭司。

④ 这是歌德《浮士德》第一部“书斋”一节中精灵们的一段合唱（1607—1611行）。郭沫若译为：
伤哉！伤哉！
这美丽的世界，
被你以大力的拳头把它打坏，
倾倒了，粉碎了！
人民文学出版社，1959年版，第77页。

可称为“苏格拉底魔力”[1]的奇特现象为我们理解苏格拉底的本质提供了一把钥匙。在他巨大的理智摇摆不定的特殊场合，他会听到一个神秘的声音向他说话，使他获得一个坚固的支撑物。这个声音总是**告诫性**的。这直觉的智慧总是在出现反常的情况时出现，**阻碍**他有意识地去探索知识。在所有从事创造性活动的人身上，直觉是创造性的、肯定的力量，知觉则是批判性的、告诫性的，而在苏格拉底身上，直觉成了批评者，知觉成了创造者——真是咄咄怪事！虽然我们在这里看到了每种神秘素质的巨大缺陷，以致可以把苏格拉底称为特殊的**非神秘主义者**，在这种特殊的非神秘主义者身上，逻辑天性由于异期复孕而过度发达，恰如直觉智慧在神秘主义者身上异常发达一样。另一方面，在苏格拉底身上出现的逻辑本能却完全不能运用于自身，这种逻辑本能奔腾直泻，显示出一股强大的，只有在最强大的本能力量中我们才万分惊恐而诧异地发现的自然力。谁在柏拉图著作中感受到一点点苏格拉底生活态度的圣洁的单纯和坚定的自信，他就会感到，苏格拉底的巨大的逻辑之轮好像在苏格拉底背后运转，我们不得不像透过影子那样透过苏格拉底之身观察轮子及其运动。他本人对这种关系有所预感，这表现在他每时每地，甚至在他的审判官面前[2]，都以严肃庄重的态度宣传贯彻他的神圣使命。从根本上说，要驳斥他这一点是不可能的，正如不可能对他取消本能的影响表示赞同一样。在这场不可解决的冲突中，当他被传到雅典城邦的法庭前时，只能有一种判决形式，即放逐。人们可以把他当做不可捉摸的、莫名其妙的、不可解释的东西驱逐出境，后人不会有正当的理由指责雅典人做了一件可耻的事。然而对他的判决是死刑，而不只是放逐，而且仿佛是他自己要这样的判决，他的心境完全平静清醒，毫无对死亡的本能恐惧。他带着柏拉图描写过的平静心境从容赴死，按柏拉图的描写，他以往总是黎明来临之时，作为最后一名豪饮者，带着这种平静的心境离开宴席[3]，开始新的一天。而那些昏昏欲睡的酒友们在他走后，东倒西歪地留在板凳和地板上，做着苏格拉底真正的好色之徒的梦。**赴死的苏格拉底**成了希腊贵族青年除他而外从

① 指苏格拉底的具有精灵性质的“内心警告之声”，他深信他的一生为它所护持和支配。

② 雅典恢复奴隶主民主制后，苏格拉底被控，以藐视宗教、传播异说、败坏青年和反对民主等罪名被判死刑。苏格拉底拒绝朋友和学生要他乞求赦免和外出逃亡的建议，饮鸩而死。

③ 古希腊常举行这类进行学术性谈话的酒会。

未见过的偶像，尤其是典型的希腊青年柏拉图，对他崇拜得五体投地，狂热地拜倒在这个偶像前。

十四

让我们现在设想一下，苏格拉底从未燃烧过艺术之火的巨人眼睛转向悲剧会怎样。我们可以设想，这双眼睛不可能满心欢喜地观看狄俄尼索斯深渊。那么，它会在柏拉图所说的“崇高而备受称颂”[①]的悲剧艺术中看到什么呢？他会看到某种似乎有因无果、有果无因的非理性东西，而且一切都是如此光怪陆离、五光十色，与审慎镇静的气质必定格格不入，而对那些生性敏感、容易动火的人则是危险的火种。我们知道，他惟一理解的诗歌品种是**伊索寓言**，而且肯定报之一笑，采取随和将就态度，诚实善良的盖勒特[②]在《蜜蜂和母鸡》这则寓言中，也是以这种态度唱起一首诗歌颂的：

> “你在我身上看到诗的用处，
> 向那智力低下的人，
> 用形象说明真理。”[③]

但是，在苏格拉底看来，悲剧艺术除了面向“智力低下的人”以外，并不“说明真理”，因此也不面向哲学家，所以我们有双倍的理由远离悲剧艺术。和柏拉图一样，他把悲剧视为取悦于人的艺术，这类艺术只表现舒适惬意之事，而不表现有用之事。因此，他要求他的学生放弃和拒绝这类非哲学的刺激，而且取得了极大的成效，青年悲剧诗人柏拉图为了能成为苏格拉底的学

① 柏拉图《高尔吉亚篇》。
② 盖勒特（1715—1769），德国作家，德国寓言的奠基人。
③ 《盖勒特选集》第1卷第93页（Behrend版）。

生，首先焚毁了自己的诗作。然而，不可遏制的天赋起来反抗苏格拉底的训谕时，其力量连同非凡性格的冲击依然十分强大，足以把诗歌本身提高到从未有过的新的高度。

刚才提到的柏拉图就是这方面的例子。在责难悲剧和艺术方面，他肯定不逊于他冷嘲热讽的老师，然而出于艺术需要，他却创造了一种恰恰和他拒绝的现存的艺术形式有内在亲缘关系的艺术形式。柏拉图对旧艺术的主要指责——说它模仿表象，因而属于比经验世界还更低级的领域——尤其不能针对新的艺术作品。我们看到，柏拉图力求超越现实，表现作为伪现实之基础的理念。这么一来，思想家柏拉图走了一段弯路，又回到了他作为诗人始终视为家园的地方，回到了索福克勒斯和整个旧艺术庄严地抗议他的责难的地方。如果说悲剧融汇了一切以往的艺术种类，那么在某种怪异的意义上，这也适用于柏拉图对话录。他的对话通过一切现存的风格和形式的混合而产生，漂游在叙事、抒情和戏剧之间，漂游在散文和诗歌之间，从而打破了统一的语言形式这一严格的古老法则。**犬儒学派**[①]作家在这条路上走得更远，他们的风格斑驳繁杂，在散文和韵文两种形式之间来回摇摆，创造了“疯狂的苏格拉底”这一他们常常在生活中扮演的文学形象。柏拉图对话仿佛像一条小船，遭遇海难的古老诗歌及其所有孩子靠了它才得以生还，他们挤在狭小的船舱里，怯生生地服从舵手苏格拉底的指挥，驶向一个新世界，面对这一幕奇妙的景象，这新世界真是百看不厌。柏拉图确实给后世留下了一种新的艺术形式的样本，即**小说**的样本，我们可将它称为无限扩展了的伊索寓言。在这种艺术形式中，诗歌与辩证哲学相比处于从属地位，是所谓婢女，如同后来许多世纪里哲学与神学相比处于从属地位一样。这就是诗歌的新的地位，是柏拉图在恶魔般的苏格拉底的压力下迫其就范的。

这里，**哲学思想**盖过了艺术，迫使艺术紧紧依附于辩证法的主干。**阿波罗**倾向伪装为逻辑公式，我们在欧里庇得斯戏剧中看到过类似的现象，还看到了**狄俄尼索斯精神**转化为自然主义的感情。柏拉图戏剧中的辩证主角苏格拉底让我们想起欧里庇得斯主角的类似特性，他不得不通过论证和反证为自己的行为辩护，常常因此而陷入失去我们的悲剧同情的危险。因为谁会看不

---

① 公元前3世纪希腊的一个崇尚自然、主张自然主义的哲学流派。

到辩证法本质中的**乐观主义**因素呢？这种因素在每次推论中都欢呼自己的胜利，并且只有在冷静清醒的状态中才能自由呼吸。这种乐观主义因素一旦进入悲剧，就逐渐侵占了狄俄尼索斯领域，决定迫使它自我毁灭，果然，它后来纵身跳进市民戏剧而灭亡。请读者想想苏格拉底格言的结论："美德即知识；罪恶源于无知；有德者为有福人。"在这乐观主义的三种基本形态中已经蕴含着悲剧的死亡之因。因为现在有德行的主角必定是辩证法家，德行与知识、信仰与道德之间必定有必然的明显的联系，现在埃斯库罗斯的超验的公正解决论降格为平庸而狂妄的"诗的公正"的原则，包括通常的"收场"。

在这新的苏格拉底主义的舞台世界中，合唱队以及悲剧的整个音乐和狄俄尼索斯深层基础的情形怎样呢？它们像是些偶然的东西，是让人想起悲剧起源的（即使可以略而不计的）东西。然而，我们已经看到，合唱队只能理解为悲剧以及一般悲剧音素的**起因**，早在索福克勒斯悲剧，涉及合唱队的窘境已露端倪，这是个重要迹象，表明在他的剧里悲剧的狄俄尼索斯地基已经开始破裂。他已经不敢把获致悲剧效果的主要担子交给合唱队，反而限制它的范围，让它几乎和演员处于同等的地位，仿佛它从乐池提升到了舞台上。这样一来，合唱队的特性自然破坏殆尽，关于合唱队的这种观点，连亚里士多德也是会赞同的。索福克勒斯通过他的实践，按照传说甚至通过文章提倡的合唱队位置的变化是合唱队**衰亡**的第一步，经过欧里庇得斯、阿伽同[①]和新喜剧，合唱队衰亡的几个阶段以惊人的速度接踵而来。乐观主义的辩证法挥舞它的三段论鞭子，把**音乐**赶出了悲剧，也就是说，它破坏了悲剧的本质。悲剧的本质只能解释为狄俄尼索斯状态的形象化显示，是音乐的可视象征，是狄俄尼索斯陶醉的梦幻世界。

既然我们发现在苏格拉底以前就存在反狄俄尼索斯倾向，只是这种倾向在他身上表现得特别明显，那么，我们就无需害怕提出这样一个问题：苏格拉底这样一种现象究竟意味着什么？然而，面对柏拉图的对话录，我们不能把这一现象理解为只起解体作用的消极力量。苏格拉底欲念的直接效果肯定在于瓦解狄俄尼索斯悲剧，但苏格拉底本人深刻的生活经历迫使我们提出这

① 阿伽同，古希腊悲剧家。

样的问题：苏格拉底主义和艺术之间是否**必然**只有对立关系，一位“艺术家苏格拉底”的诞生本身是否就包含矛盾？

因为面对艺术，这位专制的逻辑学家有时有过欠缺，空白，该受些许指责，也许未尽到责任的感觉。他在狱中曾对他的朋友说，他常常感觉到好像做了同样的一个梦，向他说了同样的话：“苏格拉底，搞音乐吧！”①一直到他生命的最后几天，他都拿这样的看法安慰自己：他的哲学思辨是最高级的艺术，他不相信神祇会要他去搞那种“粗俗的大众音乐”。在监狱里，为了完全无愧于他的良心，他终于勉强决定从事被他看轻的音乐。出于这个想法，他写了一首阿波罗颂歌，把几篇伊索寓言改写成诗体。催促他从事这种练习的，是类似魔鬼的警告之声的东西。他像蛮人国王那样不理解高贵的神祇形象，由于不理解而有触犯神祇的危险。苏格拉底梦境中的那句话是他怀疑逻辑本性的界限的惟一迹象。也许——他肯定这么自问——我不理解的东西未必就是缺乏理性的东西？也许存在逻辑学家被驱逐出境的智慧王国？也许艺术是知识的必要的相关物和补充？

十五

针对最后这几个充满预感的问题，我们必须说明，直到今天乃至未来，苏格拉底的影响如何像夕阳西下时越来越大的阴影，遮盖了整个后世，它如何一再地迫使**艺术**，而且是形而上学的极深刻极广泛的意义上的艺术进行创新，因为这影响是绵延不绝的，所以它保证这艺术创新也是绵延不绝的。

在认识到这一点以前，在令人信服地阐明任何艺术离不开希腊人，离不开从荷马到苏格拉底的希腊人以前，我们对希腊人的感受必定和希腊人对苏格拉底的感受一样。几乎每一个时代，每一个文化时期，都曾经带着深深的

① 柏拉图《斐多篇》。

不快试图摆脱希腊人，因为与希腊人相比，一切他们自己的创造、看起来完全是独创的东西、令人真诚钦佩的成就，好像一下子变得暗淡无光、毫无生气，成了蹩脚的复制品，甚至蜕变为一幅漫画。于是，人们一再地向那自负的，竟敢把一切非本土的东西永远称为“野蛮”的小小民族抛去一腔怨恨。他们问道，那些虽然只有过短暂的历史光辉，只拥有少得可怜的机构，其超凡的道德习俗令人怀疑，甚至背负种种丑行恶习，却要在世界民族之林中占有本应属于万民之中的天才的尊严和特殊地位的人到底是何许人？可惜人们没有找到能将此种生灵根除的毒酒，因为嫉妒、诽谤和怨恨所酿造的全部毒汁都不足以毁灭他们的自荣自贵。因此，人们在希腊人面前总是又愧又惧；除非有人把真理看得高于一切，并有勇气承认这个真理：希腊人是御者，驾驭着我们的文化，驾驭着每一种文化，然而车辆与马匹几乎总是材差质次，配不上御者的荣耀，他们就开起玩笑，驾着车驶向深渊，自己却像阿客琉斯那样，纵身一跳越过深渊。

为了证明苏格拉底也具有这种御者的尊荣，只要认清他是一种在他以前未曾有过的生存方式的典型即**理论家典型**就够了。我们下一步的任务就是搞清楚这种典型的意义和目的。这种理论家和艺术家一样，对一切现存的事物感到无限的乐趣，并且由于这种乐趣而不受悲观主义的实用伦理和只有在黑暗中才闪闪有神的悲观主义目光的侵害。在每次揭开真理时，艺术家喜悦的目光总是停留在现在还被隐蔽的东西上，理论家则欣赏和满足于揭下来的外罩，他的最大乐趣在于总是顺利地、靠了自己的力量而成功地揭示真理的过程。如果科学仅仅涉及**一个**赤裸裸的女神而别无其他，那么就无科学可言。因为倘若果真如此，它的弟子们的感受必定和那些要挖穿地球的人无异：每个人都看到，他穷毕生之力，也只能挖出这无限深厚的地球的小小一洞，第二个人会当着他的面又填上这个小洞，致使第三个人觉得不如自己重新选择一个挖掘点更好。倘若有人令人信服地证明，经由这条直接途径无法达到对跖点，有谁还愿意在旧洞里继续工作呢？除非他现在不满足于找到宝石或发现自然规律。所以最诚实的理论家莱辛敢于公开声明，他看重的不是真理本身，而是探索真理[①]，这就揭示了科学的根本奥秘，使科学家感到惊异或恼

---

① 《莱辛全集》第13卷第24页。

火。这种个别人的认识如果不是过于自负，也是过于诚实；当然，与之并存的还有首先在苏格拉底身上体现出来的深刻的**妄想**，即那种不可动摇的信念，认为思想依靠因果律的引导，可以深入到存在的至深底蕴，思想不仅能认识存在，甚至能**修正**存在。这种崇高的形而上妄想作为直觉本能，是和科学与生俱来的，它一再地引导科学走向自己的极限，到达这个极限，科学必定转变为**艺术——这一过程原本要达到的目的就是艺术。**

让我们现在高举这个思想火炬看看苏格拉底。我们发现，他是第一个不仅借助科学本能生活，而且更是借助科学本能就死的人。因此，**赴死的苏格拉底**的形象——他借助知识和论证不知死亡之恐怖为何物——就成了科学大门上的徽记，提醒每个人，科学的使命在于，使生存显得可以理解，因而是合理的。当然，倘若各种理由不足以做到这一点，最终就不得不求助于**神话**。我曾经称神话为科学的必然结果，甚至是科学的意图。

谁一旦看清楚，在科学奥秘的启蒙者苏格拉底之后，各种哲学流派如何像后浪推前浪那样不断兴起，一种闻所未闻的包罗万象的求知欲如何波及知识界的广泛领域，作为每个才智杰出的人的真正任务，把科学推向大洋大海，使它得以汹涌澎湃地发展，从此就再也无法把它拖回小河小溪，由于这包罗万象的求知欲，一张共同的思想之网如何覆盖了整个地球，并且窥探整个太阳系的规律，谁一旦了解了这一切，并且看到了现代高得惊人的知识金字塔，他就不能不把苏格拉底看作所谓世界历史的转折点和旋涡中心。我们不妨这样设想，如果全部为这个世界倾向耗去的无法计量的力量**不是**服务于知识，而是用来为个人或民族的实际目的即利己目的服务，那么，在普遍的毁灭性战争和持续的民族大迁徙中，生活的本质乐趣也许会大大削弱，致使个人在自杀之习流行的情况下，多半会生发出最后一点责任感，就像斐济岛上的居民，把子杀父母、友杀朋友视为责任。这是一种实践的悲观主义，是一种出于同情而会制造民族大屠杀的残酷伦理——实际上，无论过去现在，凡是艺术未以某种形式，特别是作为宗教和科学出现，用以疗治和预防瘟疫的地方，就存在这种大屠杀。

面对这种实践的悲观主义，苏格拉底是理论乐观主义的原型。如前所述，他相信事物本质皆可探究认识，从而赋予知识和认识以疗治百病的力量，把错误理解为恶自身。在苏格拉底式的人看来，深入事物的本质，区别真正的认识和表象错误，是最崇高的，乃至惟一的人生职业，如同概念、判断和推理的整套机制，从苏格拉底起，被视为高于所有其他能力的最高级的活动和值得钦佩的天赋。苏格拉底和他的一直到现代的志同道合的后继者认为，连最崇高的道德行为，即同情、牺牲、英雄主义等等感情，以及阿波罗希腊人称之为“审慎的德行”的难能可贵的心灵的宁静，由知识的辩证法推导产生，因此是可以传授的。谁曾亲身体验过苏格拉底认识的乐趣，感受到这种乐趣如何一圈一圈地向四周扩散，试图把整个现象世界囊括殆尽，那么从此刻起，除了完全征服和编织无法穿透的知识之网这一欲望，他就不会对其他迫使他生存的刺激有更强烈的感受了，对于具有这种思想的人，柏拉图的苏格拉底是一种全新的“希腊达观”和生存乐趣的导师，这达观和乐趣体现在行动中，教育和陶冶贵族青年，达到最终产生天才的目的。

但是，科学受它强烈的妄想的激励，现在不可阻挡地急速奔向它的极限，它的隐藏在逻辑本质中的乐观主义由于这种种限制而崩溃。因为科学之圆的周边有无数的点，我们看不到哪一天能把这个圆彻里彻外测量一遍，所以高尚而聪慧之士未到人生中途，就必然来到这些圆周的界点，只能茫然地凝视那无法看清的领域。当他惊惧地看到，在这些边缘地带，逻辑如何围绕自己绕圈子，最后咬到了自己的尾巴，一种新的认识形式就破土而出，这就是**悲剧认识**，此种认识仅仅为了能让人忍受，需要艺术的保护和治疗。

如果我们用观看希腊人而得到恢复的、更加坚定有力的眼睛观察围绕我们的这个世界的最高领域，我们就发现，苏格拉底身上体现的、可为人楷模的永不满足的乐观主义求知欲转变成了悲观的绝望和艺术的需求。不过，在其低级阶段，这种求知欲敌视艺术，在内心尤其厌恶狄俄尼索斯的悲剧艺术，苏格拉底主义反对埃斯库罗斯悲剧的例子就反映了这一点。

现在，我们怀着激动的心情叩击现代和未来的大门。这种“转变”是否会导致天才、恰恰是**从事音乐的苏格拉底**的不断新生呢？这张覆盖生存的艺术之网，即使冠以宗教或科学之名，是否会越织越牢、越织越细？或者它注定要在现在自称为“现代”的那个野蛮的旋涡里撕成碎片？——我们忐忑不安，然而不无慰藉地旁观片刻，做一个可以充任这场雄伟斗争和转折的见证人的沉思者。啊！连旁观者也不能不投身其中，这正是这类斗争的魅力所在！

十六

通过上述历史事例，我们力图清楚地说明，悲剧如何因音乐精神的衰亡而灭亡，正如它只能从音乐精神中诞生一样。为了减弱这个论断中非同寻常的因素，揭示我们这一认识的源头，我们现在必须坦诚地面对现代的类似问题，我们必须深入刚才提到的、在当代世界最高领域、在永不满足的、乐观主义认识和悲观的艺术需要之间进行的斗争之中。我在这里要撇开其他一切敌对本能，它们在任何时代都反对艺术，尤其反对悲剧，在现代也非常自信地向四周扩张，以致戏剧中只有闹剧和芭蕾还能稍稍支撑门面，开放出也许不是每个人都欣赏的鲜花。我只想谈悲剧世界观的**最显赫的敌人，**我指的是以鼻祖苏格拉底为首的、本质上乐观主义的科学。同时，我将直截了当地指出那些在我看来似乎能保证**悲剧再生**的力量，它们是德国精神的美好希望。

在我们投身战斗以前，让我们先穿上我们迄今为止获得的认识的盔甲。我与那些竭力从一个惟一的原则、从每件艺术作品的必要的生命源泉探究艺术渊源的人不同，我把目光投射到阿波罗和狄俄尼索斯这两个希腊人的艺术神祇身上，把他们看作**两个**至深本质和最高目的互不相同的艺术世界的生动而形象的代表。阿波罗是体现个体化原理的神采奕奕的天才，只有通过他才能真正在表象中获得解脱；而狄俄尼索斯的神秘的欢呼声则打破了个体化的魔力，使通向存在之母、万物核心的道路畅通无阻。作为阿波罗艺术的造型艺术和作为狄俄尼索斯艺术的音乐二者的巨大的对立，伟大思想家中只有一个人看得如此清楚，以致他无需希腊神祇象征的指引，就赋予音乐与其他一切艺术完全不同的性质和起源，因为音乐不像其他艺术那样是现象的映象，而是意志本身的直接映象，所以它表现的是针对**世界的一切物理性质的形而上性质，**针对一切现象的物自身。（叔本华：《作为意志和表象的世界》第一部）从更严格的意义上说，有了这个全部美学中的最重要的见解，美学才开始。理查德·瓦格纳在《贝多芬》一书中指出，音乐根本不能按照美的范畴，而需要用不同于其他一切造型艺术的审美原则加以衡量，虽然存在一种错误的美学，它根据误入迷途、退化变质的艺术，从在造型艺术世界适用的美的概念出发，习惯于要求音乐产生与造型艺术作品类似的效果，即激发人们**对美的形式的快感**。我看清那个巨大的对立后，就强烈地感到，我必须去探索希腊悲剧的本质，深刻地展示希腊天才。因为只有现在，我才相信我掌握了符咒，可以超脱流行美学的通用词汇，去真真切切地领悟悲剧的根本问题。这样，我就以一种特殊的目光考察希腊精神，我不禁感到，迄今为止，我们的自命不凡的古典希腊学基本上只知道欣赏皮影戏和外景罢了。

我们从下列问题开始探讨这个根本问题：阿波罗和狄俄尼索斯这两种原本分开的艺术力量如果一起发生作用，会产生什么审美效果呢？更简单地说，音乐与图像及概念的关系如何？理查德·瓦格纳称赞叔本华对这一点的阐述最清晰、最透彻，没有人能望其项背。叔本华在《作为意志和表象的世界》里对这个问题极详尽地谈了他的看法，我在这里全文引述如下：

> “根据这一切，我们可以把显现的世界或自然界和音乐看作同一事物的两种不同的表现。所以这同一事物本身是两者得以类比的惟一中介，为了了解这种类似性，就必须认识这个中介。因此，如果把音乐看作世界的表现，它就是程度最高的普遍语言，而且可视它与概念的普遍性的关系大致等于概念与事物的关系。然而，它的普遍性绝不是那种抽象概念的空洞的普遍性，而完全是另一种普遍性，带有一种透彻而明晰的确定性。在这一点上，音乐和几何图形及数字相类似，几何图形和数字作为一切可能的经验客体的普遍形式运用于一切客体，然而，它们不是抽象的，而是直观的，彻底地确定的。意志的一切可能的追求、激动和外化，人的内心的所有历程，统统被理性置于“感情”这个宽泛而消极的概念之下，所有这一切需要用无数各种各样可能的旋律加以表现，然而总是用普遍的没有物质的纯形式，总是只按照自在之物，而不是按照现象，仿佛是现象的没有肉体的内在灵魂。我们还可以用音乐与一切事物的真正本质的关系说明下述概念：当出现某个情景、情节、事件和环

境，响起适当的音乐时，这音乐就仿佛向我们揭开所有这些情景、情节、事件和环境的最奥秘的意义，向我们作出最正确最清晰的评述，谁要是沉醉于交响乐的印象上，他仿佛就看到人生和世界的一切可能的过程在他面前一幕幕经过，然而他仔细一看，却又说不出这乐曲与在他面前浮现的事物之间有何相似之处。因为正如前面所说，音乐在这一点上不同于任何其他艺术，它不是现象的映象，或者更确切地说，不是意志的相应的客观化，而是意志本身的直接写照，所以它表现的是与世界的一切物理性质相对的形而上性质，与一切现象相对的物自身。据此，可以把世界称为形体化的音乐，形体化的意志。正因如此，音乐何以能让真实生活和世界的每一幅画面，甚至每一个场景显得更高更有意义，也就得到了说明。当然，它的旋律与某一现象的内在精神越相似，就愈益如此。我们给诗配上音乐，使之成为歌，给直观的表演配上音乐，使之成为哑剧，或给二者配上音乐，使之成为音乐的歌剧，都是基于此。人生的这些个别场景虽被配上了音乐的普遍语言，却从来不是必定与这种音乐相联系或相符合的。两者的关系就如同信手拈来的例子与普遍概念的关系。它们在现实的确定性中所表现的无异于音乐在纯形式的普遍性中所表现的东西。因为在一定程度上，旋律和普遍概念一样，是现实的抽象。现实，即个别事物的世界，即为概念的普遍性，也为旋律的普遍性，提供直观的、特殊的、个别的东西，提供个别的情况。而这两种普遍性在某些方面是互相对立的：概念只包含首先从直观中抽象出来的形式，仿佛是从事物中剥下来的外壳，因而完全是真正的抽象；音乐则相反，它给我们提供的是先于一切形态的内核或物之心。这种关系借用经院哲学家的语言表达甚为合适：概念是后于事物的普遍性（universalia post rem），音乐是先于事物的普遍性（universalia ante rem），现实是事物中的普遍性（universalia in rem）。不过，一首乐曲和一个直观表象两者所以能产生联系，如前所说，是基于两者只是世界的同一内在本质的两种完全不同的表现。倘若在某一具体情况中确实存在这样的联系，即作曲家懂得用音乐的普遍语言表达构成某一事件之核心的意志的情感冲动，那么歌曲的旋律或歌剧的音乐必定富有表现力。不过，作曲家在两者之间发现的相似性必定来自对世界本质的直接认识，是他的理性未意识到的，不能是带着有意的目的、凭借概念的间接模仿。否则，音乐就不是表达内在本质，不是表达意志本身，而是对现象的不充分的模仿，一切专事模仿的音乐就是这么做的。”①

按照叔本华的学说，我们把音乐直接理解为意志的语言，我们的想象受到了激励，要去塑造那正对我们言说的、看不见的，却又如此生动活跃的精神世界，用一个模拟的实例把它体现出来。另一方面，在一种真正相关的音乐的作用下，图像和概念获得了更高的意义。狄俄尼索斯艺术对阿波罗艺术能力常产生两种作用：音乐激发人们对狄俄尼索斯的普遍性进行**比喻性的观照，**然后，音乐使比喻性的形象显得**更有意义**。从这些原本清楚的、深入观察就能达到的事实中，我推导出这样的结论：音乐能够诞生**神话**。即最重要的例证，尤其是能诞生**悲剧神话**，这种神话用比喻谈论狄俄尼索斯认识。我曾借助抒情诗人的现象说明，音乐在抒情诗人身上如何力求用阿波罗图像显示其本质。如果我们这样设想，音乐在达到最高境界时，必定要追求最高程度的形象化，那么我们必须这么看：它也会懂得为它的真正的狄俄尼索斯智慧找到象征性的表现。而除了悲剧，除了**悲剧性**这个概念，我们还能到别的什么地方寻找这种表现吗？

人们通常依据表象和美这个惟一范畴理解艺术，从这样的艺术之本质中是不可能推导出悲剧性东西的。只有从音乐精神出发，我们才能理解对个体的毁灭感到的快乐。因为这种毁灭的单个例子只向我们显示了狄俄尼索斯艺术的永恒现象，这种艺术表现了藏在个体化原理后面的万能意志，表现了超越一切现象，毁而不灭的永恒生命，对悲剧性事物的形而上快乐就是把本能的无意志的狄俄尼索斯智慧转换为形象语言：悲剧主角，即意志的最高表现被否定而令我们快乐，因为它只是现象，意志的永恒生命并未由于它的毁灭有丝毫触动。悲剧高呼：“我们信仰永恒的生命。”而音乐则是这生命的直接

① 叔本华《作为意志和表象的世界》第一部，Frauenstädte版第309页。可参见中译本，商务印书馆1982年版，第52节，第363~365页。

理念。造型艺术的目的完全不同于音乐。在造型艺术中，阿波罗通过对**现象永恒性**的赞颂克服个体的痛苦，美战胜了生命固有的痛苦。在某种意义上，痛苦受了蒙骗，从自然的表情中消失了。在狄俄尼索斯艺术及其悲剧象征中同一个自然用坦诚的声音对我们说：“你们要和我一样，在现象的千变万化中，做那永远创造、永远催人生存的、因万象变幻而获得永恒满足的原始之母!”

十七

狄俄尼索斯艺术也要让我们相信生存的永恒乐趣，不过，它要我们到现象后面，而不是在现象中寻找乐趣。我们应该认识，一切只要产生，就必须准备痛苦地灭亡，我们如何被迫注视个体生活的恐惧，然而无须吓得呆若木鸡，因为一个形而上的安慰会暂时让我们脱离那万世变化的转轮。我们在短促的瞬间确实成了原始生命本身，感到了他的不可遏制的生存欲望和生存乐趣。现在我们觉得，突入生命领域的生存形式多得不可胜数，世界意志的繁殖能力强大无比，那么，斗争、痛苦、现象的毁灭就是必要的。我们仿佛与无限的对生存的原始乐趣融为一体，在狄俄尼索斯狂喜中感到这种乐趣不可摧毁、永驻人间的那一片刻，我们被这种痛苦的愤怒之刺刺穿了。尽管我们感到恐惧和怜悯，我们依然是幸福的生者，不是作为个体，而是作为**惟一**的生者，我们和它的繁殖乐趣融为一体了。

现在，希腊悲剧产生的历史明确地告诉我们，希腊人的悲剧艺术作品确确实实是从音乐精神中诞生的，我们相信，这个思想第一次正确解释了合唱队最本初的、令人惊诧的意义。同时，我们必须承认，希腊诗人，更不用说希腊哲学家，从来没有明确透彻地领会过前面提到的悲剧神话的意义，在一定意义上，他们笔下的主角说话时比行动时更加肤浅表面，神话在所说的话语中根本得不到相应的表现。戏剧结构和生动的形象揭示了比诗人用话语和概念所能把握的更深的智慧。在莎士比亚戏剧中也可以看到同样的情形。比如哈姆雷特也是说话比行动肤浅，所以，以前提到的哈姆雷特教训不能从台词中，而只能通过深入地通观全剧才能获得。至于我们只能从剧本中读到的希腊悲剧，我早已指出，神话和台词之间的不协调很容易诱惑我们，把希腊悲剧看得比实际情况更平庸、更无足轻重，从而假定它的效果是肤浅的，而按古人的证言，其效果肯定比我们的假定更为深刻。因为我们往往忘记，诗人用言词无法做到的事情——神话的高度精神化和理想化——他作为创造性的音乐家每时每刻都能做到。自然，我们几乎只能通过学术研究的途径重构音乐效果的强大威力，去感受一点真正的悲剧所特有的无与伦比的安慰。然而，即使这种音乐的威力强大无比，我们也是很难感受，除非我们是希腊人，比起我们所熟悉的、丰富得多的音乐，高度发达的希腊音乐在我们听来似乎只是年轻的音乐天才羞答答地演唱的幼稚歌曲。正如埃及祭司所说，希腊人是永不衰老的孩子，在悲剧艺术方面也只是孩子，他们不知道，何种高贵的玩具在他们的手中产生，又毁于他们之手。

从抒情诗的发端到阿提卡悲剧，音乐精神追求形象表现和神话表现的努力不断增强，然而刚刚达到高潮，它就突然中断，从希腊艺术中消失了；而从这场斗争中产生的狄俄尼索斯世界观却在神秘的宗教仪式中保存下来，不管其形态如何变化，依然不断地吸引具有严肃天性的人。它会不会再一次作为艺术，从神秘的深渊中升腾而出呢？

这里我们要探讨的问题是，由于它的反抗而使悲剧败北的力量是否永远如此强大，能阻止悲剧和悲剧世界观在艺术上再次觉醒？如果说古老的悲剧被科学知识和科学乐观主义的辩证冲动挤出了它的发展轨道，那么我们从这一事实中可以推论：在**理论世界观**和**悲剧世界观**之间存在永恒的斗争。只有当科学精神到达它的极限，它对普遍有效性的要求由于极限的存在而破灭时，我们才能指望悲剧复生。我们可以举出**从事音乐的苏格拉底**作为这种文化形式的象征。在进行这种对比时，我所理解的科学精神就是首先在苏格拉底身上显现出来的对自然界可以探究、知识具有普遍疗治力量的信念。

如果我们回忆起无休止地向前挺进的科学精神的直接结果，我们马上就会看到，这种精神如何毁灭了**神话**，而由于神话的毁灭，诗歌如何被逐出它的理想的自然的家园，成了无家可归的游子。如果我们认为音乐具有再次从自身诞生神话的力量，那么我们必须到科学精神与音乐的创造神话的力量对峙的地方寻找科学精神。这一点发生在**新的阿提卡颂歌**的发展过程中，它的音乐不再表现内在本质和意志本身，而只是凭借以概念为中介的模仿，不充分地再现现象。真正的音乐天才厌恶并远离这种在内核已经变质的音乐，就像他们厌恶苏格拉底的扼杀艺术的倾向一样。阿里斯托芬怀着同样的憎恨之情，把苏格拉底本人、欧里庇得斯悲剧和新颂歌诗人的音乐视为一类，在这三种现象中嗅到了堕落文化的征象时，他的直觉本能无疑把握住了正确的东西。这种新颂歌罪不容诛地把音乐变为现象，如一场海战、一场海洋风暴的模拟画像，从而完全剥夺了音乐的创造精神的力量。因为，如果音乐迫使我们在人生和自然的某一事件与音乐的节奏形态和独特声音之间寻找外表的相似之处，借以激发我们的快感，如果音乐的目的在于让我们的理智因认识这些表面的相似之处而心满意足，那么，我们就陷入一种神话无法受孕的情绪之中。因为神话只有作为向无限的时空凝视的普遍性和真理的惟一例证才能被形象地感受到。真正狄俄尼索斯式的音乐是这样一面宇宙意志的普遍镜子，在这面镜子上折射的那个具体事件在我们的感觉中马上就扩张成为永恒真理的映象。相反，在新颂歌的音响画面中，这样的具体事件马上就丧失任何神话特性。这时，音乐变成了现象的拙劣映象，因而比现象本身还要贫乏得多。就我们的感觉而言，由于这种贫乏，现象本身也被贬低，经过这样的音乐模仿，一场战役就仅仅是军队行进的嘈杂声和军号声等等，而别无其他，我们的幻想就恰恰被固留在这些表面东西上。不管从哪个角度说，这种音响图画都是真正的音乐的创造神话之力的对立面。它使现象变得更加贫乏，而狄俄尼索斯音乐使现象更加丰富，扩展为世界观。非狄俄尼索斯精神在新颂歌发展过程中疏离了音乐，把它贬为现象的奴隶，这是非狄俄尼索斯精神的一大胜利。在一个更高的意义上，欧里庇得斯必须被看作毫无音乐气质的人，正因如此，他是新颂歌的热烈拥护者，像慷慨的强盗那样，大肆运用这种音乐中能取得效果的一切道具和手段。

如果我们把目光移到索福克勒斯以来的悲剧中**性格描写**和细致的心理刻画不断增加这一现象上，那么我们就从另一方面看到，这种非狄俄尼索斯的、反神话的精神的力量在起作用。人物性格不应扩展为永恒的典型，相反，应通过次要特征和细微区别的描绘，使人物具有细腻的确定性，给人他们是一个鲜明个体的印象，这样，观众感到的就不再是神话，而是高度的自然真实和艺术家的模仿能力。在这里我们也看到了现象战胜了普遍性，人们喜欢具体地解剖标本。我们已经呼吸到理论世界的气息，对这个世界而言，科学认识比世界法则的艺术反映更有价值。注重性格刻画的倾向迅速向前发展。如果说索福克勒斯还是描画完整的性格，为使人物性格得到精妙的表现而使神话就范的话，欧里庇得斯就已经只刻画那些情绪激昂时善于表现出来的重要的性格特征，到了阿提卡新喜剧，则只有表情**单一**的面具，他们是些轻率的老人，受骗的老鸨，狡诈的奴隶，不厌其烦地重复出现。音乐的创造神话的精神到哪里去了？现在音乐留给我们的，不是旨在刺激的音乐就是旨在回忆的音乐，也就是说，不是刺激迟钝麻木的神话的兴奋剂，就是声音图画，对于前者而言，所配的歌词几乎无关紧要了。早在欧里庇得斯戏剧中，只要他的人物或合唱队开始唱歌，台上就一片喧闹，那么轻佻，那么放纵。他那几位放肆的后继者还不把事情弄到更加不可收拾的地步吗？

但是，把这种新的非狄俄尼索斯精神表现得最清楚的是新戏剧的**结局**。在旧悲剧中，在剧本结尾处总能感觉到形而上的安慰，没有这种安慰，对悲剧的乐趣就无法解释。也许在《俄狄浦斯在科罗诺斯》一剧中，从另一世界传来最清纯的和解之声。现在，音乐天才逃离了悲剧，严格地说悲剧已经死亡，因为我们还能在哪里得到那种形而上的安慰呢？因此，人们寻求一种世俗的办法解决悲剧的不协调，悲剧英雄在经受命运的种种磨难后，总会善有善报，或缔结美满婚姻，或获得无上荣耀。悲剧英雄成了格斗士①，在受尽折磨遍体鳞伤后，偶尔也被赐予自由。“收场白”取代了形而上的安慰。我不想说，悲剧世界观被来势汹汹的非狄俄尼索斯精神破坏殆尽；我们只知道，它不得不逃出艺术，仿佛隐入于地下，蜕化为秘教的祭祀仪式。而在希腊精神表层的最广泛领域，非狄俄尼索斯精神像疫病那样肆行无忌，并以“希腊达观”的形式出现，前面已经谈过，这种达观是一种毫无创造力的老迈的生存乐趣。这种达观与更古老的希腊人的美好的“朴素”相对立，按照其特征，可以把后者的“朴素”看作从幽暗的深谷里长出来的阿波罗文化的花朵，希腊意志通过美的反映取得的对痛苦和痛苦的智慧的胜利。另一种形

① 原指古罗马的奴隶格斗士。

式的“希腊达观”的最高贵形式是**理论家型人**的达观，它具有我刚才从非狄俄尼索斯精神中推导出来的那些特征：它反对狄俄尼索斯智慧和狄俄尼索斯艺术，它力图取消神话，它用尘世的和谐，甚至它自己的“收场”取代形而上的安慰，这“收场”就是机器和熔炉之神，即服务于更高的利己主义而被认可和运用的自然力，它相信可用知识匡正世界，可用科学指导人生，并且确实有能力迫使人们局限在可以解决的任务的有限范围内，它在这里欢快地冲着生活说：“我愿要你，你是值得我们探究的。”

十八

这是一个永恒的现象：贪婪的意志总能找到一种手段，借笼罩万物的幻想，把它的造物留驻人间，迫使他们生存下去。一种人是被苏格拉底式的探求知识的乐趣所羁绊，妄想通过这种探求疗治生存的永恒创伤；另一种人被眼前飘动的艺术的诱人的美丽面纱所迷惑；第三种人则迷醉于那个形而上的安慰，以为在现象的旋涡下，永恒的生命坚不可摧，奔流不息。我们姑且提出这三种情况，而不提意志随时随刻抛向人们的更庸俗更有力的幻想。这三种幻想等级只适用于品质高贵的人，他们面对生存的重负比常人有更深的反感，只有精选的兴奋剂才能蒙骗他们忘却这种反感。这些兴奋剂乃构成了我们所说的文化，根据构成的不同比例，我们就有所谓**苏格拉底**文化、**艺术**文化和**悲剧**文化。如果我们可以用历史例证的话，就有亚历山大文化、希腊文化和婆罗门文化。

我们整个现代世界陷于亚历山大文化之网中，只知道一个理想：具有最高度的认知能力、为科学效劳的**理论型的人**，其原型和始祖是苏格拉底。我们的种种教育手段原本只追求一个理想；任何其他类型的人都只能艰苦斗争，偶露峥嵘，虽被允许，却并非刻意培养。几乎让人害怕的是，长期以来，只有学者才被认为是有教养的人，连我们的诗艺也不得不从博学的模仿中发展自己，在韵律的主要效果中，我们还可以看到，我们的诗歌形式是拿一种不熟谙的、相当学究气的语言作人为试验而产生的。本身很容易理解的现代文化人**浮士德**对一个真正的希腊人来说，显得多么不可理解，他永不满足地从一个科学领域奔向另一个领域，强烈的求知欲使他不惜与魔力及魔鬼订盟。我们只要把他与苏格拉底对比一下，就会看到，现代人开始预感到苏格拉底求知欲的界限，渴望从知识的茫茫大海返回岸上。歌德有一次对爱克曼谈到拿破仑时说："的确，我的朋友，世上也有一种行动的创造力。"[①]他用这句话，以天真的方式提醒我们，对于现代人来说，非理论型的人既可疑又可惊，以致人们只有借助歌德的智慧，才会认为这样一种令人诧异的生存方式是可以理解，甚至可以原谅的。

看见苏格拉底文化骨子里到底是什么时，请不要躲避！那是自命不凡、以为无所不能的乐观主义！倘若这种乐观主义的果实渐渐成熟，倘若一个直至最底层都受了这样的文化侵蚀的社会因骚动不安、欲求难填而颤栗不止，倘若对于所有人都能得到尘世幸福的信念，对于知识有可能普及的信念，逐渐转变为要得到这种亚历山大尘世幸福的强烈要求，转变为非召唤欧里庇得斯的神机妙算不可的恳求时，请不要大惊小怪！我们应该看到，亚历山大文化要长期存在，就需要一个奴隶等级；然而，由于它对生存抱着乐观主义的观点，就否定这样一个等级的必要性，因而，一旦关于"人的尊严"和"劳动的尊严"这些美妙的蛊惑之言和安慰之言耗尽了效力，它就面临可怕的毁灭。没有比野蛮的奴隶等级更可怕的东西了，这个等级学会了一点，那就是它认为自己的生存是不公平的事，所以不但准备为自己，还要为世世代代复仇。面对这样的狂风暴雨，谁会有勇气，呼吁我们的苍白疲惫的宗教帮忙呢？这些宗教本身已经根基动摇，蜕变为学究宗教了呢。作为每种宗教的必要前提的神话，到处都已经瘫痪，即使在这个领域，我们称为我们社会的毁灭之种的乐观精神也已占了统治地位。

当潜伏在理论文化怀抱中的灾难开始让现代人感到害怕，他不安地从他的经验宝库里搜寻摆脱危险的办法，却并不太相信其功效，因而开始预感到

① 爱克曼（1792—1854），德国作家，曾帮助歌德出版他的后期作品，整理和出版他的遗著及全集。著有《歌德谈话录》。引言见1828年3月11日歌德与爱克曼的谈话。

他自己的结局时，一些眼界开阔、天赋甚高的伟人以无比慎重的态度，拿起科学这个武器，说明认知的界限和制约，从而极大地否定了科学无所不能、无所不达的观点。由于他们的证明，人们第一次认识到，那种不知天高地厚，认为可借助因果律探究事物本质的观点不过是一种妄想。**康德**和**叔本华**的非凡勇气和智慧获得了最最艰苦卓绝的胜利，即战胜了潜伏在逻辑本质中、作为我们现代文化的基础的乐观主义。这种乐观主义基于它毫不怀疑的永恒真理（aeternate veritates），相信一切世界之谜都可以认识和探索，把空间、时间、因果看作普遍有效的绝对法则；康德针对这种观点指出，这些范畴的目的只在于把纯粹的现象，即摩耶的作品，提升为惟一的、最高的现实，用它取代事物的真正本质，从而使我们不可能真正认识这个本质，用叔本华的话说就是，让梦幻者睡得更死。（《作为意志和表象的世界》第一部[①]）这种认识开创了一种我称为悲剧文化的文化，其最重要的特征是，智慧取代科学成为最高目的，它在科学的种种引诱面前不为所动，把坚定的目光投向世界的总体图像，力图把握其中的永恒痛苦，怀着同情和爱心把它视为自己的痛苦。让我们这样想象正在成长的一代新人，他们目光坚毅，勇往直前，这些降龙伏虎的勇士步伐坚定，意气风发，抗拒乐观主义的种种虚弱教条，以求不折不扣地“勇敢生活”：那么我们要问，这种文化的悲剧人物，在进行自我教育，培养自己严肃和畏惧的品质时，岂不是必定向往一种新的艺术，形而上慰藉的艺术，把悲剧作为属于他的海伦苦苦追求？他岂非要借用歌德的话大声喊道：

> 我岂能不如醉如狂，
> 让绝代美人重见天光？[②]

然而，当苏格拉底文化受到两方面的震撼，一方面害怕它自己的、现在终于有所预感的结论，另一方面它自己也不再怀有从前那种天真的信念，相信它的根基永固，所以只有用颤抖的双手才能扶住它绝对正确的权杖时，我

---

① 叔本华《作为意志和表象的世界》第一部，Franenstädt版第498页。可参见中译本，商务印书馆，1982年版，第573页。

② 歌德《浮士德》第二部，第7438行和第7439行，人民文学出版社，1982年版。

们看到了一个凄凉的场面：它的思想如何怀着痴情翩翩起舞，一次又一次地扑向新的恋人，去拥抱她们，然后像靡非斯特抛开诱惑的拉弥亚[①]们那样，突然惊恐万状地抛开她们。这就是我们每个人通常称之为现代文化的原始苦恼的“断裂”的特征：理论型的人看到自己的结论大吃一惊，心感不甘却又不敢再跳进生存的可怖冰河，只得胆怯怯地在岸边来回踱步。他不再坚忍不拔，不达目的不休了，也不想完全体验事物的种种天然的残酷。乐观主义的观察使他变得柔弱不堪了。此外他还感到，立足于科学原则的文化一旦开始**非逻辑**思考，即逃避自己的结论，就必定走向毁灭。我们的艺术揭示了这一普遍的困境：不管人们如何模仿一切伟大的创造性时期和创造性天才，也不管人们为了安慰现代人，如何搜集全部“世界文学”放在他的身边，把他置于历代艺术风格和艺术家中间，使他得以像亚当给动物命名那样给他们命名，他仍然是永恒的饿鬼，是既无兴趣又无力气的“批评家”，是亚历山大式的人，充其量是个一辈子吃书灰、找错误的图书管理员和校对员。

十九

把苏格拉底文化称为**歌剧文化**，最清楚不过地说明了这种文化的内涵。因为在歌剧领域，这种文化以特有的天真道出了它的意愿和认识，令我们惊奇——倘若我们把歌剧的产生及其发展的事实与阿波罗精神和狄俄尼索斯精神的永恒真理加以对比的话。我首先提醒读者注意抒情调和宣叙调产生的历史。这样一种完全外化的、根本谈不上肃穆的歌剧音乐，竟被刚刚产生了帕莱斯特里那[②]无比崇高和神圣的音乐的时代如醉如狂地接受和爱护，仿佛一

① 拉弥亚，希腊神话中专喝儿童血的怪物。也有神话说，拉弥亚是一凶恶的女王，因孩子被赫拉杀死而残害别人的孩子。拉弥亚引诱靡非斯特的诗文见歌德《浮士德》第二部，第7697~7810行，人民文学出版社，1982年版，第161~165页。

② 帕莱斯特里那(约1525—1594)，意大利作曲家，天主教教会音乐革新家。

切真正的音乐又复活了，这难道能让人相信吗？另一方面，谁又想把对歌剧的兴趣如此迅速蔓延的责任，仅仅归咎于那些佛罗伦萨人的娱乐癖和戏剧演员的虚荣心呢？在同一时代，甚至在同一民族中，在整个基督教中世纪都参与建筑的帕莱斯特里那和声的拱形大厦旁，又产生了半音乐式说话方式的热情，这一现象我只能用存在于宣叙调本质中的**非艺术倾向**加以解释。

歌手多说少唱，以半唱的方式使言词抑扬顿挫、慷慨激昂，从而满足想听清歌词的观众的愿望。他通过这样的处理，使人们更容易理解歌词，剩下的那一半音乐也就迎刃而解了。现在威胁他的真正危险是：一旦他在不合时宜的地方偏重音乐，话语的激情和吐词的清晰性就势必丧失；而另一方面，他时时感到非唱不可的音乐冲动，想一展他的歌喉。这时“诗人”出来帮他的忙，给他足够的机会，让他使用抒情的感叹词，反复吟诵某些言词和警句等等，这时，歌手就处于纯粹音乐因素之中，而不顾及歌词的意义。效果强烈，然而只是半唱的说话和符合抒情调本质的全唱的感叹这两种手法的交替，迅速变换的努力——时而诉诸听众的概念和想象，时而诉诸听众的音乐本能，是完全不自然的东西，既与狄俄尼索斯艺术冲动相矛盾，又同样与阿罗波艺术冲动相矛盾，以致人们不禁推断，宣叙调的产生与任何艺术本能无涉。根据这一论述，宣叙调可定义为史诗朗诵和抒情诗朗诵的混合，但绝不是内在的稳定的混合，而是外在的镶嵌式的黏合，类似的东西在自然界和经验领域还没有过先例。**这可不是宣叙调发明者的看法，**他们以及他们的时代倒是认为，抒情调解开了古典音乐的奥秘，惟有这种奥秘才能解释俄耳浦斯、安菲翁①乃至希腊悲剧何以有如此巨大的影响。这新风格被看作感染力最强的音乐、古希腊音乐的复苏。按照荷马世界**是原始世界**这个普遍的大众化的看法，人们可以沉浸在这样的梦幻中：我们现在又进入了音乐必定具有不可超越的纯洁性和威力的天堂般的人类初始时期，诗人们用他们的牧歌非常动人地描述了这种音乐的特性。这里，我们看到了歌剧这个原本现代的艺术品种最内在的形成过程，即一种强烈的需要征服了一种艺术，不过这种需要是非审美的，它是对田园生活的渴望，对具有艺术气质的、善良的人的远

---

① 俄耳浦斯，希腊神话中的歌手，音乐与诗歌的发明者，希腊人认为他是荷马之前最伟大的诗人。安菲翁，希腊神话中善弹竖琴的圣手。

古生存方式的信念。宣叙调被看作古人语言的复归，歌剧则被看作以往的田园式或史诗式的美好生灵的乐土的再现。这原始生灵做任何事情都听从其自然的艺术冲动，有什么话要说时至少都要唱几句，一旦情绪稍有激动，就马上引吭高歌。对我们来说，下述情况并不重要：当时的人文主义者用这新创造的乐土艺术家形象反对教会关于人原本已经堕落的旧观念，因而应该把歌剧理解为与此针锋相对，是体现“人本善”的信条，这种信条同时也是对付那个时代的严肃之士由于对各种社会状况缺乏信念而深陷于其中的悲观主义的抚慰剂。我们认识到下面这一点就够了：这种新的艺术形式的真正魅力和产生根源在于满足一种全然非审美的需要，在于对人本身的乐观主义的颂扬和赞美，在于把古人看作天性善良而富艺术气质。歌剧的这一原则渐渐转变为咄咄逼人的可怕**要求**，面对当前的社会主义运动，我们对上述要求不能再听而不闻了。“善良的古人”要得到他的权利了，好一幅天堂的前景！

另外，我还要提出一点，足以清楚地证实我关于歌剧建立在和亚历山大文化相同的原则上的观点。歌剧是理论型的人的产儿，外行批评家的产儿，而不是艺术家的产儿，这是艺术史上最令人不解的事实之一。首先要听清歌词，这本是毫无音乐天赋的听众的要求；所以，只有发现一种歌词像主人支配仆人那样支配对位的唱法，人们才能期待声响艺术的再生。因为他们说，歌词比伴奏的和声高贵得多，就像灵魂比肉体高贵得多一样。在歌剧产生初期，就是按照这种不懂音乐的外行的粗俗之见处理音乐、形象和歌词的结合的。也是按照这种审美观，佛罗伦萨上流的外行圈子里由那些受庇护和赞助的诗人与歌手进行了最初的试验。不懂艺术的人恰恰凭借自己毫无艺术细胞，为自己创造了一种艺术。由于他不能感悟音乐的狄俄尼索斯深度，就把音乐意趣转变成用抒情调理智地表达激情的雄辩之言和激昂之音，转变成对歌唱技艺的刻意追求；由于他不能想象，就强迫机械师和布景师为他效劳；由于他不能把握艺术家的真正本质，就按照自己的口味幻化出所谓“艺术型原始人”，即来了激情就唱歌、说话用韵文的人。他梦想自己进入了一个激情足以产生诗与歌的时代，仿佛情绪曾经创造过艺术品似的。关于艺术过程的错误信念，即以为任何一个有感觉的人都是艺术家的天真信念，是歌剧产生的前提。就这种信念而言，歌剧是艺术外行的表现，这些外行带着理论型的人的欢快的乐观主义发号施令。

如果我们要用一个概念把上述两种对歌剧的产生起过促进作用的观点统一起来，那么我们只能说这是**歌剧的牧歌倾向**，而且只需采用席勒的表述和解释。席勒说，自然与理想不是忧伤的对象就是快乐的对象。自然被表现为已经失去、理想没有达到时，它们是忧伤的对象；当两者被描写成现实的存在时，它们是快乐的对象。前者产生狭义的哀歌，后者产生广义的牧歌[①]。这里需要马上指出歌剧产生过程中的这两种观点的共同特点，即在这两种情况中，人们都不感到理想没有达到，自然已经失去。按照这种感受，人有过一个原始时代，那时，他躺在自然的怀抱中，在这种自然状态中达到了人的理想，具有伊甸园的纯洁善良和艺术天赋，我们大家都是这个完美的原始人的后裔，甚至现在还和他毫无二致，只是我们必须扔掉我们身上的某些东西，自愿放弃多余的博学和过多的文化，才能认出我们自己就是这个原始人。文艺复兴时期受过教育的人用歌剧模仿希腊悲剧，从而使自己回到自然与理想和谐一致的状态，回到伊甸园现实中。就像但丁利用维吉尔[②]引路那样，他利用希腊悲剧的指引来到天堂之门，从这里再继续独自前行，从模仿希腊最高艺术形式过渡到“万物的复归”，去仿造人类的原始艺术世界。在理论文化的氛围中，这种勇敢的追求怀着何等的善意，充满何等的信心！这一点只能用下述给人慰藉的信念加以解释：“人自身”是永远德高望重的歌剧主角，是永远吹笛唱歌的牧人，他即使一时真的丢掉了本性，也总能浪子回头，本性复归，总之，他是乐观主义的果实，这种乐观主义像一股诱人的香气从苏格拉底世界观的深处飘逸而出。

所以在歌剧的外貌特征中绝无对失而不返感到的哀痛，而只有对永远失而复得感到的欢乐，对牧歌式现实的惬意，人们至少可以在任何时候把这种牧歌式现实想象为真实的存在。有人也许会隐隐感到，这种虚构的现实无非是愚蠢无比的游戏，任何一个有能力拿真实自然的可怕严肃衡量它、将它与人类初创时期的真实场面作比较的人，都必定会厌恶地冲它喊道：滚开，你这幻影！然而，倘若有人以为，大喊一声就能像赶跑鬼影那样，赶跑歌剧这

① 参见席勒《论素朴的与感伤的诗》，《席勒全集》第20卷，第448~449页（Nationalausgabe）。

② 维吉尔（前70—前19），古罗马诗人，代表作为《埃涅阿斯纪》。欧洲许多诗人都受过他的影响。但丁在《神曲》中以维吉尔为老师和带路人。

样卖弄风骚的精灵，那就错了。谁想消灭歌剧，就必须与亚历山大的欢快作斗争，这种欢快在歌剧里非常天真地谈论它钟爱的看法，甚至歌剧就是它本来的艺术形式。然而，我们能期待这种非源于审美领域，而是从半道德领域偷偷潜入艺术领域，只能偶尔隐瞒它的双重渊源的艺术形式对艺术本身产生什么作用吗？除了真正的艺术之汁液，这种寄生的歌剧还能从何处汲取营养？岂非可以这样推测，艺术的最高职责——使眼睛不去注视黑夜的恐怖，通过表象这一灵丹妙药把主体从意志波动的痉挛中拯救出来——由于受其牧歌式的诱惑和亚历山大式的奉承，会蜕变为空洞的、消闲的娱乐倾向？在我分析抒情调本质时谈到的风格互相混合的情况下，狄俄尼索斯精神和阿波罗精神的永恒真理会变成什么呢？在这种混合风格中，音乐被看作仆人，歌词被看作主人，音乐被比为肉体，歌词被比为灵魂；最高目的充其量只是说明性的音响图画，类似从前新阿提卡颂歌中一样；音乐已经完全不知道作为狄俄尼索斯世界之镜的尊严为何物。于是，音乐作为现象的奴隶，只能模仿现象的形式，通过线条和比例的游戏刺激外在感官的愉悦。仔细观察就会发现，歌剧对音乐的这种灾难性影响贯穿于现代音乐发展的整个过程。潜伏在歌剧的起源和由它所体现的文化的本质中的乐观主义以惊人的速度，使音乐失去了其狄俄尼索斯的世界使命，强加给它一种玩弄形式、轻松愉快的性质。恐怕只有埃斯库罗斯的悲剧人物转变为亚历山大的乐观人物才能与上述变化相比拟。

我们在上面举例说明时，正确地指出了狄俄尼索斯精神的消失与希腊人十分引人注目的，但迄今为止尚未得到说明的变化和衰退相互关联；那么倘若有非常可靠的征兆向我们担保，在我们当代会发生**相反的过程，即狄俄尼索斯精神会逐渐觉醒，**我们心中会升起怎样的希望啊！赫剌克勒斯的神力不可能永远为翁法勒[①]服役而耗尽。已经有一股力量从德国精神的狄俄尼索斯根基中崛起，它与苏格拉底文化的基本前提毫无共同之处，既不能用它加以解释，也不能用它作辩护，相反，它被苏格拉底文化视为洪水猛兽。这就是**德国音乐**，首先是从巴赫到贝多芬，从贝多芬到瓦格纳的强劲而光辉的发展

---

① 翁法勒，希腊神话中吕狄亚女王。赫剌克勒斯因发疯摔死伊菲托斯，必须卖身三年为奴以赎罪，于是他被卖给翁法勒为奴。

历程。我们时代醉心于认识的苏格拉底派，即使在最有利的情况下，又能有什么力量对抗这个从永不枯竭的深渊中升上来的魔鬼呢？我们既不能在歌剧旋律的华丽乐谱里，也不能借助赋格曲和对位法的计算表找到某个咒语，念上三遍就能制服那个魔鬼，让他开口说话。现在，我们的美学家手里拿着他们特有的“美”的罗网，追捕那个充满无限活力、在他们前面嬉闹的音乐天才，而他们自己的动作既不能用永恒美，又不能用崇高加以评价，这是多好看的一场戏啊！这些音乐施主不知疲倦地高喊“美啊！美啊！”的时候，我们真该到跟前仔细瞧瞧，看看他们是否真的表现不俗，真的像在美的怀抱里受过教育和宠爱的自然的骄子，还是说他们在为自己的粗俗寻找一件骗人的外衣，为自己的贫乏感情寻找一个审美借口。这时我就想到奥托·扬①。这个假仁假义的骗子可要小心德国音乐，因为在一切文化之中，正是德国音乐是惟一纯洁的、纯粹的、净化心灵之火，正像以弗斯伟大的赫拉克利特②所教导的那样，世界万物均来自火又归于火，反复循环。我们现在称为文化、教育、文明的一切，总有一天必将传到铁面无私的法官狄俄尼索斯面前，接受他的审判。

现在让我们回忆一下，具有同一渊源的**德国哲学**由于康德和叔本华的努力，如何通过证明科学苏格拉底主义的局限，摧毁了它的自满自得的生存乐趣，又如何通过这一证明，引进了关于伦理和艺术的极其深刻、极其严肃的观点，我们可以把这种观点径直称为**狄俄尼索斯智慧**。德国音乐和德国哲学的统一这个奥秘如果不把我们提高到一个新的生存形式，还能把我们引向何处呢？关于这种生存形式的内容，我们只能通过希腊式类比的方法约略加以领会。为我们这些处于两种不同的生存形式的分界线上的人保存这无法衡量的价值的，是希腊榜样，在他身上，一切过渡，一切斗争，都发展成为经典的、具有教育意义的形式。只是我们现在按**相反**的顺序，以类比的方式经历一遍希腊的各个重大时期，仿佛我们现在从亚历山大时代倒退到悲剧时代。这时，我们心中会产生这样的感觉，在德国精神遭受强大的外来入侵势力长期奴役，在形式的野蛮状态中苟且偷生，成为其形式的奴隶后，仿佛悲剧时

① 奥托·扬（1813—1869），德国古典考古学家和语言学家。

② 赫拉克利特（约前540—前470），古希腊唯物主义哲学家，认为万物的本原是“火”，其他一切都是由火生成的。他的出生地以弗斯在小亚细亚西岸。

代的诞生对德国精神而言意味着回归自我，重新发现自我，令人感到幸福。现在，它回到了自己的源头，终于可以不要罗马文明的引领，在一切民族前面勇敢而自由地阔步前进。倘若它要不断地向某个民族学习，那就是向希腊人学习；向希腊人学习本身就是崇高的荣誉，罕见的奖赏。现在我们正在经历**悲剧的再生**，而且处于既不知道它来自何处，又不能说明它前往何方的危险之中，我们此时不要这些高明的导师，还更待何时？

二十

但愿有一天，一位公正的裁判经过仔细的衡量做出裁决，迄今为止，在哪个时代，在哪些人身上，德国精神曾不遗余力地向希腊人学习。如果我们充满信心地假定，歌德、席勒和温克尔曼[①]的极其高贵的启蒙斗争才配得上这惟一的赞誉，那么我们无论如何要补充一句：在那个时代以后，在那场斗争的直接影响以后，沿着这同一条道路进行启蒙、造就希腊人的努力令人不解地日趋衰微了。为了避免对德国精神完全绝望，我们难道不该从中引出如下结论：在某个主要问题上，即使歌德这些斗士恐怕也未能深入希腊精神的核心，未能在德国文化和希腊文化之间建立起持久的盟约。这样，那些十分严肃认真的人即使在不经意中发现这个缺陷，恐怕也会产生令人沮丧的疑问：在这些先驱者之后，在这条教育道路上，他们能否比那些先驱走得更远，最终达到目的？所以我们发现，从那时以来，关于希腊人对教育的价值的评价大大降低；在思想领域的各个不同阵营里，都可以听到对这种价值表示怜悯的傲慢言论；而在别的地方，有人又说些毫无用处的漂亮话，用什么“希腊的和谐”、“希腊的美”、“希腊的达观”等等奉承卖俏。恰恰在那些本应以不倦地从希腊之河汲取养料、造福德国教育为荣的人士中，在高级学

① 温克尔曼（1717—1768），德国考古学家和艺术史家，著有《古代艺术史》。

校的教师中，人们最好地学会了以某种轻捷的办法早早地了断希腊人的本事，在不少情况下干脆抱着怀疑态度放弃希腊理想，完全歪曲古典研究的真正目的。倘若他们当中还有什么人，没有在精心校勘古籍和繁琐考证文字的工作中耗尽精力，也许除了其他国家的古代文化以外，还想“历史地”掌握古希腊文化，不过，他们总是运用我们现代书写历史的方法，流露出现代历史学优于古代文化的神情。如果说在现代，高级学校的教育力量比以往任何时候都微小薄弱，如果说“新闻记者”这类“瞬间现实”的枯燥乏味的奴仆在教育的方方面面战胜了高级教师，而高级教师却像多次经历过的那样，惟有改变自己，现在也只好操起新闻记者的腔调，摆出这个行业的“优雅”风度，把自己打扮成乐观而有教养的蝴蝶①，那么这样一个现代的这样一类有教养的人士，不得不面对惟有从迄今为止未被理解的希腊精神的深处才能理解的现象，即目睹狄俄尼索斯精神的觉醒和悲剧的再生时，将陷于何等困惑的尴尬境地啊！除了在现代我们亲眼目睹的以外，历史上还从未有过所谓的教育与真正的艺术互相如此疏远、如此厌恶的另一个艺术时期。我们明白如此软弱的教育为什么憎恨真正的艺术，它害怕自己因艺术繁荣而灭亡。然而，苏格拉底亚历山大文化已经走进了狭窄的死胡同（现代教育即是），这样一种文化难道不该寿终正寝吗？如果歌德和席勒这样的英雄都未能打开通向希腊神山的魔门，他们经过气概非凡的探索搏击也只能望山兴叹，就像歌德的伊菲格涅亚②从蛮荒的陶里斯隔海遥望故乡一样，那么，这些英雄的后学们还能有什么希望呢？除非受了复苏的悲剧音乐的神秘声响的震荡，在迄今为止的文化的种种努力尚未触及的另一面，神山的大门突然自己打开。

但愿没有人企图泯灭我们关于古希腊文化还会复活的信念，因为只有在古希腊文化中，我们才能找到用音乐之圣火革新和净化德国精神的希望。除了音乐，还有什么别的东西能在凋敝乏力的现代文化的荒漠中，唤醒一点对未来的令人欣慰的期望呢？我们寻找粗壮的根苗、肥沃的土地而一无所获，到处都是尘土沙石，枯枝朽木。在这样的文化荒漠里，一个绝望的独行者除

① 蝴蝶在此喻指根基浅薄的轻浮之士。

② 伊菲格涅亚，希腊神话中阿伽门农之女，特洛亚战争前，希腊军队滞留奥利斯，阿伽门农按先知之言骗伊菲格涅亚到奥利斯，准备将她献祭。她被赦免后到陶里斯做了祭司。歌德著有《伊菲格涅亚在陶里斯》一剧。

了丢勒[1]所画的与死神和魔鬼同行的骑士，就找不到更好的象征了。这位骑士披甲戴盔，目光冷峻，不受那两个可怕的同伴的影响，然而却毫无希望地带着良狗骏马，孤身一人在他选定的恐怖道路上行进。我们的叔本华就是这样一个丢勒笔下的骑士，他毫无希望，却执著追求真理。他这样的人现在没有了。

然而，我们当代疲惫乏力的文化的凄凉荒漠一碰到狄俄尼索斯魔力，就突然发生何等巨大的变化啊！一阵狂飙把一切已经死亡的、腐朽的、破碎的、凋谢的东西，统统卷进一股红红的尘雾，像兀鹰一样将它们裹挟到空中。我们目瞪口呆地寻找已经消失的东西，而看到的景象却是：有什么东西像从地穴里升起，来到光辉灿烂的阳光下，丰满鲜活，生机盎然，充满渴望。在这洋溢着生命活力、痛苦与欢乐的氛围中，悲剧端庄而坐，神情喜悦，倾听一支从远处传来的忧伤的歌曲。这支歌吟唱生存之母，她们的名字叫幻觉、意志、痛苦。——我的朋友，请和我一起相信狄俄尼索斯的生命活力和悲剧的再生吧。苏格拉底式的人的时代已经过去。请戴上常春藤花冠，拿起酒神杖，倘若虎豹躺到你们的脚下跟你们亲近撒娇，你们无需惊讶。尽管拿出勇气，做个悲剧人物，你们会得到拯救。你们要伴随酒神游行队伍，从印度行进到希腊！你们要准备作艰苦的斗争，但要相信你们的神会创造奇迹！

二十一

我放弃这种劝诫语调，恢复沉思者应有的平静心情。此时我要再次强调，只有向希腊人学习才能懂得，悲剧的突然的、奇迹般的觉醒对一个民族

---

① 丢勒（1471—1528），德国杰出画家、版画家、雕塑家。文中所提的《骑士、死神、魔鬼》是一幅铜版画。

的内在生存理由意味着什么。正是这个具有悲剧秘仪的民族进行了波斯战争，反过来，进行了这些战争的民族又需要悲剧作为必要的康复剂。这个民族在内心深处，受狄俄尼索斯魔力最强烈痉挛的刺激达许多世代之后，谁会想，恰恰在它身上还能十分强烈地迸发出最纯朴的政治感情、最自然的爱国情怀和最天然的男子汉的战斗意愿吗？然而，在每一次狄俄尼索斯冲动向四周蔓延时，我们总能感到，狄俄尼索斯摆脱个体束缚的努力最先表现为减少政治本能，直至漠视甚或敌视政治本能；另一方面，具有立国之力的阿波罗是个体化原理的守护神，没有对于个性的肯定，就不可能有国家和爱国意识。引导一个民族摆脱纵欲主义的路只有一条，那就是通往印度佛教之路。为了让人们能够忍受这条渴望虚无的道路，它需要那种很少出现的超越时空和个体的朦胧恍惚的境界。而造成这种境界又需要一种哲学，它教导人们通过想象去克服对于这种过渡境界的难以形成的厌恶。一个民族倘若绝对遵循政治冲动处事，必定陷入极端世俗化的道路，罗马帝国就是这种世欲化的最出色，也最可怕的体现。

希腊人处于印度和罗马之间，不得不作出选择。他们发明了第三种形式——纯粹的古典形式；这种形式诚然没有长久为他们自己所用，却因此而永垂不朽。神的宠儿往往早亡，一切事物莫不如此，然而他们却和神一起永生。我们不要指望最高贵的东西具有皮革的经久不破的韧性；罗马的民族本能所特有的牢固的耐久性未必是“完满”的必要属性。倘若我们问，希腊人在全盛时期，在狄俄尼索斯冲动和政治冲动异常强烈的情况下，是什么灵丹妙药使他们既没有醉心于兴味盎然的沉思默想，又没有一味追求世界霸权和世界声誉，而是达到了那种既让人兴奋又让人清醒的名酒所具有的美妙的混合；那么，我们必定会想起**悲剧**所具有的激发和净化全民族的生命、释放全民族的生命之力的伟大力量。只有当悲剧作为全部预防力量的化身、作为民族的最强大的和最危险可怕的性格的调解者，像当年之于希腊人那样，出现在我们面前时，我们才能约略感到到它的最高价值。

悲剧吸收了音乐的狂放不羁、恣肆纵情的特性，从而使音乐臻于完善，无论希腊人还是我们当代莫不如此，但随后它又把悲剧神话和悲剧主角与音乐并列，这悲剧主角像泰坦巨神那样，背负起整个狄俄尼索斯世界，卸去了我们肩上的负担。另一方面，它又通过同一个悲剧神话，以悲剧主角的面貌，把我们从追求尘世生活的贪欲中解救出来，告诫我们还有另一种存在，还有另一种更高的快乐，战斗的英雄通过他的灭亡，而不是通过他的胜利，正充满预感地准备这份快乐。悲剧在它的音乐的普遍效力和具有狄俄尼索斯感受能力的听众之间设置了一个崇高的比喻——神话，使听众产生一种假象，以为音乐只是使神话的造型世界复活的最高表现手段。悲剧毫不怀疑这种错觉，于是手舞足蹈，跳起酒神颂舞蹈，毫无顾忌地任凭自己的感情自由宣泄，而倘若没有这种错觉，悲剧作为音乐本身是不敢奢望有这样一种放任自由的感情的。神话保护我们免受音乐的过分感染，另一方面又给予音乐最大的自由。作为回报，音乐赋予悲剧神话一种咄咄逼人的、令人信服的形而上意义，倘无音乐的帮助，光靠言词和形象是绝不能获得这种意义的。尤其要指出的是，靠了音乐，悲剧观众心中不禁产生一种最高快乐就要来临的十分可靠的预感，这最高快乐乃通向毁灭和否定之路所致，于是他仿佛听到万物之内在奥秘出言有声地向他诉说。

通过上述这番言论，我也许只能让少数人马上领悟这一深奥难解的观点，所以我在这里要鼓励我的朋友再作一次尝试，请他们考察一下我们共同体验的一个例子，做好认识普遍原理的准备。在考察这个例子时，我不包括那些借助剧情、演员的台词和情感使自己对音乐有所感悟的人，因为这些人说的母语不是音乐，即使有剧情、台词等的帮助，他们也只能到达感悟音乐的前厅，而不可能接触到音乐殿堂深处的圣物。他们中有的人，比如格维努斯[①]，经由这条路连前厅也到不了。我的话只针对那些与音乐非常亲近、音乐仿佛就是母亲的怀抱、仅仅通过无意识的音乐感受而与事物发生关系的人。我要向这些真正的音乐家提出这样一个问题：他们能否想象有这样的人，他在看《特里斯坦与伊索尔德》[②]第三幕时，无需台词和画面的帮助，就能感受到这是伟大的交响乐曲，而又保持心灵平静、呼吸自如？倘若一个人像这里听歌剧时那样，仿佛把耳朵紧贴世界意志的心房，感受到狂飙般的生存欲望像奔腾流泻的滔滔大河或水花飞溅的潺潺小溪，从这里流向世界的所有血管，他能不一下子瘫倒在地？他身处个体这样一个单薄易碎的可怜外

① 格维努斯（1805—1871），德国历史学家，著有《十九世纪史》。

② 《特里斯坦与伊索尔德》，瓦格纳所著歌剧。

壳之中，岂能听着从“世界黑夜的广袤空间”[①]传来的千百种欢呼和哀号的回响，看着这形而上的牧人轮舞，并且丝毫无阻挡地逃到他的原始故乡？如果人们能把这样一部作品当做整体感受，而又不否定个体存在，如果人们创造了这样的杰作，而又不摧毁其创造者，那么我们该如何解决这个矛盾呢？

这里，悲剧神话和悲剧英雄介入了我们最高的音乐冲动和那种音乐本身之间，从根本上说，它们只是惟有音乐才能直接言说的普遍事实的比喻。然而，倘若在我们的感受中神话是纯粹的狄俄尼索斯精神，那么，它们作为比喻在我们身旁就会毫无作用，不受注意，一刻也不会让我们放弃这样一件事：倾听“先于事物的普遍性”的回响。但是，这里突然迸发了一股**阿波罗**力量，凭借令人喜悦的幻觉的灵药，要让几乎被炸得粉碎的个体复原。突然间，我们觉得只看见特里斯坦呆呆地自问：“这是老调子，它为什么要唤醒我？”[②]以前我们觉得仿佛是从存在的中心传来的像低沉的叹息声的东西，现在却只想对我们说：大海是多么“荒凉空寂”。当我们以为自己断了气、正在死亡，种种感觉正在垂死挣扎撒手西去，只有一丝气息把我们与这个存在联系在一起时，我们看见那个受了致命伤但尚未死亡的英雄，听见他绝望的呼声：“渴望！渴望！我在垂死中渴望，我因渴望而不死！”[③]如果说以前经受了无数痛苦令人心力交瘁时，号角的欢呼声像最惨烈难忍的痛苦撕碎我们的心，那么现在，在我们和这个“欢呼声本身”之间站着一个面向载着伊索尔德的船欢呼的库佛那尔[④]。不管我们心中涌起多么强烈的怜悯之情，在一定意义上，这怜悯之情倒让我们免受世界原始痛苦，就像神话的比喻形象让我们无需直视最高世界观念，思想和语言免除了我们无意识意志的奔腾直泻。这美妙的阿波罗幻觉让我们觉得，声音王国本身仿佛像一个造型世界出现在我们眼前，仿佛在这造型世界里，像用一块质地柔软、极富表现力的材料形象地塑造了特里斯坦和伊索尔德的命运。

这样，阿波罗精神使我们离开狄俄尼索斯普遍性，而醉心于个体。它让我们把怜悯之心集中于这些个体，用它们满足我们渴望伟大崇高形式的求美

---

① 引自《特里斯坦与伊索尔德》。

② 引自《特里斯坦与伊索尔德》。

③ 引自《特里斯坦与伊索尔德》。

④ 《特里斯坦与伊索尔德》中特里斯坦的侍从。

天性，在我们面前展示生命形象，激发我们深刻把握蕴含在它们身上的生命本质。阿波罗精神用形象、概念、伦理学说、同情心等的无比巨大的力量，一把将人从自我纵情毁灭的泥淖中拽出来，使他看不见狄俄尼索斯进程的普遍性，蒙骗他产生妄想，以为他看到了一个世界图像，比如特里斯坦与伊索尔德，而且**通过音乐**会更好地、更透彻地看见它。如果阿波罗的妙手回春的魔力能在我们心中激起幻觉，让我们以为狄俄尼索斯精神好像真的为阿波罗精神效劳，能增强其魔力的效力，甚至以为音乐本质上是表现阿波罗内容的一种艺术，那么阿波罗魔力还有什么做不到的呢？

由于预先确定完美的戏剧及其音乐要和谐一致，戏剧就达到了话剧本不可企及的最高程度的可视性。如同所有栩栩如生的舞台形象通过自主运动的旋律线条，简化为清晰的曲线呈现在我们面前那样，我们在与情节进展配合默契的和声交替变化中听到了线条的并存。通过这种交替变化，事物的关系变得清晰可闻；同样，通过这种变化我们认识到，一个人、一条旋律线条的本质只有在事物的关系中才得以淋漓尽致的显现。当音乐迫使我们比以往看得更多更内向，把舞台情节像一幅锦缎那样在我们面前展开时，在我们那神化的、内视的眼睛看来，舞台世界无限地扩大了，从里向外照得通明。一个文字诗人费尽心力，吃力地运用不完备的手段，从语言和形象出发，通过间接的办法要达到可视舞台内在的扩大和内在的光照，这样一个文字诗人能给我们提供类似的东西吗？音乐悲剧也采用语言，但它同时也摆出语言的根基和诞生地，从内在本质出发向我们阐明语言的产生。

然而我们可以肯定地说，上述过程只是一个美丽的表象，即前面提到过的阿波罗**幻觉**，这幻觉的作用在于使我们不致承受无比强大的狄俄尼索斯冲击。从根本上说，音乐与戏剧的关系恰恰应该倒过来：音乐是世界的真正理念，戏剧只是这一理念的反光，是理念的零星影像。旋律线条与生动的人物形象两者的和谐一致，和声与人物的性格关系两者的和谐一致，并不像我们观看音乐悲剧时以为的那样是真的，而是在相反的意义上是真的。不管我们怎样让人物形象生动鲜明、有血有肉、透出光泽，他始终只是现象，没有一座桥梁从这现象通向真实的现实，通向世界之心。而音乐是在世界的内心向我们诉说；无数这一类的现象会从这种音乐身旁经过，但它们永远不能体现音乐的本质，而只是它的表面映象。用灵魂与肉体是对立的这样一种肤浅的、错误的说法当然不可能解释音乐与戏剧两者的复杂关系，而只能搅乱一切。但是，我们某些美学家，天知道出于何种理由，似乎把这个关于对立的非哲学的粗俗说法看作尽人皆知的信条。而实际上，关于现象与自在之物的对立，他们一无所知，或者，也是天知道出于何种理由，根本不想知道。

如果说我们的分析已经表明，悲剧中阿波罗因素用它的幻觉完全战胜了音乐的狄俄尼索斯本质，并利用音乐达到自己的目的，即极其清楚地阐释戏剧；那么这里恐怕需要做一个十分重要的补充说明：在一个最根本的问题上，阿波罗幻觉被冲破了，被毁灭了。戏剧——它的全部动作和形象从内部照得清晰明了——借助音乐在我们面前展开，犹如我们看见布帛在织机上的经纬上下交织中产生。于是，戏剧作为整体达到了一种**完全不同于一切阿波罗艺术效果**的效果。就悲剧的整体效果而言，狄俄尼索斯因素又占了上风，悲剧以一种阿波罗艺术王国从未听过的声响结束。这样，阿波罗幻觉就显出了真面目：它在悲剧演出过程中一直在掩盖真正的狄俄尼索斯效果。然而，狄俄尼索斯效果非常强大，最后把阿波罗戏剧本身逼到这样一种地步，使他开始用狄俄尼索斯智慧说话，否定自己及其显性的阿波罗特征。所以，确实可以用两个神祇的兄弟联盟象征悲剧中阿波罗因素和狄俄尼索斯因素的复杂关系：狄俄尼索斯说着阿波罗的语言，而阿波罗最后又说起狄俄尼索斯的语言。悲剧以及整个艺术因此而达到了最高目的。

二十二

愿细心留意的朋友凭自己的经验，毫不掺杂地设想一下一部真正的音乐悲剧的效果。我想我已经从两个方面描述了这种效果的现象，我的朋友现在会懂得如何解释他自己的经验。他会回忆起，面对在他面前展开的神话，他感到自己如何上升到全知全能的境界，仿佛他的眼睛不仅仅能看到平面，而且还能穿透事物进入内部，仿佛他现在借助音乐，像看见面前许多生龙活虎般活动的线条和人物形象那样，看见了意志的翻腾波动、各种意图动机的互相争斗、各种激情构成的滔滔大河，仿佛他能下潜到无意识情感的最细微奥妙的秘密中。他一方面意识到他的追求显示和升华的本能冲动上升到了极点，另一方面却又明白无误地感觉到，这许许多多阿波罗艺术效果并**没有**在他身上引起要坚持无意志静观的幸福感，而雕塑家和史诗诗人，即真正阿波罗艺术家，通过他们的艺术作品在他身上通常唤起这种感觉。这种坚持即是在静观中达到的对个体化（individuatio）世界的辩护，此辩护乃阿波罗艺术的顶点和化身。他观看舞台上净化了的世界，却又否定这个世界。他看见眼前的悲剧英雄具有史诗般的明晰和美，却又为他的毁灭而高兴。他对剧情理解得深刻透彻，却又遁入不可理解的东西中。他感到英雄的行为入情入理，而英雄自食其果毁灭时，他又感到更加振奋。他对即将降临到英雄身上的灾难感到战栗，却又预感到有一种更高、更强烈得多的快乐。他比以往任何时候都看得更多更深，却又希望自己双目失明。倘不用**狄俄尼索斯**魔力，我们怎样才能解释这种奇妙的自我分裂、阿波罗之矛的断裂呢？狄俄尼索斯魔力表面上在刺激阿波罗冲动无比高涨，却又能迫使极度扩张的阿波罗力量为自己服务。**悲剧神话**只能理解为狄俄尼索斯智慧借阿波罗艺术手段达到的形象体现。悲剧神话引领现象世界达到它的极限，而达到极限后现象世界就否定自我，力图回到真正的、惟一的现实的怀抱。于是它仿佛像伊索尔德那样，唱起它的形而上的哀哀绝唱：

在极乐之海的
汹涌起伏的波涛里，
在大气之波的
喧嚣嘈杂的声响里，
在宇宙之气的
飘游浮动的混沌里——
淹没——沉落——
无意识——最高的快乐！[①]

---

① 这是《特里斯坦与伊索尔德》剧中伊索尔德在剧本结束时的唱词。

这样，我们依据真正审美听众的经验，就清楚地看到了悲剧艺术家本人，看清他如何像体态丰盈的个体化之神创造他的人物形象，在这个意义上，他的作品几乎不能看作“对自然的模仿”；然后，他的强大的狄俄尼索斯冲动又如何吞食这整个现象世界，让人们在现象世界的背后，并且通过它的毁灭，感受太一怀抱中的最高的艺术的原始喜悦。自然，我们的美学家们说不出片言只语，讨论这种复归原始家园的现象，讨论悲剧中两个艺术之神的兄弟联盟以及听众的阿波罗兴奋和狄俄尼索斯兴奋。相反，他们不厌其烦地把英雄与命运的搏斗、世界道德秩序的胜利或由悲剧引起的感情宣泄，作为真正悲剧性的东西而大谈特谈。他们的这种“执著”令我想到，他们根本不想成为有美感的人，在看悲剧时也许只能被看作道德家。从亚里士多德以来，还没有人对悲剧效果做过可从中得出有关艺境和听众审美活动的推断的解释。时而有人说，应该用严肃事件迫使同情和恐惧发泄出来，以放松心情；时而又有人说，优良而崇高的原则取得胜利，英雄为道德世界观献身时，我们应该感到振奋鼓舞。我确信，对许多人来说，这就是悲剧效果，而且也只有这才是悲剧效果；这一点清楚地表明，所有这些人连同他们的美学家对于作为最高**艺术**的悲剧毫无所知。这种病态的发泄，这种亚里士多德的道德净化，语言学家不知道该把它归入医学现象还是道德现象，它让人们想起歌德的一个奇特的感觉。歌德说：“我没有浓厚的病理兴趣，从未成功地处理过悲剧场景，因此我宁可避免，而不是寻找这类场景。在古人，最高激情只不过是审美游戏，难道这是他们的一大优点？而我们必须依靠自然真实的参与才能创作这样的作品。”[①]我们在音乐悲剧中惊异地体验了，最高激情确确实实可能只是审美游戏，所以我们可以依据我们美好的经验，对上述这个深刻的问题作肯定的回答。因此我们可以认为，只有现在才能较为成功地描述悲剧性这一原始现象。谁到现在还只能从非审美领域谈论悲剧效果，而不能超出病理与道德过程，那他只能怀疑自己的审美天性，我们则要建议他照格维努斯的方式去解释莎士比亚，孜孜不倦地探索“诗的公正”，作为无辜的替代物。

随着悲剧的再生，**审美听众**也再次诞生，迄今为止，坐在剧场听众席上

① 歌德1797年12月18日致席勒的信。

的通常是“批评家”——古怪的半吊子，既有所谓道德要求，又有所谓学识要求。在他迄今为止的天地里，一切都是人为的，只是刷了一层生活的外表。演员真不知道该怎样应付这种吹毛求疵、装模作样的听众，因而和给他灵感的剧作家及歌剧作曲家一起，不安地在这些枯燥乏味、不会享受的造物身上搜寻生命的最后一点痕迹。而迄今为止，观众就是这样的“批评家”；大学生、中小学生乃至天真无邪的女子，不知不觉中受了学校教育和报刊的影响，学会了以同样的方式去感受一部艺术作品。艺术家中的佼佼者指望这样的观众身上道德与宗教力量的感应，在强大的艺术魅力本应愉悦真正的听众的地方，只能代之以“道德规范”的呼唤。或者，剧作家把当代政治与社会的比较重大的，至少能激动人心的倾向如此清晰地表现出来，让听众忘记了他的批评本性，产生遇到诸如爱国场面、战争时刻、议会辩论、判决罪犯时所产生的类似情感。这种对真正的艺术意图的背离必定处处导致倾向崇拜。在一切伪艺术中一向发生的事，在这里也发生了：倾向急剧变质衰落，比如把剧场用作对民众进行道德教育的场所的倾向，在席勒时代盛极一时，现在已被看作陈旧过时的教育的不可置信的古董了。当批评家在剧场和音乐会、记者在学校、报刊在社会取得支配权后，艺术就沦为低级趣味的消遣娱乐，美学批评成为空洞无聊、漫无边际、自私自利、陈腐乏味的社交活动的联系手段，这种社交活动的目的意义叔本华在一则写豪猪的寓言里作了说明[①]。结果，关于艺术，我们这个时代说的空话比以往任何时代都多，给予的尊重却最少。但是，我们能与一个能够拿贝多芬和莎士比亚作谈资自娱的人打交道吗？每个人都可以按自己的感觉回答这个问题。不过他的回答会证明，他所设想的“教育”是什么，当然其前提是，他力图回答这个问题，而不是惊得目瞪口呆。

另一方面，某些品质高尚、感情细腻、富有天赋的人，虽然也按上述方式逐渐变成具有批评癖好的野人，但在看了一场成功的《罗恩格林》[②]演出后，还能向人讲述演出在他身上引起的出乎意料而又完全不可理解的效果；只是他身边——也许——少了一个能向他指点进言的人，因而，演出时曾震

① 叔本华写过一篇《豪猪》的寓言，讲的是豪猪既需要挨着其他豪猪，借它们的体温温暖自己，又不能靠得太近，挨着它们的刺难受，所以力图找到互相之间最合适的距离。

② 《罗恩格林》，瓦格纳根据中世纪传说中的英雄写的歌剧。

撼他心灵的那种奇异的、无与伦比的感觉只是零星感受而已，像不可捉摸的星辰那样倏忽一闪就熄灭了。他在那短暂的一瞬曾隐隐感到，何为审美听众。

二十三

谁想自己确切地检验一下，他是与真正的审美听众相通呢，还是属于具有批评倾向的苏格拉底式人之列，他只须坦率自问，他在看到舞台上演出的**奇迹**时有何感觉：他是觉得他的遇事就要问严密的心理因果关系的历史意识受到伤害呢，还是以宽容善意的态度，把这种奇迹当做童心可以理解，而他觉得陌生的现象加以认可，抑或他有其他感受。他可以据此衡量，他是否有能力理解**神话**，理解这浓缩的世界图像；而神话作为现象的缩影是不能缺少奇迹的。但情况也许是这样的，倘若我们加以严格地考察，几乎每个人都觉得自己受到了我们当代教育的历史批判精神的强烈侵蚀，因而只能经由学术之路，通过抽象概念的中介，才相信以往存在过神话。但是，没有神话，任何文化都会丧失其健康的创造性的自然力，只有神话环抱的视野才能将整个文化运动建构为统一体。一切想像力，一切阿波罗梦幻的力量，只有借助神话，才能摆脱毫无目的的四处游荡的状况。神话的形象必定是不被察觉而又无处不在的具有魔力的守护人，年轻的心灵在它的保护下成长，成年男子用它的象征解释他的生活和斗争。甚至国家也不知道有比神话基础更强有力的不成文法，正是这神话基础让人确信国家与宗教互为依存，国家产生于神话观念。

现在请诸位比较一下没有神话指引的抽象的人，抽象的教育，抽象的习俗，抽象的法律，抽象的国家；请设想一下不受本地神话约束、随意游荡的艺术想像力；请想一想没有坚实而神圣的发源地的文化注定要耗尽种种机遇，可怜巴巴地靠其他一切文化为生——这就是现代，旨在消灭神话的苏格拉底主义引起的结果。现在，没有神话依托的人永远饥肠辘辘，在所有已成过去的历史时代下面又刨又挖，寻找自己的根，哪怕最遥远最偏僻的古代，也要挖它一遍。永不满足的现代文化怀着巨大的历史需要，把无数其他文化集于自己周围，耗尽心力求索知识，这一切倘不表明神话、神话家园和神话母腹统统都已丧失，还能表明什么呢？各位不妨自问，这种文化的如此狂热、如此可怕的亢奋骚动，倘不是饿鬼饥不择食、乱抓乱刨，还能是什么呢？这种文化不管吞食什么都不能饱腹，最富营养、最有滋补效力的食物经他一碰就往往变成“历史和批评”，谁还愿意对它有所赠予呢？

如果我们德国精神也同我们在文明的法国惊恐地发现的那样，与德国文化不可分解地连结在一起，甚至变成一体的话，我们恐怕要对它感到绝望而痛苦了。长期以来作为法国的伟大优点，使法国雄踞大国地位的原因的东西，即民族与文化的合一，使我们深感幸运，庆幸我们很成问题的文化至今与我们国民性的高贵核心毫无共同之处。我们的所有希望都日思暮想地期待这样一种感受，即在骚动不安的文化生活和教育痉挛背后隐藏着一种壮美的、内心健康的古老力量，这力量当然只在伟大的时刻才强劲地搏动一下，然后又复归平静，梦想着未来的觉醒。正是这深深的根基产生了德国宗教改革运动，在这运动的赞美诗里首次响起了德国音乐的未来旋律。路德[①]赞美诗的音调多么美好温柔，深沉勇敢，充满感情，犹如春天来临时，从茂密的丛林里传出的第一声狄俄尼索斯召唤。与这召唤唱和的是狄俄尼索斯信徒肃穆而热烈的游行队列，我们感谢他们催生了德国音乐，我们还将感谢他们促使**德国神话的再生**！

我知道，我现在必须把热心追随的朋友带到一块同伴不多的独思静观的高地上，并用鼓励的口吻对他说，我们要紧紧追随我们光辉的向导希腊人。迄今为止，我们已经从他们那里搬来了两个神像，以净化我们的美学认识，这两个神祇各自都统治着一个艺术王国，我们通过希腊悲剧感觉到了两者的互相接触和互相提高。我们觉得，这两种艺术的原始冲动的奇怪的互相排斥导致了希腊悲剧的没落，与此相应，希腊国民性发生了蜕变和转化，这促使我们严肃思考，艺术与民族、神话与习俗、悲剧与国家，在根基上是如何必

① 路德（1483—1546），德国宗教改革运动的发起人，新教路德宗的创始者。

然而紧密地交织在一起。悲剧的没落同时也是神话的没落。在此以前，希腊人总是不由自主地把他们的种种经历马上与他们的神话联系起来，甚至只有通过这种联系才能理解他们的经历。由此，他们觉得此刻发生的事情马上就进入永恒范畴，在某种意义上成为超越时间的东西。国家也好，艺术也好，都潜入这条超时间的河流中，以摆脱此时此刻的负担和贪欲而得到安宁。一个民族只有能够给自己的经历打上永恒的印记，才是有价值的，个人亦复如此。因为这样，这民族仿佛就超脱了尘世，显示了它本能的内在信念：时间是相对的，生活具有真正的即形而上的意义。当一个民族开始以历史的眼光看待自己，捣毁周围的神话堡垒时，就会发生与此相反的情形。与此相联系的是坚定的世俗化倾向，与早期生活的无意识形而上的决裂，且表现于一切伦理后果中。希腊艺术，尤其是希腊悲剧，首先阻止神话的灭亡。所以只有毁灭艺术，尤其是悲剧，才能脱离故土，毫无约束地生活在思想、习俗和行动的荒郊野地里。就是现在，那种形而上冲动还在试图用生存欲望强烈的科学的苏格拉底主义为自己创造一种哪怕较为缓和的神化形式。然而在低级阶段，这种冲动只能导致急不可耐的胡找乱寻，从而渐渐陷入聚集着来自四面八方的神话和迷信的魔窟，在这魔窟中间坐着那位希腊人，还在不满足地寻找，直至他像格拉库卢斯那样，学会用希腊的达观和希腊的轻浮掩盖这种狂热，或者拿某种散发出东方霉气的迷信完全麻醉自己。

自从亚历山大—罗马时代在十五世纪得到复苏，经过很长一段难于描述的间歇期后，我们身上十分令人注目地出现了同样的情形：同样的过于旺盛的求知欲，同样的永不满足的探索乐趣，同样的极度的世俗化倾向，此外还有居无定所的四处游荡，掠人之美的贪馋唐突，对此时此刻的轻率崇尚或对一切世俗东西即“现时”的昏昏然的离弃。这些同样的征兆让我们猜想到，这种文化的核心存在同样的缺点，想到神话的灭亡。长期成功地移植外来神话，而又不因移植严重伤害本土文化的树干，看来几乎是不可能的。这棵树干也许十分健壮，足以经过艰苦卓绝的斗争重又排除外来因素；但通常情况是，它必定枯萎凋败，或者由于病态地疯长而备受煎熬。我们坚信德国精神具有纯粹而坚强的核心，所以恰恰期待它而不是别的什么东西能够排除强行移入的外来因素，而且相信德国精神有可能进行自我反省。有人也许会说，德国精神应以排除罗马文化因素开始这场斗争，他也许是在最近这场战争[①]中德国人的英勇善战和无上荣光中看到了进行这场斗争的表面准备，并受到鼓舞。其实，内在的紧迫感必须到这样一场竞赛中寻找，即比一比谁能始终无愧于这条路上路德这样的崇高先驱者和伟大的艺术家与诗人。但愿他永远不相信，没有自家的神祇，没有自己的神话故土，没有一切德国事物的“复归”，他能进行类似的斗争！倘若德国人胆怯地环顾四周，寻找一位带领他重返早已失去的、他不再认识其路径的故园的向导，那么他只需倾听狄俄尼索斯之鸟欢快的鸣叫，它正在他头上盘旋，愿为他指点归途呢。

二十四

在音乐悲剧所特有的艺术效果中，我们特别指出了阿波罗**幻觉**，这幻觉使我们不致直接与狄俄尼索斯音乐融为一体，而我们的音乐激情却可以在阿波罗领域和介于其间的一个明显的中间世界得到宣泄。这时我们似乎看到了，由于这种宣泄，戏剧进程的中间世界乃至整个戏剧由里而外变得清晰易懂，其清晰易懂的程度在其他一切阿波罗艺术里是无法达到的。因而，在阿波罗艺术仿佛受音乐精神的激励而高扬的地方，我们不得不承认它的力量得到了最大的发挥，在阿波罗精神和狄俄尼索斯精神的兄弟联盟中，两者的艺术意图得到了最高体现。

当阿波罗图像被音乐由里而外照亮时，自然没有达到较弱程度的阿波罗艺术所特有的效果。史诗和雕塑所能达到的，即迫使观赏的眼睛对个体化世界感到赏心悦目，在这里是不可能达到的，尽管戏剧更加有血有肉、鲜明清晰。我们观看戏剧，以入木三分的目光深入到它内部不平静的动机世界——然而我们却觉得，仿佛只有一个象征形象在我们身旁掠过，我们相信已经差

---

① 指1871年普法战争。

不多猜到了它包含的深层意义，希望像一层帷幕那样把它拉开，看看幕后的原始图像。最清晰的图像也不能让我们满足，因为它仿佛既在揭示什么，又在掩盖什么。它一方面似乎以其象征性的启示要求我们撕开纱幕，揭开神秘的背景；另一方面，正是那种通明透亮、一看见底的特性迷住了我们的眼睛，阻碍它突进更深层的地方。

谁没有既要观看，又渴望超越观看的体验，就很难想象，在观看悲剧神话时，这两个过程是如何确定而清晰地同时并存，同时被人们感受到。而真正的审美观众会向我证实，在悲剧特有的效果中，要数这两个过程的并存最奇特了。只要把审美观众的这一现象移译到悲剧艺术家的一个类似过程上面，就可以理解**悲剧神话**的起源了。悲剧神话与阿波罗艺术领域一起共享对于表象和观看的巨大快乐，同时它又否定这种快乐，由于可视的表象世界的毁灭而获得更高的满足。悲剧神话的内容首先是颂扬进行战斗的英雄的史诗事件。英雄命运中的痛苦，极其惨烈的征服，充满痛苦的动机冲突，简言之，说明西勒尼智慧的例证，倘用美学术语表达，就是丑陋与不和谐的东西，人们总是怀着偏爱，一而再，再而三地用无数不同的形式重新加以描绘，而且恰恰在一个民族最旺盛、最有生气的时期。如果人们不是对所有这一切感到一种更高的快乐，那么我们该如何解释这个谜一样的特征呢？

因为，一种艺术形式的产生，很少能用现实生活确实很悲惨这一现象加以解释。艺术不只是自然现实的模仿，而且是自然现实的形而上补充，是为了克服自然现实而与它并列的。悲剧神话属于艺术，就这一点而言，它也完全具有艺术的形而上神化意图。但是，倘若它透过受苦的英雄的形象向人们展示现象世界，那么它神化的是什么呢？它神化的恰恰不是这个现象世界的“现实”，因为它对我们说的正是这样一番话：“瞧！仔细瞧瞧！这就是你们的生活！这就是你们的生活之钟的时针！”

难道神话展示这种生活，是为了在我们面前神化它？倘若不是，那么那些画面在我们眼前掠过时，我们何以有审美愉悦呢？我问的是审美愉悦，不过我知道，许多这类画面除了审美愉悦，有时还能引起表现为同情或道义胜利的道德愉悦。但是，谁如果像美学界长期以来流行的那样，只想拿这些道德渊源解释悲剧效果，那么他就别指望他为艺术做出了什么贡献。艺术在自己的领域首先要求纯洁。就解释悲剧神话而言，首要的要求是，在纯粹审美领域寻找它特有的愉悦，而不可进入同情、惧怕、道德与高尚等领域。丑陋与不和谐，即悲剧神话的内容，怎么能引起审美愉悦呢？

现在我有必要重复以前谈过的一个观点，以使我们勇敢地跨进艺术的形而上领域，这观点就是：世界似乎只有作为审美现象才有存在的理由。在这个意义上，正是悲剧神话要使我们相信，连丑陋与不和谐的事物也是永远乐趣横生、富于活力的意志和自己玩耍的审美游戏。不过，我们只有在**音乐的不谐和音**的奇特意义中才能清楚而直接地理解狄俄尼索斯艺术的这一难以捉摸的原始现象，正如只有与世界并列的音乐才能说明，什么是作为审美现象的世界存在的理由。悲剧神话引起的愉悦与音乐中不谐和音所唤起的愉快感觉的根源是相同的。狄俄尼索斯因素及其甚至对痛苦感受到的原始快乐是音乐和悲剧神话的共同母腹。

我们借助于不谐和音的音乐关系，不是使悲剧效果这个难题大大的变得简单了吗？现在我们终究可以理解，在悲剧中既要观看又渴望超越观看，到底意味着什么了。涉及艺术上所运用的不谐和音，我们对这种状况可以作如下刻画：我们既想倾听，又渴望超越倾听。在对清晰感受到的现实产生极大的愉悦时对无限的追求，渴望之翅的搏击，这一切都提醒我们，必须把这两种状态看作同一种狄俄尼索斯现象，它不断地向我们展示一种原始快乐引起的结果，即人们如同玩耍般地建造复又毁坏个体世界，这种情形与古代哲人赫拉克利特的一个比喻很相近：他把创造世界的力量比作一个拿石块沙子玩耍，不断地垒石头堆沙堆又把它们推倒的儿童。

要正确估价一个民族的狄俄尼索斯能力，我们不仅要考虑该民族的音乐，而且必须考虑该民族的作为此种能力第二证人的悲剧神话。鉴于音乐与神话的关系十分密切，我们同样可以推测，一方的变质蜕化必导致另一方的凋败，正如狄俄尼索斯能力的衰微体现于神话的衰落之中。只要看看德国精神的发展，我们就不会对这两者产生怀疑了。无论歌剧还是我们缺少神话的生活，无论沦为娱乐的艺术还是由概念支配的生活，处处都向我们显露了苏格拉底乐观主义的既缺乏艺术性，又摧残生命的本性。然而我们可以欣慰的是，有迹象表明，尽管有上述种种缺陷，德国精神依然健康、深沉，具有狄俄尼索斯力量，坚不可摧，犹如一位沉睡的骑士，在深不可及的深谷里酣睡。从这深谷里向我们飘来狄俄尼索斯歌声，它要让我们明白，即使现在，这位德国骑士也还以种种甜美而又严肃的幻觉做着古老的狄俄尼索斯神话之梦。不要以为德国精神已经永远失去了它的神话故乡，它还清清楚楚地听到了飞鸟讲述那神话故乡的鸣叫之声。终有一天，它会从沉睡中醒来，精神焕发，朝气蓬勃，斩杀凶猛的蛟龙，铲除狡猾的小人，唤醒布伦希尔德[①]。这时，哪怕奥丁[②]的长矛利剑也休想挡住它的去路。

我的朋友，你们相信狄俄尼索斯音乐，所以你们也知道悲剧对我们意味着什么。我们在悲剧中看到了悲剧神话，它从音乐中再生了；在悲剧神话中，我们可以希望一切，忘掉最痛苦的事情！而对我们大家来说，最大的痛苦莫过于德国创造精神失去家园和故乡，长期臣服于狡猾小人的屈辱。你们明白这番话的意思，最终也会明白我的希望。

二十五

音乐和悲剧神话都是一个民族狄俄尼索斯能力的表现，彼此不可分离。两者都源于阿波罗精神彼岸的艺术领域；两者都给一个领域蒙上一层神光，在这个领域快乐的和谐中，不谐和音和可怕的世界图像都迷人地渐渐消逝；两者都自信有巨大的艺术魅力，拿反感不快之刺戏耍；两者都用这游戏为哪怕“最坏的世界”的存在辩护。在这里，与阿波罗精神相比，狄俄尼索斯精神表明自己是永恒的、本原的艺术力量，是它产生了整个现象世界，而为了使这个有了生命的个体化世界继续生存下去，在这现象世界的中间需要一片新的神光。倘若我们可以设想，这不谐和音化身为人——人不是它的化身还能是什么呢？——那么，这不谐和音为了能生存下去就需要美妙的幻觉，用它的美丽面纱蒙住自己的本来面目，这就是阿波罗精神真正的艺术意图。我

① 布伦希尔德，中世纪英雄史诗《尼伯龙根之歌》中女主角之一，冰岛女王。

② 奥丁，日尔曼民族的神，既是风神、死神，又是战神。

们把美丽表象的无数幻觉统统归在阿波罗的名下，正是这些幻觉随时随地使得生存具有被体验一番的价值，促使人们去经历下一个瞬间。

在这个过程中，从一切存在的基础，从世界的狄俄尼索斯根基进入人类个体的成分的多少要与阿波罗的神化力量所能消化克服的成分相适应。其结果是，这两种艺术冲动只能遵循永恒公正的法则，按照严格的比例，发展各自的力量。狄俄尼索斯力量发展得过于强大时——正如我们现在所经历的那样——阿波罗必定已经裹着云彩向我们降落，下一代人就会看到它无比丰硕的美的效果。

每个人哪怕在梦里，只要有过回到古希腊生活中的感觉，就会直觉地、确定地感到，这种效果是必要的。当他在雄伟的爱奥尼亚柱廊下漫步，仰望一块镶嵌在纯洁高贵的线条中的天空，身边光洁闪亮的大理石柱上映照着自己神采奕奕的形象，周围是庄重行进或举止文雅的人们，他们声音和谐，姿态得体，面对这数不胜数、不断涌来的美景，他怎能不向阿波罗举起双手，高声喊道："啊，幸福的希腊人！如果得洛斯神[①]认为必须用如此强大的魔力来医治你们的酒神狂热，可见你们的狄俄尼索斯是多么伟大啊！"年迈的雅典人也许会抬起埃斯库罗斯的崇高目光，仰望萌发如此心绪的人，回答他的感叹："可是，奇怪的外乡人啊，你倒说说，这个民族为了达到如此壮美的程度，承受了多少苦难啊！现在且跟我去看悲剧，和我一起到两位神祇的庙宇里献祭吧！"

① 得洛斯神，即阿波罗神。勒托怀了阿波罗和阿耳忒弥斯后，嫉妒的赫拉不许她在陆地上分娩，勒托只好到得洛斯岛上生下这对孪生兄妹。得洛斯岛是古希腊阿波罗崇拜的主要中心之一。

附录：瓦格纳在拜洛伊特

［德国］尼　采　著
范文芳　译

一

一个事件的伟大必须具备两大要素：一是完成此举之人的伟大，二是经历此举之人的伟大。事件本身本无所谓伟大，哪怕是天宿消亡，种族灭绝，巨邦建立，抑或是战争浩劫，诸如此类的事件经历史轻轻一吹就好像雪片一样消散殆尽了。或者一个强悍之人挥戈一击，碰到坚硬的巨石，引起一声短促而响亮的回响，顷刻间消散了。这样无味的事情在历史上留不下丝毫痕迹。鉴于此，但凡人感觉到事件即将来临之时都不禁会产生疑虑：那些即将经历此事的人是否无愧于事件的伟大。人在做事情的时候，无论事件大小，总是寻求行为与感受的相称。给予的人必须先找到一个接受的人，一个无愧于他的馈赠的人。正因为如此，即便是一个伟人，倘若他做了某件无足轻重而毫无意义的小事，那么，事件本身也称不上伟大。因为当他行动之时，显然对此事现时的必然性判断有误。他的目标瞄得不够准，他没有能够准确地选择时机，偶然成了他的主宰。而伟大与对必然的洞察力是须臾不可分的。

至于现在在拜洛伊特城发生的事是否适时而必要，我们还是让那些对瓦格纳本人是否具备必然性眼光持有疑虑的人对此去思虑和担忧吧。在我们这些对此深信不疑的人看来，他不仅坚信自己行为的伟大，而且同样坚信愿意经历此事的人的伟大。所有属于此列的人，无论是谁，都应以此为自豪——因为瓦格纳本人早在1872年5月22日艺术节开幕典礼的致辞中就曾说道：这不会是指所有的人，对这种信念的坚信绝对不会是当今的时尚，甚至当今的德国人也不属于此列。瓦格纳当时是这样说的：“我只有你们，热爱我的特殊艺术，我的独特的创作与影响的朋友们，可以求助，以实现我的设想；我只有请求你们帮助我完成我的作品，使它纯净地不被扭曲地展示给那些喜爱我的艺术的人们，尽管至今为止它一直是以被玷污了的面目全非的样子出现的。”我们当中没有一个人能够在这一点上以安慰的方式驳斥他的观点。

在拜洛伊特城，观众也值得好好观察一番。这是毋庸置疑的。一个富有智慧而善于观察的人，如果从一个世纪走向另一个世纪，比较一下文化潮流，将看到很多东西。他会感到好像一下子陷进了一个温暖的海洋，就像一个在湖中游泳的人靠近一个热泉的源头一样。他觉得：这水肯定是由别的更深的源头涌上来，但周身环绕的水流遮住了源头，而这些水无疑来自一个浅得多的地方。那些参加艺术节的人必定被认为是不合时宜的人。他们在这个时代找不到自己的家园。然而在其他地方，他们不仅可以找到自己的解释，还可以找到自己存在的理由。我越来越清楚地认识到，那些“有文化的人”，只要是时代的产物，他们对瓦格纳的思想和行为便只能通过讽刺式的模仿才能领略——就像所有的事情和每一件事情被模仿的那样——他们只愿意借助滑稽小报的毫无光彩的灯光看待拜洛伊特发生的事件，并且满足于这讽刺式的模仿。在这种讽刺式的模仿中间爆发出一种陌生化与敌视的精神，完全可以寻找一种与此不同的方式和道路，有时候确实也这样做了。这种矛盾对立关系的紧张和尖锐想必也逃不过文化观察者的眼睛。单个的人在他平凡的一生中可以创造出一种全新的事物，这在那些像信奉一个道德法则一样坚信万物发展缓慢渐进的人看来是令人气愤的事情。他们自己迟缓，要求他人亦如此，如今突然间看到一个无比迅捷的人，不知道他何以如此，进而对他产生怨愤。拜洛伊特行动，没有先兆，没有过渡，也没有中介；通往目的地的漫漫长路以及目标本身只有瓦格纳一人明了。这是艺术世界的第一次环球旅行，这期间不仅发现一种新的艺术，更发现了艺术本身。与此相对照，所有迄今为止的所谓现代艺术显得要么消极遁世、枯萎，要么奢华粉饰，总之，都失去了价值。就连我们这些新人从希腊人那里学来的真正的艺术，如果艺术本身未被赋予新的思想，那么，对它的不自信的和不愉快的回忆也可以暂告一段落。很多事物到了消亡的时候，新的艺术是一位预言家，她预言了不仅仅是艺术的没落。对她的讽刺式的模仿的嘲笑沉寂下去。从这一刻起，她那警告的手在我们当今的教育界成了十分可怕的东西。但愿它还有短暂的时间欢笑！

而我们这些复活的新艺术的追随者有时间和意愿欢笑。迄今为止教育界对艺术的喋喋不休的聒噪和指责我们现在看来是多么无耻和纠缠不休啊！所有的事都促使我们保持沉默，保持毕达哥拉斯式的五年的沉默。我们之中谁没有在令人作呕的现代教育中玷污我们双手和心灵呢，谁不需要净化我们的圣水，谁不在聆听那警告的声音：保持沉默！保持纯洁！保持沉默！保持纯洁！只有聆听这声音，我们才有可能分享看待拜洛伊特事件的伟大眼光。只有在这种眼光中才有这个事件的伟大的未来。

1872年5月的那一天，在拜洛伊特城的一个高坡上，在天空的阴霾下，风雨交加中，瓦格纳在奠定了基石之后，和我们中的几个人坐车返回城中。一路上，瓦格纳保持沉默，用一种难以一言形容的眼光长久地注视着自己的内心。从这一天起，他步入花甲之年。先前的一切都是为这一刻做的准备。我们知道，当一个人面临巨大的危险或是必须做出生命中的一个重大决定时，会很快地将视线投射到内心，将所有经历过的事情琢磨一遍，以少有的敏锐重新认识遥远和迫近的事件。当亚历山大一世将亚欧两种文化融合到一起的时候，他在自己的内心看到了什么呢？瓦格纳当时在自己的内心又看到了什么——他曾经是什么，现在怎样，将来又如何——对此，我们，他最亲近的人，可以在某种程度上有所领悟。正是用这种瓦格纳式的眼光我们才能理解了他的伟大行为。

二

倘若某个人极善于又极乐于做的事情没有在他的生命轨迹中显现出来，那将是一件很奇怪的事情。事实上，凡是资质超群的人，他们的一生不仅像平常人的一生一样成为其性格的写照，而且尤其成为他们智力和能力的反映。史诗诗人的一生，比如歌德，虽然德国人老是毫无道理地把他看作是一位诗人，在某种程度上会带有史诗的意味，而戏剧家的一生无疑带有一定的戏剧成分。

瓦格纳一生中戏剧成分是不容忽视的。从他身上起主导作用的激情开始自觉，集聚起他所有的天性的那一刻起，他身上那种摸索的，漫游的杂念丛生的状态便消失了。在他的充满冒险的曲曲折折的发展道路中，有一种惟一的内心法则，一种意志支配着他。他所走过的道路以及所经历的变化可以由此做出解释，尽管这种解释可能听起来让人惊奇。瓦格纳的一生中有一个前戏剧期，即其童年和少年时期。他这一段经历中可以说充满了谜。那时他的自我尚未觉醒。现在回过头来看他的过去，那些可以称之为先兆的东西在当时不过是他身上一些特征的集合，这些特征更多的是让人担忧而不是给人希望。这是一种不安、敏感的精神，一种神经质的追逐，急于求成，一种对近似病态的紧张情绪的愉悦，一种从心灵的宁静到暴力和喧嚣的毫无过渡的跳跃。严厉的代代相传的和家族的艺术传统没有能够束缚笼络住他。绘画，文学，表演，音乐，他无一不涉足，并接受了正规学究式的教育。这在他甚至可以成为一种形式的未来，一种学究的未来。表面看来，他好像生来就是这样一个博而不专的人一样。他生长的小世界不可能成为艺术家的家园。他有一种危险的欲望，不断进行种种精神上的尝试，同样，他也非常喜欢学者充斥的城市特有的那种混沌。感知被轻易地激发起来，却得不到真正的满足。这个孩子目之所及是一些奇特的早熟而富有进取心的人，耳边是花哨的戏剧音乐，发出可笑的压迫灵魂的嘈杂之音，两者形成奇特的对比，稍做比较我们就会发现：现代人中那些天赋极高的人往往在其青少年时期缺乏童稚和单纯的自我意识。像歌德和瓦格纳这些社会中的少数童心未泯的人，也是直到成年之后才找回童年失去的纯真。尤其那些天生具有无限模仿能力的艺术家更容易像害儿童病似的受到这种现代生活的缺乏活力的多面性的侵害。他们少年时期看上去必定是老气横秋，丝毫没有他们这个年龄的少年应有的样子。《尼伯龙根的指环》中西格弗里德的形象就是这种极其严肃的少年的缩影。这样的形象只可能出自一个男人，一个很久以后才找回自己青春的男人。像瓦格纳这样成年以后才回归自己青春的人可以说至少在这一点上是一个先知先觉的天性的一个反例吧。

一旦他步入精神和道德的成年，他生命中的戏剧阶段便随之开始了。他现在看起来是多么不一样啊！他的天性一下子变得简单之极，分裂为两种本能或两种境界：下面一层奔涌着激情，要冲过一切道路和沟壑迎接光明，争取强权。这种意志只有在一种完全纯洁的自由的力量引导下才有可能走向善与益，它若与狭隘的精神为伍，则可能在不惜代价追求和奋斗的过程中最终陷入灾难。总而言之，必须找到一条通往自由的道路，去拥抱阳光和空气。一种强烈的追求如若不断地让人遭受失败的打击，那将多么令人恼火和愤怒啊。种种缺陷和失败可能仅仅由于环境和命运的不可抗拒而导致，而完全不在于人力量的不足。但是，那些一生中不能停止追求的人却因此变得沮丧而过于敏感，丧失了公正的判断。也许他会在其他的地方寻找自己失败的原因，在盛怒之下对整个世界不公。也许他会因此走向歧途，也许会转而施行暴力：由此，好的天性在求善的过程中也会变得粗野；即使在那些独善其身的人——隐居者和僧侣——中间也有这种粗野的、病态的情况存在，甚至有些人完全被失败瓦解和吞噬掉了。而在瓦格纳身边有一个慈爱、善良、无限温柔甜蜜的精灵守候着，这精灵痛恨暴力，痛恨自我毁灭，不愿看到人受制于物。她用自己的翅膀保护着他，指引着他前进。现在，让我们将视线投向瓦格纳天性的另一面。然而我们又如何描写他呢？

艺术家塑造的形象固然不等同于艺术家本身，但他作品中人物形象出现的顺序显然与他的内心情感密切相关，由此可以透视出艺术家内心的某些东西。我们看一看恩泽漂泊的荷兰人，桑塔，汤豪泽，伊丽莎白，洛亨格林，伊丽莎，特里斯坦和马克，汉斯萨克斯，沃坦和布林费尔德，这些人物形象中间贯穿着一条道德升华和日臻完美的暗流，河水越来越纯洁，越来越清澈。我们站在这里，站在瓦格纳心灵世界面前，尽管还带有一丝羞怯和审慎。哪一个艺术家可以与他并驾齐驱？席勒笔下的形象，从强盗到华伦斯坦和泰勒也经历了这样一条道德的升华的道路，这些人物形象同样也显示出他们的创造者的内心发展。不过这在瓦格纳表现得更为强烈，发展道路也更为漫长。不仅神话故事本身，还有音乐以及所有的一切都成为它的载体，表现了这一发展过程。在《尼伯龙根的指环》中我找到了我所听到过的最圣洁的音乐。比如在布林费尔德被西格弗里德唤醒的那一幕，音乐到达了一个高音，一种气氛的高潮，这让人想起阿尔卑斯山雪峰的光辉，那样纯洁、孤独，高不可及，无怨无求，被爱情之光所环绕。自然从这里升起：云和雨，甚至崇高的东西无不在其之下。我们从这里回首《汤豪泽》和《漂泊的荷兰人》，可以感觉到瓦格纳其人的成长，他如何在懵懂和躁动不安中狂热地寻求满足，渴望权力和令人心醉的享受，却时常厌恶地掉首而归；他如何期盼丢掉包袱，渴望忘记、否认和断念——这条河流一会儿涌向这条山谷，一会儿涌向那边山涧，不断地在黑魆魆的沟壑中奔突汹涌。在这近乎地下的挖掘的黑夜之中，一颗星高悬在他的上空，放射着悲伤的光芒。他称之为忠诚，无私的忠诚。她为何照耀得如此明亮，如此纯洁，比其他东西更深地眷顾着他？忠诚这个词对瓦格纳来讲包含着怎样的秘密？瓦格纳在其思想和写作的过程中鲜明地塑造了忠诚的形象和问题。忠诚在他的作品中几乎成了贯穿始终的形象，以各种不同的面目层出不穷，其中包括最美而最少被人感知的忠诚：兄弟对姐妹，朋友对朋友，奴仆对主人，伊丽莎白对汤豪泽，桑塔对荷兰人，依尔莎对洛亨格林，伊佐尔德，库娥娜尔及马尔克对特里斯坦，沃坦对布林费尔德的最衷心的祝福——这样的例子在瓦格纳的作品中举不胜举。这是瓦格纳的切身体验和由此得出的最直接的经验，是他像尊崇一个宗教秘密一样予以崇敬的东西。他把它称为忠诚，并不辞辛苦地以不计其数的形象加以表现，满怀感激地奉献出他所拥有和他所能赋予的最美妙的礼物——这是自我的一面对另一面的忠诚，出于最无私的爱保持的忠诚，创造性的纯洁而朴素的自我对混沌的不驯的暴戾的自我的忠诚。

三

在这两种内心力量的较量中，在一种力量对另一种力量的忘我献身中包含着伟大的必然性。这是他可以借以保持自我的东西。每当他眼看着不忠诚的种种诱惑及其可怕的危险不断迫近时，这也是他惟一不能控制而只能观察和接受的东西。这是成长中的烦恼的源头。他的每一种冲动都想冲向不可测的无限，他身上每一种热爱生命的天赋都想自行挣脱，寻求自己的满足。这样的冲动和天赋越多，情形便越混乱。它们之间的交叉便越不友好。偶然和生命要争取它们的权力，光彩和火热的激情；而不得不生存的无情的困境更使他痛苦；到处是枷锁和陷阱。如何才能保持忠诚，保持完整的自我——这种怀疑常常侵袭他。这时，他便像艺术家产生怀疑时通常所做的那样，以艺术形象把这种情绪表现出来：伊丽莎白能够替汤豪泽做的也只是祈祷，受难和最终死去，她以她的忠诚拯救了这个善变而狂放不羁的人，但却不是今生。被抛到当今时代的艺术家，他的一生是充满危险和令人绝望的。他可以多种形式赢得荣誉和权力，安宁和享受也会频频眷顾，但总是以世俗之人所接受的方式。这对一个艺术家来说不啻为令人窒息的烟雾。艺术家在现代生活中的危险在于世俗的诱惑和对这些诱惑的抵制，在于他们对以现代方式追求荣誉和权力的不齿和对当今诗人自私自利的享乐的气愤。世人总是按照自己的想象来看待他们——像瓦格纳，人们认定他是城市和宫廷小乐队的指挥。严肃的艺术家以无比严肃的态度创作着音乐，然而现代的种种机构却几乎全是以轻率来建造，并要求轻率的。在这种情形之下，这位虽则艺术家间或有成功之作，而总体却告失败。我们看到他如何生出厌恶，想要逃避，却找不到逃遁之所。他一而再，再而三地到吉卜赛人和被我们的文化排除在外的人那里找到归宿。他努力挣脱了一个居所，却很少能找到另一个更好的归处，有时不免陷入困境。我们看到，瓦格纳不断地变换城市，伴侣和国家。我们无法想象，他是在怎样的情形下竟然还是暂时忍耐了一段时间，他迄今为止的生涯之中，大半部分都笼罩在一层沉重的烟雾之下。看上去，他似乎不想再回到普遍，而只想得过且过，他虽然从不怀疑，却也从未相信，就像一个漫游者在暗夜中前行，荷着沉重的包袱，疲惫不堪，但整夜激动不已。这时候，死对他来说恐怕不是一桩可怕的事情，而是一个幽灵的甜蜜的诱惑。包袱，长路，黑夜——所有这一切突然之间消失！——这听起来是多么具有诱惑力啊！多少次他重新鼓起短暂的希望回到现实，把所有的幽灵抛到脑后，然而，就在他这种行为方式之中总是隐约透出一种无度和极端，这是一种征兆，表明他并不曾深信这种希望，而只不过为它所迷醉。他一方面在渴求，而另一方面又通常无法完全得到满足，在这种矛盾中备受煎熬，因长久得不到满足而愤懑，待到情形稍稍缓解，他便失去了狂放不羁的念头。生活越来越复杂，他作为戏剧家所发现的方式和出路也越来越大胆而具创造性，尽管这些方式不过是戏剧的权宜之计，各种动机造成的片刻的假象，为瞬间的创作提供的短暂的构思。他闪电般地将其攫住，很快便也用尽了。如果我们不带任何感情地近观瓦格纳的一生，会发现很多喜剧性的东西，一种奇特的看似荒谬的东西，这不禁让人想起叔本华对他的某些评价。对于一个更甚于任何其他人只能在崇高和最崇高的空气才能自由呼吸的艺术家来说，这样的感受，这样一种生命轨迹中近乎荒谬的毫无尊严的坦白一位意味着什么，这的确引人深思。

瓦格纳这样的追求须经过仔细的描摹之后才能在我们心中引起恰当的怜悯，恐惧或尊敬。瓦格纳在他的求索的过程中显示出一种在善于学习的德国人中也并不多见的学习天赋，恰恰在这种天赋中隐含着一个新的危险，它甚至比无根的不稳定的不断被躁动和疯狂所驱使的生命所带来的危险更有过之而无不及。瓦格纳从一个摸索探寻的新手成长为音乐和舞台的全能大师及各个技术领域的发明家和开拓者，没有人可与之齐肩，他被尊为无与伦比的表演艺术的最高典范。不仅如此，他为了成就各种事业，还努力学会了最高的文化。真是令人尊重啊！让我们看一看他是如何做的，确是一种享受。知识从各个方面不断积累，不断增长。建筑越高、越重，联结它的归纳和思考的桥梁就越坚实。然而，他找到科学和技艺的入口之难几乎无人可比。他常常即兴创作。简单戏剧的改革者、艺术在真正的人的社会中的位置的发现者、以创作诠释对以往生活的观察的作家、哲学家、历史学家、美学家和批评家瓦格纳，语言大师、神话学家和神话诗人瓦格纳第一次给神圣的古代艺术典范画上了休止符，并将自己的精神之符镌刻其上。他必须如何渊博才能有此成就！他的学识并没有将他的意愿变为行动，个别颇具吸引力的学问也没有将他引向别处。我们比较一个相反的例子便可以知晓瓦格纳的伟大。歌德作为一个学习和认知的人就像一条支流众多的大河，它没有把全部力量输送到海洋，而是在九曲回肠中流失掉至少一半的水流。不错，像歌德这样的性格更使人感到安逸。歌德的身上充溢着平和和高贵挥霍的气质，而瓦格纳奔涌的气势或许令人害怕，甚至会把人吓跑。就让那些人害怕吧：我们这些与之不同的人有幸亲眼看到一个对现代教育“没有学会害怕”的人将受到鼓舞，信心倍增。

他同样没有学会通过学习历史和哲学求得宁静，吸收其奇妙的使人平和与无为的成分，为己所用。瓦格纳身上创造的和奋争的艺术家都没有通过学习和教育偏离自己的人生轨道。恰恰相反，一旦他身上的创造力爆发，历史在他的手中便成了灵活多变的音符，而他与历史的关系变得与其他艺术家与历史的关系大不相同，它更类似于希腊人对他们的神话的态度，而不似对自己所塑造和创造的对象的关系——尽管饱含爱和某种羞怯的虔诚，但对其创造物毕竟具有一种控制权。恰恰因为历史在他比任何梦幻更具有可塑性和可变性，他才可以在单个的事件中反映出整个时代的特点，达到表现的“真”的境界。罗恩格林如此生动地再现了骑士风格的中世纪风情，其他作品哪一部可与之媲美？名歌手难道不会对后世继续讲述德国人吗？不仅仅讲述，他们还将成为德国性格的最成熟的果实之一——要改革，不要革命，在舒适的温床上而没有遗忘革新的精神这种最高贵的不惬意。

这种不惬意正是瓦格纳研习历史和哲学的结果：他在历史和哲学中不仅找到了武器和弹药，更感受到从伟大的奋斗者，受难者和思想者的墓穴中传来令人心醉的气息。最能区别于当世的莫过于借鉴历史和哲学。按照一般人的理解，前者的作用在于让艰辛地匍匐前行的现代人喘一口气，使他们有片刻的如释重负之感。蒙田所推崇的改革精神的灵活，即内心的淡泊宁静，平和的独善其身和寿终正寝——他的最佳读者莎士比亚想必是这样感受的——这也是我们当代精神的历史观。几个世纪以来，德国人一直热心从事历史研究表明这是新时代进程中的一种阻碍的、延缓的、平息的力量：某些人或许可以对此奉上几句颂扬之辞。总的来看，这却是一个危险的信号。倘若一个民族的精神的抗争主要针对过去的话，这将是一种萎缩、退步和衰老的征兆，经不起任何侵害性的热病，如政治热度的袭击。而我们的饱学之士在当代精神的历史上便呈现出这样一种与所有革新的和革命的运动相反的虚弱状态。他们没有给自己提出一个可以引以自豪的任务，而是满足现状，固步自封。那更自由、更阳刚的步伐即使触及到历史本身，也丝毫触及不到我们的学者们。历史尚有如瓦格纳所感到的其他的力量：只是它必须在严肃而严厉得多的意义上，由一个强有力的心灵以一种与德国学者迄今为止研究和书写历史的乐观完全不同的方式来书写。当代德国学者的工作中有一种美化的，谦卑而知足的倾向。万物的发展状况在他们看来是最合适不过了。如果有人只是因为事情有可能变得更糟而对现状表示满意，就可能因此而受到责难。大多数学者不自觉地相信，事物的现状即是好的。如果历史学不是改头换面的基督教的宣传工具，它定会被书写得更加公正而富有激情，而不会是它迄今所充当的角色：麻痹巨变和革新的力量的鸦片制剂。哲学亦然：多数学者只想从中获得对事物的一个粗略的极其粗略的认识，以便自己可以去适应它。即使他们中最高贵的代表也极力强调它的镇静和慰藉作用，以至于那些慵懒和思想迟钝的人认为，他们所寻找的正是哲学所追求的。而我认为，所有的哲学应提出这样一个最重要的问题，即万物在何种程度上具有永恒不变的形式和形象。以便在找到这个问题的答案之后，无所畏惧地改善世界的被认为是可变的一面。即使真正的哲学家也是通过行动，通过纠正和提高人们的可变的认识而不是固守自己的智慧来这样教导人们。像瓦格纳这样的真正的哲学家的真正的信徒从他们的教导中汲取果断和坚决而不是昏睡的果汁，为己所用。瓦格纳身上的勇于实践和英勇无畏使他成为一个哲学家。他不仅毫无惧色地穿过不同哲学派别的烈火，而且义无反顾地穿过知识和博学的烟雾，而对他的自我保持忠诚。他的自我要求他的本质的各个方面共同采取行动，让他经受痛苦并从中获得教益，以完成自己的事业。

四

如果我们只计算历史真正前行的里程而不计其停滞、倒退、犹豫和潜行的阶段，那么，自希腊以来，人类文明的发展史其实很短。世界的希腊化和为此所进行的希腊的东方化——亚历山大大帝的双重使命——仍旧是最近的伟大事件；异族文化能否被同化这个古老的话题，依旧是后人费尽心机致力解决的问题，这两个因素的循环往复决定了历史前进的脚步。例如，基督教本是被透彻地思考和深入地实践了的古老的东方文化的组成部分，它的影响减退之后，希腊文化的势力才又逐渐加强。我们会经历这样或那样的陌生的现象，如果不跨过事件的颓垣，返回到希腊时代，衔接起似曾相识的事物，那么，陌生的事物便会云一般飘浮在空中，令人难以捉摸。在康德和伊利亚学派，叔本华和恩培多克勒，埃斯库罗斯和瓦格纳之间有着如此的相近和千丝万缕的联系，不由得让人想起时间概念的相对性。似乎有些事情本是一体，只是由于时间的云雾的遮蔽，我们的眼睛看不到它们之间的联系而已。尤其是，严格意义上的科学的发展史使我们有重返亚历山大大帝统治下的希腊王国之感，仿佛历史时钟的巨摆摆回到它的出发点，接着又向着谜一样的远方和不可知摆去。我们当今的时代绝不是什么全新的形象。每一个了解历史的人会从当今时代的图画中找到古老的熟悉的踪迹。希腊文化的精神散布于我们现代生活的各个角落。当各种权势互相冲突排斥，现代科学和技艺的丰硕成果可以为我们提供交流手段之时，希腊的图像从遥远的地平线幽灵一般升起，渐渐地显露出它淡淡的轮廓。已充分东方化的大地，开始向往希腊精神；谁若想助他一臂之力，他必须有一双飞毛腿，可以很快地在知识世界里奔跑，将相去甚远的各种不同的知识汇总起来，可以在天赋的星球上找到最偏僻的角落，以便纵览和掌握希腊精神的恢宏的画卷。现在便急需这样一批亚历山大时代精神的反对者，他们身强力壮，可以将相隔很远的线重新联结到一起，在希腊画卷破碎之前拯救它。现在的任务不是像亚历山大大帝似的斩断戈尔迪之结，使其飘零四散，而是在其松散之后将其重新织补起来。我在瓦格纳身上找到了这样一个亚历山大时代精神的反对者：他把零星的、衰微的、松散的东西进行整理和汇集。如果允许我用一个医学术语的话，他具有一种收敛的效力：从这个意义，他属于伟大的文化意志之列。他统辖着艺术、宗教和各种民族史，另一方面，他与只会接受和总结的学究们相反：他可以集大成而赋予所总结的东西以秩序和灵魂，是使世界变得简单的人。这是他的天才赋予他的最普遍的使命。而现在，人们一提起瓦格纳，想到的往往是另一种狭隘而低级的使命。两相比较，我们不应为之迷惑。人们期待着他对戏剧进行改革；那么，假设他不负众望，完成这使命，这对更崇高、更远大的使命有何意义呢？

意义在于，现代的人将由此被改变，被革新。在我们的新的世界中，万物彼此关联而融为一体。哪怕只抽出一只铁钉，整幢建筑就会动摇坍塌。每一次真正的改革也有可能成就我们这里所讲的听起来似乎有些夸大其词的瓦格纳这样的事业。若不在习俗和国家、教育和交往等各个领域中进行革新，戏剧就难以发挥其至高至善的作用。爱和公正在某一方面，即在戏剧领域逐渐增强，依据其内部必然性的法则必然扩展到其他方面，不可能再回到旧的滞钝的蛹变状态。我们的艺术在当今生活中的地位表明了这样的生活的畸形。我们的戏剧对它们的作者和观众是莫大的耻辱，为了要了解这一点就必须首先适应一种新的思想，学会把习以为常的司空见惯的事情看作是不平常的和不一般的事情。执行机构的在判断上的少有的混沌，欲盖弥彰的对轻松愉快的追求，不惜一切地追求享受，学究似的谨小慎微，自命不凡，故弄玄虚，企业界对物质利益的贪得无厌的追求，只是在对自己有用或危险时才会想起民众的社会以及它的空洞贫乏，趋之若鹜地云集剧院和音乐厅，却不会因此而想到自己在其中的责任——所有这一切组成了一幅弥漫着迟钝和腐臭空气的当今艺术界世像图。如果人们适应了这种空气并且认为这种空气有益于健康，那么一旦被迫脱离这种空气片刻时间身体就会虚弱之极。只有一种方法可以使人在短时间内相信我们的戏剧界是怎样的无耻，怎样奇特而错综复杂的无耻：我们只能拿希腊戏剧的古昔的真实展示给它看。假使我们对希腊一无所知，那我们现在的状况简直无法对付。最先从瓦格纳那里传来的意见被世人当做找不到家园的痴人们的梦呓。对民众来讲，这样一种戏剧就足够，也合适于他们。他们从来就不曾是其他样子！他们当然有过其他的样子！即使现在也有一些人对现在的戏剧不满意——拜洛伊特发生的事情就证明了这一点。你们在这里可以发现已经做好准备的热忱的观众，找到站在幸福之巅并在幸福之中奋起追求更高意志的人们，找到艺术家的献身精神，找到戏剧中的戏剧，作品的最成功的作者，艺术行为的最成功的化身。现实中存在着这样的现象难道不像魔术一样吗？凡是参与其中的人怎会不经历一场变化和革新并以此给生活的其他领域也带来变化和革新呢？怎会不在荒芜的远方找到一湾海港？那水面之上怎会不波平如镜呢？每一个从这深沉而孤独的氛围中返回到贫乏而平凡的现实中的人谁不是像伊佐尔德那样频频自问：“我如何能忍受？我如何能忍受？”如果他不能忍受将幸福与不幸藏在自己心中，便会从现在起借每一个机会将内心的情感用行动表达出来。他会问：是谁在受当今机构之苦？谁是可以与我们一起对抗现今的天然的兄弟？因为以前我们只有一个敌人——以前——正是那种“有教养的人”对他们来讲，拜洛伊特这个名字是他们最惨重的失败之一——他们没有鼎力相助，他们对此忿忿敌视，抑或摆出一副失聪的样子，这办法更行之有效，于是乎渐渐成了对手们的通用武器。而我们从中可以得知，他们哪怕用敌视和诡计也丝毫无损于瓦格纳的精神，也不能阻止瓦格纳的作品的传播。不仅如此，他们如此发作恰恰暴露了自己的软弱和不堪一击！权力所有者对瓦格纳的抵制和排斥已经受不住几次进攻。对那些积极争取胜利和渴望征服的人来说，他们的时刻到来了。伟大的王国敞开大门，如果还有所谓“所有物”的话，他的所有人的名字上被打上一个问号。教育大厦摇摇欲坠，随处可见悄无声息地离开大厦的人。我们能否促使那些的的确确对此不满的人公开反对和与之对抗呢？我们能否使他们摆脱令人气馁的胆怯呢？我知道，如果把这一部分人对我们整个教育界的默默无闻的贡献抹煞掉，那将是极其严重的血液流失，肌体将因此受到极大的削弱。那样，旧有的学者队伍中剩下来的就只有被政治的疯狂所感染的人和各式各样的文人。这个面目可憎的家伙现在正借助权力和不公正的势力，倚仗政府和社会积蓄自己的力量，并从中牟取私利。他变得越来越凶残，越来越无所顾忌。实际上，如果没有这些倚仗，他就会虚弱得不堪一击。我们只需蔑视他，他就会被击垮。那些为了人与人之间的爱和公正而战斗的人最不畏惧他。因为他们一直与他的守护神进行着坚持不懈的斗争，现在他们真正的敌人就在眼前，他们所做的只是把革命进行到底。

拜洛伊特于我们就像战斗清晨的庄严的仪式。我们所受到的最大的不公正恐怕就是人们认为我们只是为艺术而战，似乎艺术是一剂灵丹妙药或是麻醉剂，可以借此摆脱世间的其他烦忧似的。我们在拜洛伊特的悲剧艺术作品中恰恰看到了个人对权力、法规、习俗及事物的全部秩序等等看似不可抗拒的必然的事物的抗争。对个人来讲，生适中最大的幸福莫过于在为争取公正和爱的战斗中奋战至死，以此获得成熟和牺牲。悲剧的神秘的眼睛注视着我们，这眼光不是使人昏昏欲睡，而是使人振奋的。虽然当她注视我们的时候，带给我们的是宁静祥和——因为艺术不是为战斗而生，而是为战前的肃穆，战争的间歇和战后的安宁而存在的。同时她也是将来回首或展望未来时的象征。因为每当人们精神稍许倦怠时，会不由自主地做一个令人神清气爽的梦。清晨和战斗就要来临，神圣的影子悄悄退去，艺术一下子又远离我们。但她带给我们的慰藉从清晨一直伴随着我们。如果不是在战斗开始之前被净化到一个超个人的境界，他们能够以怎样的情绪迎接战斗呢？个人最大的悲哀莫过于人与人的无法沟通，对终极认识的困惑以及能力的不平衡。所有这一切都促使人追求艺术。只要我们的生活还充满痛苦，并给人带来痛苦，我们就不可能幸福。只要人类活动的进程还由权力、虚妄和不公正决定，人类就不可能有高尚的道德。人类甚至不会变得聪明，如果人类仍然不渴求智慧，并把单个的人以最聪明的方式引入生活和知识。如果人类没有在斗争、死亡和没落中发现某种崇高的意义，如果他们没有在悲剧中学会欣赏伟大的激情的节奏韵律和为伟大的激情献身的精神，何以忍受这三重不如意的压迫？当然，对于迫在眉睫的具体的事情，艺术不是教员或教育家，艺术家在这个意义上也从未充当过教育家或建议者。悲剧主人公为之献身的东西并不一定本身就具有值得这样的价值。当我们感觉到身处艺术的魔圈之内时，我们对事物的评价就像在梦中一样。我们认为悲剧主人公为之献身的东西在真正的生活并不一定适用。艺术所表现的斗争是生活中真正的斗争的简化。他所表现的问题是生活中错综复杂，永无止境的愿望与行为之间差距的计量。艺术之所以伟大，之所以须臾不可缺，原因在于它激发了被简化了的世界的表象，引出了生活之谜的剪短了的答案。凡是在生活中饱尝艰辛的人，都需要这个表象，就像所有的人都要睡眠一样。对生活法则的认识越难，我们对简化的表象的渴求就越强烈——哪怕只有片刻时间。普遍认识与精神道德之间的距离也就越大，为了使弦不至于绷断，我们有了艺术。

个人应该被升华到超个人的境界——这是悲剧的目标；悲剧应该使人摆脱死亡和时间给个人带来的可怕的恐惧。因为在我们的生命的轨迹中，可能就在转瞬和喘息间，我们会经历超越所有斗争和困苦的伟大时刻——这就叫做“悲剧意识”。如果有一天整个人类必须死去——有谁敢对此怀疑！——那么，人类面对未来的最高任务便是万众一心，以悲剧意识面对即将到来的灭亡；这最高任务中包含着人类高尚化的过程；人类最终被逐将是每一个热爱人类的人所能想象的最惨淡的图画。我是这样感觉的！人类的未来只有一个希望，一个保证，那就是悲剧意识永存不灭。如果人类有一天完全丧失它，地球上会爆发出无法形容的哀啼；那时候，再没有比知道我们了解的事情更令人兴奋的事情了：那就是，悲剧思想重新诞生，因为这件乐事是一件完全超个人的普遍的乐事，是对人类找到相互联系和继续生存的欢呼。

五

瓦格纳将当今与过去的生活置于认知的光柱之下细细观察，借助这光柱的强光他可以看到深不可测的远方，从这个意义上，他是使世界简单化的人。因为世界的简单化就在于用认知的眼光在一团杂乱无章的事物中找到秩序，把先前看似散乱无序的事物聚为一体。瓦格纳便是这样做的。他在两个看似毫不相干相互陌生的两个事物之间发现某种联系。这就是音乐与生活、音乐与戏剧之间的关系。并不是说他发明或创造了这种关系。这种关系本已存在，就躺在每个人的脚下。每个伟大的问题就像宝石一样躺在每个人的脚下，而无数的人对它视而不见，只有一个人将它捧起。瓦格纳自问：在新人的生活中恰恰诞生了这样一种充满无与伦比的力量的音乐艺术，这意味着什么？无须超脱生活本身就可发现问题；如果我们细细揣摩这种生活所特有的伟大的力量并勾勒一个不断追求有意识的自由和思想的独立的求索者的形象——那么，音乐在这个世界中就显得谜一般难以捉摸了。这时人们不得不说：这样的时代无法产生音乐！那么音乐的存在又是什么呢？是偶然吗？当然，单个的伟大的艺术家的出现可能是偶然现象，但一连串的伟大的艺术家的产生——像近代的音乐发展所展现的样子——这样的繁荣至今只是在古希腊时期出现过——不由得人不深思：这不是偶然的原因，而是必然的结果。这种必然性正是瓦格纳试图解答的问题。

首先他认识到某种困境，它无所不在，覆盖了人类所创造的全部文明：语言受病的状态随处可见，人类的整个发展史承受着这巨大的病症的压迫，由于语言不断地尽其所能将其枝蔓伸展至极限，以便尽力远离强烈的感情波动——这原本是它可以朴素地表达的内容——而去理解与之相对的思想王国，因而，它的力量在不断扩张的过程中，在人类新的文明的短暂时间里消耗殆尽，以至于完全丧失了它之所以存在的理由，即受苦受难的人相互交流倾诉的需要。人在困难的时候找不到可以倾诉的语言。在这种混沌状态之下，语言成了相对独立的力量，像幽灵的臂膀一样将人攫住并任意将人们推到他们并不想去的地方。人们从相互沟通并融为一体开始，便有了一个追求普遍的概念和纯粹的语音的几近疯狂的念头，由于语言不再能够表情达意，这种群体意志的产物凡是在不能表达人类困境而只是空洞的泛泛之言的地方，便重新带上了不可沟通的特点。于是，人类在自身的苦难之上又加上了一层习俗的苦难，即在感情未得到沟通之时却追求语句和行为的统一，就像每一种艺术在其没落的过程中都会到达这样一种境地，即语言的病态蔓延的方法和形式像暴君一样专横地压在艺术家稚弱的心灵之上，并把他们变成自己的奴隶。现在，在语言没落的过程中，人成了词语的奴隶。在这种沉重的压迫之下，没有人再敢表现自己和无拘无束地开口说话，少有人能够在与“教育”的斗争中保持自己的个性。这种教育不是以引导人们清晰地感知和发现自己的需求为胜利，而是以把个人编进“清晰的概念”的网中为自己的成功。如果教育不能成功地把人变成正确感知的人，那么，教育他正确地思考和判断又有什么意义呢？在人类伤痕累累的情况下，我们德国音乐大使的音乐奏响。有什么可供演奏的呢？只有正确的感知——所有的习俗，人为的异化，人与人的无法沟通的敌人。这种音乐是回归自然之音，同时也是对自然的净化和改变。因为那最可爱的人会从心灵深处迸发出回归自然的渴望，并在他们的艺术中以爱的形式表达出来。我们把这作为瓦格纳对“音乐在我们这个时代意味着什么”这个问题的回答之一。对此，他还有第二个答案。音乐与时代的关系不仅仅是一种形式的语言与另一种形式的语言的关系，同时还是完美的听觉世界与完整的视觉世界的关系。新人的存在作为一种表象被眼睛吸收，与生活中以前的表象相比较，新人就显得无比贫乏和疲惫，尽管表面看起来它是如此缤纷。乍看起来，新人的表象给感官以愉悦，但只要眼光稍稍敏锐一些就会发现：五彩斑斓的表象实际上支离破碎，不过是从祖先那里暂借来的无数碎石和断片的光辉。这难道不是非己所有的华丽，曲意模仿的动作，矫揉造作的外表，给衣不蔽体的瑟瑟发抖的人穿得斑斑驳驳、破破烂烂的衣衫？强迫受苦受难的人跳的快乐的舞蹈？奄奄一息的人硬做出的高傲的表情？在轻捷的动作和如风的旋转下掩盖着的是残酷的昏迷，啮人的不安，忙碌的无聊，虚伪的悲惨。现代人的形象成了纯粹的假象。他所表现的不是使自己的形象显现出来，而是将他隐匿起来。所剩无几的具有创造力的艺术活动——那种在某些民族，例如在法兰西和意大利民族中依然存在的艺术活动——被用于这种捉迷藏式的艺术活动。但凡追求形式的地方，无论是聚会、言谈、作家的写作抑或是国与国的交往，人们不自觉地把它理解为一种令人愉悦的表象。实际上，“形式”的真正意义即一种必然的现象与此正相反，它与“愉悦”不“愉悦”丝毫没有关系，因为它是一种必然，而不是随意。非但如此，即使在那些不明确追求形式的文明社会里，人们也不占有必然的形象，他们至少同样孜孜不倦地追求“形式”，只是不那么喜不自胜而已。真正的表象如何令人愉悦，为什么每个人都喜爱它，这一点每一个现代人至少可以在自己身上感受到。塔索说：“只有在橹舰上划船的奴隶相互了解——而我们故意奉承对方，以便对方同样奉承我们。”

在这种刻意追求形式和曲意奉承的世界上出现了充溢着音乐的心灵——为了什么目的呢？它们跟随着伟大的自由的“节奏”，带着一种高贵的诚实，充满超个人的激情，在音乐的强大而安宁的盛火中闪闪发光，这音乐和盛火从取之不尽、用之不竭的深处源源不断地流淌出来，见到天日。这一切是为了什么？

音乐通过这些心灵寻找自己的姐妹“造型艺术”，这是她在有形世界里必然的形象。在寻找造型的过程中，音乐成了现代的虚伪的表象和现象世界的审判官。这就是瓦格纳对“音乐在我们这个时代意味着什么”这个问题的第二个回答。他对所有能够倾听的心灵呼唤：“帮助我，我的音乐是被重新发现的语言，她已预言了一种文化的产生，请帮助我找到它。想想看，音乐的灵魂现在要塑造一个躯体，通过你们所有的人寻找通往活动、行为、机构、习俗等有形世界的道路！”有些人听到了这呼唤，这样的人越来越多。他们第一次重新认识到：把国家建立在音乐之上意味着什么，这一点希腊人不仅充分理解，而且身体力行。充分理解这一点的希腊人也会不遗余力地谴责我们现在的社会，就像现在大多数人对教会进行激烈抨击一样。我们要达到一个新的并非闻所未闻的目标，就必须首先坦白承认我们现今的教育制度的令人羞愧的缺憾和弊病以及教育制度未能摆脱野蛮状态的原因：它缺少一颗激动人心的陶冶性情的灵魂。现行教育制度的要求和设施是时代的产物，在这样的时代，我们寄予无限信任的音乐尚未诞生。我们的教育制度是现代社会中最落后的图画！与从前的人们相比，我们惟一增加的一种教育力量——也是我们较之前代惟一率先拥有的或者说可能拥有的东西——如果他们不想继续这样毫无头脑地在瞬间的鞭笞下苟活的话——在这一点上，我们落后了。由于他们至今不让音乐的灵魂进驻他们的心灵，所以，他们也没有预感到希腊和瓦格纳的意义上的“形体”这个词。这又是他们的造型艺术家注定毫无希望的原因，只要他们还像现在这样不接纳音乐这个新的视觉世界的导师，就算他们的天赋会增长，但它必定来得不是太早就是太迟，总之不会正合时宜。因为它是多余而毫无效力的，即便是历史上最完美的和最美丽的造型艺术家，当代造型艺术家的典范也是如此，多余而无用，没有任何发展的希望。如果他们在内心观照中看不到任何新的形象，而只是以前的古旧的事物，那么，他们是历史的奴隶，而不是生活的主宰，故而虽生犹死，那么那些拥有真正的丰富的生活的人，只生活在现时的人，即在自己的内心感受到音乐的人，能否通过某种形式、形象或风格被指引到充满未来和希望的境界呢？他将超越这种形式的种种虚空，也不幻想在他理想的听觉世界之外发现某种形象的奇迹，更不期待我们的行将就木的被污染了的语言造就出伟大的作家。他宁愿把深深不满的目光投向完美的现代人，也不愿倾听一些空洞的慰藉之词：如果他没有悲天悯人的火热心肠，他一定会义愤填膺。即使是恶意和嘲讽也比我们的“艺术之友”的沉湎于虚假的愉悦和悄无声息的迷醉要强百倍！然而，即使他不仅仅能极尽否定和讽刺之能事，即使他还能够爱、怜悯和参与，那么他也必须首先否定，以便给他的乐于助人的心灵一个突破口。为了使音乐吸引更多的人，并让他们成为音乐的同道中人，就必须首先给以如此神圣的艺术追求享受的倾向画上一个休止符。我们的艺术得以维持的手段，剧院、博物馆、音乐会等场所得以存在的基础，即那些“艺术之友”，应该予以放逐；国家寄予的厚爱应该转变为厌恶。着意驯化“艺术之友”的公众舆论应该让位于一种更好的判断。从前甚至“艺术之死敌”也被看成真正的有益的同盟军。因为他所反对的就是艺术，“艺术之友”所理解的艺术：他并不了解还有其他的艺术存在！哪怕他会将用于建造剧院和公众纪念碑的，“聘请”他们的“著名的”演唱家和演员的花销以及维持他们的徒劳无益的艺术学府的无意义的浪费统统记到“艺术之友”的头上；他还未提及国民经济为此虚掷了多少人力、物力和财力，空想的“对艺术感兴趣的人”的教育又浪费了多少。这里没有什么饥渴，也没有餍足，而只有一盘对峙的死棋，双方各自摆出一副假象，以迷惑对方；更为糟糕的是：假使人们比较重视艺术，便会要求艺术创造某种饥渴和渴望，把艺术定位于不自然的假造的激动。似乎人们害怕由于对自己感到厌恶和感觉迟钝而走向灭亡，所以他们呼唤所有的恶魔到来，以便可以像野人一样被这些恶魔追逐。他们亟求苦难，愤怒，仇恨，激动，突如其来的恐惧，令人窒息的紧张，而后呼唤艺术家到来，充当驱魔的巫师。艺术在我们的有教养人的心灵中变成了一种完全被击垮的，至少可耻的，丧失了尊严的需求，不是微不足道，就是邪恶之极。比之略胜一筹，然而也更少见的艺术家像是受困于一个使人麻木的梦魇似的对这些现象视而不见，只是迟疑而不自信地幽灵一般地重复着臆想中从远处传来的模糊而美丽的片言只语，而现代的艺术家则鄙视他们的高贵的同盟者的恍惚的试探和言辞，用一根绳索拴住激情和丑陋相混合的汪汪狂吠的犬群，等待时机放猎犬去啮咬现代人。这些现代人希望被驱赶，受伤害和被撕碎而不愿意与静静地与自我独处，与自我！——现代人一想到与己独处就不寒而栗。这是他们的恐惧和对幽灵的害怕。

每当我在人口众多的城市看到成千上万的人脸上带着迟钝或匆忙的表情从我身边匆匆走过，就会想：他们一定心情抑郁。对他们来讲，艺术之所以存在就是使他们情绪更糟，更加迟钝和无意义，或者更加匆忙，更加贪耍。因为不正确的感知正不知疲倦地训练和驯化他们，决不允许他们承认自己的苦难；他们若想诉说，习俗就会在他们的耳边悄声低语，使他们全然忘却自己本想说的话；他们若想互相交流，他们的理智就会像遭了魔法一样陷于瘫痪，以致把不幸叫做幸福。这样，个人的不幸又把他们紧紧相连。于是，他们降低自己，完全成了不正确的感知的无头脑的奴隶。

六

我想仅仅举两个例子说明在我们这个时代感知是如何错位，而时代如何对此毫无知觉。从前人们带着一种诚实的高贵蔑视那些以钱谋商的人，尽管他们很需要钱。人们对自己承认：每个社会都需要内脏。而现在，它已经完全占据了现代人的心灵，成了最值得人追求的东西。从前，人们告诫自己不要过分注重现时和瞬间，不主张崇尚实物而赞赏发古今之幽思。而现在，只有一种严肃在现代人的心灵中保留下来，这就是对报刊、电报所带来的新闻消息的重视。为了充分利用此时此刻，为了能够从中获利，尽快对它做出评价。——我们可以认为，在现代人中只有一种美德得以发扬光大，那是一种沉着果断，遗憾的是这实际上是一种肮脏的无厌的贪欲和窥视欲。精神是否真的存在——这一点还是留待未来审判官把现代人用筛子一一过滤以后再作评判吧。有一点我们现在就可以断言：这个时代是如此无耻。因为以前的高贵的时代所崇尚的事物在这个时代被贬得一钱不值，即使现代人获得了过去时代遗留下的智慧和艺术的全部宝藏，穿戴着过去时代的最瑰丽的衣饰以显示出他的无比的自信，却恰恰由此暴露出自己的无耻：他需要外衣并非为御寒，而是为了伪装自己。对他来讲，伪装和掩饰自己的需求远甚于御寒的需要。正由于如此，当代的学者和哲学家利用印度和希腊的哲学并非为是自己变得智慧而平和，而只是为了显示自己，沽得一个博学的虚名。动物发展史的研究者不知疲倦地试图将国与国、人与人之间的频频使用的强权、诡计和报复阐述为亘古不变的自然法则。历史学家则小心翼翼地试图证明：每一个时代都有各自的法规和各自的生存条件——为即将来临的法庭审判做准备，有关国家、民族、经济、贸易、法律的学识——所有这一切都是带上了为将来的评判做准备的辩护的印记；如果精神尚未完全窒息在当代的巨大机构之下，它惟一从事的活动也只是完成它为当代辩护和寻找借口的任务而已。

为谁辩护？人们不禁惊奇地问。为自己的不安的良心。

由此，我们对当代艺术的任务也一目了然：迟钝或者迷狂！昏睡或者迷醉！让良心一无所知，不管以何种方式！帮助现代人摆脱负罪感，不要让他们重返纯真年代！哪怕只是片刻！为人类在他们的良心面前辩护。人们在自己面前必须沉默，不能倾听——当代社会中有那么一些人，少数人，哪怕仅仅一次感觉到这令人羞耻的任务和对艺术的可怕的侮辱，他们的心灵就会从此充满悲伤和怜悯，产生一种新的压倒一切的渴望。谁若想把艺术解放出来，还艺术以未被侮辱的神圣，谁就必须首先解放自己；只有一个纯洁的心灵才能发现艺术的纯洁，为此，他必须经历两次净化和升华。当他成功地完成这一过程，从自由的被解放了的心灵，用他被解放了的艺术与人交谈之时，他才面临最大的危险，陷入最可怕的战斗。人们出于内心的羞愧，恨不能将他连同他的艺术撕碎而后快，绝不可能承认和认可他。可能只有一两颗孤独的心灵才能经历艺术的解脱——这是在新的时代惟一可以期待的光明。大多数人只能继续遥看他们的艺术之火的光亮和烟雾。他们不想得到光明，他们所期待的只是耀眼的强光。他们仇视光明——照到自己身上的光明。

于是，他们避开新的光明的使者，而这使者，因为他生于爱，受爱的驱使，跟随他们而来。他想强迫他们倾听，他对他们呼唤："你们应该在我的神话世界里倘佯，你们需要我的神话的净化和震撼。为了解救你们自己，勇敢地尝试一下吧！放弃你们那一小块黯淡无光的你们自己眼中的自然和生命。我将指引你们到一个王国，你们自己决定何时离开这里的洞穴返回你们的天日，你们自己会说，哪一种人生是真实的，哪里是洞穴，哪里是天日。自然的内部要丰富得多，有力得多，神圣得多，也富饶得多，你们这些平平常常活着的人还不了解它。学会重新成为自然，和自然一起，穿过我的爱与火的魔力，改变自己。"

这呼唤来自瓦格纳：我们，可怜的时代的孩子，得以首先得到瓦格纳的声音，这表明这个时代是多么的可怜。同时，它也证明：真正的音乐是天命和天律的一部分，因为从现在这个时代的空洞的无意义的偶然中引出这样的音乐是根本不可能的。如果瓦格纳只是一个偶然现象，他很有可能被他生长环境中的其他因素的强大势力压垮。在真正的瓦格纳的成长过程中有一种美化的无可争辩的必然。尽管瓦格纳的成长过程充满痛苦，但他的艺术从其溯源来讲是最为神圣的戏剧艺术。因为这里处处显示出理智，法则和目的。静观者在为这种艺术所陶醉的同时，会称赞这充满痛苦的成长历程，会很乐于思考下面的问题：自然和天赋怎样赐给每个人以祉佑和成功，尽管他必须经历种种磨难，每一种危险都使他变得更果敢，每一次胜利都使他变得更审慎，他在毒物和不幸的养育下成长，变得无比健壮。周围世界的嘲笑和排斥在他是一种刺激和鞭策。一旦迷失方向，他会带着从迷失中获得的丰硕成果找到归途。如果他睡去，那是他"在睡梦中积蓄新的力量"。他锻炼自己的身体，使它变得坚不可摧，不至于在生活中逐渐被消磨掉。自然是展翅高飞的激情，统治着人类。只有当人的双脚在沙土中过于疲惫或在岩石上受伤时，她才给他插上奋飞的翅膀。她能做的只是告知：每个人都应该参与她的作品，她毫不吝啬，总是慷慨寄予。即使不被接纳，她依旧大度，甚至更加慷慨；哪怕被欺骗，她还会倾其所有捧出最珍贵的宝藏——从古至今，还没有一个领受馈赠的人完全无愧于自然的恩赐。——这样看来，自然是天底下最为神秘的事物，是一个力量与收获携手相伴的渊薮，是沟通自我与非我的桥梁。音乐通过它与现象世界对话。谁又能清楚地道出她存在的目的和原因呢？然而，我们出于极度幸福的预感，不禁要问：难道伟大的事物都为了平常的事物而存在吗？伟大的天赋难道是为微小的天赋而存在吗？至高的美德和神圣难道是为了衰微而存在吗？真正的音乐奏响，难道是因为人们受之有愧而最需要它吗？人们啊！你们让自己至少一次沉浸于这种可能的热情洋溢的奇迹吧！从那里回首生活，再黯淡迷蒙的生活也会变得光彩夺目。

七

没有其他的可能：静观者的目光看到如瓦格纳这样的天性，势必不由自主地不时反观自身，看到自己的渺小和脆弱，不禁要问：这种天性对你意味着什么？你为何存在？他很有可能找不到问题的答案，站在自己的本质面前，惊愕不语。也许他会满足于这番经历，也许会在对自己的本质感到陌生中找到对他的问题的回答。惟其如此，他才有可能分享瓦格纳最强有力的生命表现，这是瓦格纳的力量的中心，集中了他天性中魔鬼一般的感染力和忘我境界。它对其他性灵昭示自身，同样，其他人也向他袒露自己的内心。在这种给予与获得中瓦格纳的伟大展现无余。静观者似乎完全被瓦格纳的天性的汹涌的波涛所征服，这样，他分享了瓦格纳天性中的力量，通过瓦格纳，在与他抗争的过程中变得坚强有力起来。每一个仔细静观的人都知道，即便静观也需要对手，需要一个对视的人。如果说他的艺术让我们重新经历了一个漫游的心灵所经历的一切，分享了其他人的经历及其所遭逢的命运，通过许许多多的眼睛观察世界，那么，我们在了解了他本人的经历之后，又通过一种变形的距离看到他本人。这中间我们感受到某种特定的东西。在瓦格纳那里。世界上所有听得见的事物都想深化为视觉形象，寻找自己失去的灵魂；所有看得见的事物都想越入人的眼帘，赢得自己的躯体。他的艺术总是指引他走上双重的道路，亦即从一个世界作为一种听觉艺术到另一个神秘变化了的世界，成为视觉艺术，抑或反过来。他永远被迫——静观者被迫随同他一起——把视觉活动还原为心灵的原始生活，把内心的最为隐蔽的组织看作形象，并赋予它形式的躯体和外壳。这就是酒神艺术家的本质。按照瓦格纳以前的酒神戏剧家即埃斯库罗斯及其希腊艺术同行为我们树立的惟一完美的形象来理解，“酒神艺术家”这一概念的全部内涵中必然同时包括演员、作家和音乐家。假如我们可以从内心的障碍和缺陷来解释伟大人物的发展——例如，把歌德的写作视为一种错选的画家生涯的表达方式，把席勒的戏剧解释为改头换面的面对大众的能言善辩——如果瓦格纳试图这样对自己解释德国人对音乐的促进：他们由于缺乏那种自然赋予的音乐天分的诱人的冲动，所以不得不以宗教改革家对基督教的严肃对待音乐——如果我们以同样的方式把内心的障碍理论把瓦格纳的发展联系起来，那么，我们可以设想：他身上或许具有某种表演天赋，这种天赋没有在最直接而通俗的道路上寻求满足，而是在学习各种形式的艺术的过程中，亦即在伟大的表演艺术的昭示中找到自己的出路和解脱。然而，我们同样可以认为：他身上那种最强有力的音乐家的天性，在绝望中必然寻求与音乐家或非音乐家的对话，探索通往其他艺术的道路，直至最后能够千百倍清晰地表达自己，获得理解，最为广泛地被大众所接受。无论我们如何想象这位戏剧鼻祖的发展，他已完全达到了成熟而完美的境界，是一个毫不胆怯没有缺陷的人，一个可以同时以各种艺术形式进行思考的真正自由的艺术家，两个仿佛毫不相干的世界的中介者及和解者，艺术财富的统一和集大成者。艺术的统一和一体化不能被猜测或推断，只能通过行为表现出来。那些突然看到它的显现的人会立刻被它的最不可捉摸的最诱人的魔力所征服，有如突然之间猛然面对一种力量，这种力量扬弃了理智的抵抗，使人们表现出与以前所经历的完全不同的形象，缺乏理智，不可理喻，仿佛浑然忘我，飘忽及至一个谜一般的火热的境界，不知身为何物，甚至连熟悉的事物也辨认不出。我们手中丧失了标尺，所有的清规戒律以及一切坚不可摧的东西都开始动摇，每个事物都以崭新的色彩闪闪发光，以新的语言向我们说话，这时候，我们必须像柏拉图那样才能够在狂喜和恐惧中岿然不动。他对戏剧家说：“我们期待这样一个人，他凭借自己的智慧可以成为一切可能的人，可以模仿一切事物，当他来到我们中间，我们会向他顶礼膜拜，将他奉如神明，把圣膏浇到他的头上，给他带上羊毛织成的花冠，但我们将说服他离开这里，到别处去。”也许，在柏拉图的王国里生活的人能够，也必须战胜自己；而我们这些生活在另一个世界的人们则热切地渴望这个有魔力的人的到来，以便我们可以看到我们的社会及其化身——丑恶的理智和权力的反面。在这种生存状态下的人类及其集体，习俗，生活秩序和整体机构缺少模仿的艺术家可能并非完全不可思议，但正是这个“可能”是一种极其粗鲁之举，比它的反面“不可能”更有过之而无不及。每一个独具慧眼能够预知事物来临的伟大时刻而且必须像浮士德一样立即变成瞎子的人都可以有权力谈论这些。——因为我们这些常人还不具有变为瞎子的权力。反之，柏拉图可以在他的惊鸿一瞥看到理想的希腊图景之后完全有理由失明而不必再看真正的希腊的图画。我们其他人需要艺术则是因为我们正由于有了真实之后才得以看到事物。我们需要全才型的戏剧家，以便可以在他的帮助下摆脱自我与堆积如山的使命之间的可怕的鸿沟，或者至少获得片刻的解脱！我们随着戏剧家一起登上感知之巅，仿佛重新回到自然和自由王国，从那里海市蜃楼般的幻影中仿佛看到自己及同类的形象；在抗争，胜利，灭亡，像高尚而重要的人物一样，我们醉心于激情的节奏，沉湎于为激情献身的人物的命运。我们在英雄的强有力的脚步声中听到死神的沉闷的回音，在死亡的不断迫近中理解了生的最高魅力——这样，我们变成了悲剧人物，带着一种新的安全的感觉，以一种奇异的被抚慰的心情返回到现实生活之中。好像从巨大的危险、不安和狂喜中找到返回节制和熟悉的归途，带着一种优越的从容，一种至少较之以前的高贵回归故里，因为在现实生活中所有的艰辛、困难和通往目标的征途与我们自己已经走过——虽则只是在梦中走过的——道路相比，不过是我们令人感到惊恐的经历的一小部分碎片而已。正如瓦格纳在讲述自己的生活经历时所言：我们会陷入危险的境地，产生对生活不负责任的念头，恰恰因为我们在艺术中以无比严肃的态度经历过生活。我们只是经历了酒神戏剧，而非此种戏剧的创作者，尚且感觉梦境似乎比清醒和现实更真实；那么，那酒神戏剧的创作者如何能低估这矛盾！他自身生存在日常生活，生活困境，社会和国家的嘈杂之音和迫人的压力之下。——作为什么？也许他会有一种“世人皆睡我独醒”的感觉，仿佛在一群困惑的受痛苦煎熬的睡者中间惟一清醒地认识到现实的人；既而，连续无法入睡而必须与一群幽灵一般梦游的故作郑重的人共同度过无眠的漫漫长夜的念头折磨着他，以至被世人看来不过是家常便饭的事情他却觉得可怕之极，想以纵情和讽刺来对付这种印象。但是，如果在他的令人战栗的纵情欢歌之上加上一种完全被不同的冲动，把渴望从高空一下子降到深渊，把爱的要求降到地面，降到大众的，幸福的层面——这样的感觉将是一直奇怪的交叉啊！这之后，当他想到作为一个孤独的创作者要放弃的一切，就会像一个降落凡间的神祇一样，把所有的衰弱的、人性的、绝望的人“用热情如火的双手擎至空中”，最终找到爱而不再是虔诚的祈祷，而它自身在这种爱中达到完全忘我的境界。这种交叉是酒神戏剧家内心中真正发生的奇迹。如果可以用言辞来表达他的本质，这应该是最贴切不过的描述。因为，当他夹在交叉的两种感知之间，把那可怕和纵情的诧异与对世界的惊奇以及无限渴求的热望结合在一起，以充满爱的眼光看待这个世界时，他的艺术便产生了。不论他以怎样的目光投向大地，所有被他的目光的双重照耀力映亮的事物，都迫使自然以极快的速度将其能量全部释放出来，昭示内心最隐蔽的秘密：出于羞耻。这不仅仅是一幅图画，他以这样的目光不意看到了自然的裸体，这时，自然处于羞耻心想逃到自己的反面：迄今无形的内心世界进入了有形世界，成为表象；而一向只在有形世界里生存的现象则遁入声音的暗河；自然在意欲掩藏自我时暴露出自己的反面的本质。原始艺术家以极具韵律感的翩然舞蹈，以如痴如醉的手势动作讲述着自身以及自然中发生的故事。他的动作的酒神同时也是一个令人战栗的领悟，忘我的透视，爱和贴近，饱含喜悦的忘我。语言迷醉地紧随韵律跳动，与词语成双入对的旋律奏响，他将光芒洒向形与词的世界。梦境飘忽而至，与自然及其追随者的图像似像非像，密集而成人的形象，扩展而成英雄骄傲的意志，极乐中的没落和不再期待的发展顺序——悲剧由此诞生。由是，生活被赋予一种极其美妙的智慧，悲剧意识的智慧，由是，凡人中间终于成长起一位最伟大的魔术师和带给人幸福的人——酒神艺术家。

八

瓦格纳真正的生命是酒神戏剧家的逐步昭示过程，同时，由于他不仅仅是酒神戏剧家，他的一生就要不断地同自我抗争：也正是因为从自己的内心听到了对立的“世界”这充满诱惑力的敌手的声音，因为这种不可抗拒的对立的魔怪就蕴藏在他内心深处，同对立的世界抗争才令他如此愤怒和恐惧。当他生命中的主导思想形成于心，即通过戏剧所能产生的影响力是所有其他艺术形式所不可比拟和至高无上的。这时，他的生命便将他带进了一个极为强烈的躁动和酝酿阶段。这并非就此对将来进一步的渴望和行为做出一个简短而明了的决断；这一思想起初还只是一个具有诱惑力的形象，像是在表达那种暧昧的，对追求权力和荣耀贪婪索求的个人意志。影响力，无可比拟的影响力——通过什么？作用于谁？——从此，这就成了萦绕在他脑海和心头的无休止的疑问和探寻。他比其他任何艺术家都更向往成功，渴望胜利，一击而获得统治一切的全权。他以嫉妒的窥探的目光打量所有业已成功的事物，更多的则是去观察那尚待作用的事物。戏剧家可以透视人的心灵如同阅读他所稔熟的文字，透过这双眼睛，瓦格纳探究他的听众和观众，尽管他也时常会在领悟的同时感到不安，却立即找到克制自己的手段，这种手段他业已得心应手。凡是对他产生影响的，他总是愿意，同时也能够完成。他从前人的范例中在各个层面受益匪浅，自己也学到了很多东西。他从不怀疑凡是他乐于从事的活动他便能够成功，也许在这一点上他较之歌德更具有先知先觉的灵性。歌德曾这样谈到自己：“我总是认为：我已大功告成，有人应为我加冕。而我认为这是自然而然的事情。”瓦格纳的能力和“品位”以及他的意图——所有这些在所有的时代都紧密吻合，丝毫不爽，宛如钥匙之于锁扣——两者本应相辅相成，共同到达伟大和自由的境界——但当时情况并非如此。那些深具文学和审美修养的艺术之友远离大众的产生的脆弱，高贵而又孤芳自赏的情感于他又有何干？而某些戏剧高潮在大众心中激发的疾风骤雨般的情感，那种突然爆发的心灵的迷醉，完全真实的情感，忘我的境界——这是他亲身经历和感受的回音。这时，他心中充满了对至高权力和英雄的热切希望：这样他把伟大的歌剧理解为一种手段，通过它能够表达他的主导思想；他的欲望驱使他走向它，他向往它的故乡。他一生中很长一段时间集中了那些最无常的变化，包括他的计划、研究、居所、交游。所有这一切都可以从这种渴望以及一个贫困的、不安的、热情而单纯的德国艺术家注定要面对的种种外来的阻力得到解释。其他艺术家更懂得如何在这个领域成为主宰。现在，当人们逐渐明白梅耶贝尔①之流如何善于通过人工编织的影响力绸缪并取得每一个胜利，如何小心翼翼地考虑戏剧中的各种“效果”的顺序的时候，人们也将理解瓦格纳对此感到愤恨的原因和程度。那是在他对这种几乎是必不可少的有效地争取观众的“艺术手段”有所领悟以后。我怀疑，历史上是否曾有一位伟大的艺术家，从一个如此可怕的错误开始，如此不假思索地、真心实意运用这种艺术形式。他行为的方式表现了他的伟大，取得的成果也就更令人吃惊。因为他从暴露出的错误的绝望中掌握了现代的成果、现代的观点以及整个现代艺术的骗局。这其间，他成为这种“效果”的抨击者，对每一个自己阐述的观点的种种推测使他激动不已，似乎从此音乐的神明以一种全新的通灵的魔力对他说话，宛如大病初愈的人重见天日，几乎不敢相信自己的眼睛和双手，蹑手蹑脚地溜走。他视此为一个美妙的发现，他还是一个音乐家，还是个艺术家，他此时此刻才真正成为艺术家。

在瓦格纳成长的每一个阶梯上，他的本性中两个基本动力越来越紧密地结合在一起：两者之间的畏缩和怯让逐渐减弱。那高高在上的本我从此不再是用它的服务去恩赐这暴戾的人间兄弟，而是出于爱而为之效劳。这最温柔、最纯洁的一面最终包容在这最强大的一面之中。那不可抑制的冲动一如从前，只是沿着另一轨迹奔向那高大的本我之所在；反之，自我也降临尘世，在世间万物中现出它的影像。假如以这种方式讲述这发展的最终目的和

① 梅耶贝尔（1791—1864），德国作曲家，长期居住在巴黎。代表作为《恶魔罗贝尔》、《胡格诺派教徒》。

出路是可行而且能够被理解的话，或许也应该能找到一种形象的说法来描述这发展过程中的一个中间阶段。但是，我怀疑这种可能性，因而也不去尝试。从瓦格纳的发展史上看，这所谓中间阶梯可以概括为两个词语，并以此区别于其前与随后的阶段：瓦格纳将成为社会革命家，揭示出至今惟一的艺术家，即创作的人民大众。他的主导思想经历过深深的绝望和忏悔之后，以新的更加有力的面貌出现在他的面前，引导他走向这两者。影响力，通过戏剧达到无与伦比的影响力！——可是针对谁呢？当他回想起至今想要影响的对象，就不禁不寒而栗。通过他的经历他理解了艺术和艺术家所处的屈辱的地位——一个丧失了灵魂的僵化的社会，善恶不分，把艺术和艺术家列为任其奴役的仆从，来满足他的虚假的需要。现代艺术是一种奢侈品，同时，它与一个奢侈社会得以立足的权力同生息，共存亡。正是这个社会通过最为无情和狡猾的权术对无权无势的大众一再奴役，变本加厉地压迫和愚昧人民，把他们变为现代的“工作的人”，并以此剥夺了他们最伟大的艺术和最纯粹的艺术，那是他们由内心深处的迫切愿望产生的，作为真正的惟一的艺术家来倾诉衷肠的神话、歌谣、舞蹈和口头创作——把它作为一种克服自身存在中的衰竭和乏味的、满足肉欲的药剂，这就是各类现代艺术。这样的社会是如何产生的，它如何从看似敌对的权力因素中吸取新的力量，例如堕落为伪善和妥协的基督教，如何被当做了这个社会用于与大众为敌的工具，以及巩固其存在及附属物的壁垒，学者和学问如何在这种役使下变得逆来顺受甚至甘愿为它效劳，这是瓦格纳在各个时期中一直关注的问题，终于在思考之后基于憎恶和愤怒一跃而起，出于对大众的怜悯而成为革命家。他热爱大众，渴望大众，如同渴望他的艺术，是啊！因为只有在他们当中，在销声匿迹、难以把握、被人为地孤立的大众之中，他看到了惟一的观众和听众，只有他们才配得上他的艺术作品的力量。因此，他所有的思索归于一个问题：这一大众群体如何形成？如何重新复出？

他始终只找到一个答案——他对自己说：如果有大多数人承受过他所承受的苦难，这就是大众。而且，当同样的苦难引出同样的冲动和欲望，必然也会去寻找同一种满足，在这种满足中获得同样的幸福。于是他回首，在他苦难之时，什么最能抚慰自己、鼓励自己，什么最深情地善待他的苦难，这时他充满喜悦地确知，这只能是神话和音乐，他看做大众苦难的产物和语言的神话，来自类似的甚至更为神秘莫测的源泉的音乐。他在这两种基因中涤荡，疗治他的灵魂。他极端狂热地需要它们：由此他可以推断，当大众形成时，他的苦难如何与他们的苦难贴近。假若会出现许多瓦格纳，大众必将复出。假如神话和音乐尚未成为我们的现代生活的牺牲品，那么这个社会又如何生存呢？他们遭逢过同样的命运，这成了两者之间存在着某种神秘联系的佐证：神话被大大贬低和歪曲，被转为“童话”的形式，沦为丧失活力的大众中娱乐妇孺的消遣品，它那奇妙的神圣庄严的阳刚之气被剥夺殆尽；音乐则在贫穷、纯洁和孤独的艺术中得以苟存。这位德国艺术家未能在奢侈的艺术机制中占得一席之地，他自己成了一个怪诞的秘而不宣的童话，充满最动人的声音和征兆，像一个无助的带着疑问的人，一副全然着魔、亟待拯救的样子。在这里这位艺术家清楚地听到那单独向他发出的命令——让神话重归阳刚，让音乐解脱魔法，使它开口说话：他感到走向戏剧的力量遽然激起，他所统治的一个尚未被发现的、介于神话与音乐之间的帝国已建立，他的新的艺术作品结合了他所知晓的所有强有力的、成效显著的、幸福愉快的因素，现在又把他刻骨铭心的大问题摆在了世人面前：你们在哪里？那些和我受一样的苦，有着一样需要的人们，那些我看做大众的大多数人，你们在哪里？我要在你们应与我共享的同一幸福和同一安慰中认出你们：在你们的欢乐中看出你们的苦难！通过《汤豪泽》和《洛亨格林》，他如是问道：四下顾盼他的命运之人；孤独者渴望众人在侧。而他怀着怎样的心情呢？没有人回答，没有人理解这个问题，人们并不是完全保持缄默，相反，他们回答了千百个他没有提出的问题，人们对于各个新的艺术作品喋喋不休，仿佛它们全是为供吹毛求疵才创作出来的。完全在审美写作与空谈中沉湎于享乐，如同一场热病在德国人中发作。人们带着德国学者们以及德国报评家特有的寡廉鲜耻，对这些艺术创作和艺术家本人评头品足。瓦格纳试图通过文字来弥补人们对他的问题的领会，而这引起了新的混乱——一个音乐家去写作和思考，在当时是件天大的荒唐事；如今人们叫喊着，那个理论家，想用挖空心思想出的概念改变艺术的形象，乱石打死他！——瓦格纳似乎麻木一般，他的问题得不到理解，他的痛苦无人感受，他的艺术作品好似给聋人听、盲人看，他的大众好似一个幻影；他趺趺撞撞，陷入踌躇不定之中，一个扭转乾坤的设想浮现在他眼前，他不再惧怕这种设想：或许这推翻或毁灭的另一面是建立新的希望，或许也未必——但毕竟一无所有胜过拥有可憎之物。不久他成了政治流亡者，陷入了困境。

而正是随着他的外部和内心命运的可怕的转变，才开始了一个伟大人物一生中如流金般璀璨的登峰造极的辉煌时期！直到此时，这个酒神艺术家的天赋才揭掉自己的最后一层面纱！他变得如此孤独，时间显得对他毫无意义，他不再有所希冀：这样，他的俯瞰世界的目光又一次深深地这次是彻底地看清了苦难的本质。从那时起，他更是默默地承受了他那份苦难，似乎这愈加与己无关。对至高权力的欲望，早先状态的继承，全部转化为艺术的创作；他通过自己的艺术只与自己对话，不再面向公开场合和大众，而努力赋予他的艺术以可以进行此类对话的最大的明晰程度和能力。在前一时期的作品中却还并非如此，那时，他仍然顾及即刻产生的影响，尽管只是温柔而被美化。这个艺术品被当做一个设问，应该立刻引出答案来：瓦格纳屡次想让他提问的对象轻松地理解他——因此他去迎合他们对被提问的陌生感，主动贴近那些较为过时的艺术形式和表达方法，想必他也担心用某些他的极为个性化的语言无法令人信服，被人理解。他也曾试图接受劝告，用一种半生的而为他的听众所熟悉的语言，把他的问题明白地转述给他们听。而现在，没有什么能让他产生如此的顾虑。他现在惟一的希望是：自己同自己沟通，全面思考世界的本原，用音符来构建哲学；所剩的意图对于他来说，目的就为这最终的明了。谁有资格知晓他当时内心的历程，他在心灵中最为神圣的隐秘之处与自己的对话——没有多少人有资格了解，他应该听到、看到并且亲身体验到《特里斯坦和伊佐尔德》，所有艺术中惟一形而上学的作品，笼罩着一个行将就木之人惨淡目光的作品：带着对黑夜和死亡和神秘永不满足的甜美向往，远离丑恶、欺诈、隔阂的生活，就像逃避那可怕的、幽灵般的晨曦中耀眼的光芒：于是，一部形式极为严谨的戏剧，以它朴素的伟大打动人心，而且恰恰以此来对应它所讲述的秘密，即生中有死，合二为一。然而却还有比这部作品更为奇妙的：还是同一位艺术家，在这之后的很短一段时间，能够完成一幅色彩千变万化的世间图景，《纽伦堡的名歌手》。在这两部作品中，他仿佛只是歇息一下，恢复精力，以便随后完成早已构思并开始的、分为四个部分的巨作。这是他二十年以来的计划和构想，他在拜洛伊特的作品——《尼伯龙根的指环》——谁若对这部紧随《特里斯坦和伊佐尔德》

和《纽伦堡的名歌手》之后的作品感到诧异，就是没有理解一切真正伟大的德国人生命和本质中重要的一点：他不知道，那些在路德、贝多芬和瓦格纳身上独一无二的德国式的乐观向上的精神究竟在什么样的基础上得以生长，这种其他民族完全无法领会的精神，好像也被当今的德国人丢掉了——这是金灿灿的琼浆玉酿，混合着纯真质朴、爱的深邃、思想的敏锐和狡黠，当瓦格纳把它斟给所有经历了深重苦难的人们痛饮，他们就面带痊愈后的微笑重又转向他，而他本人是多么目光平和地看着这世界，绝少心生怒气和厌恶，更多是在忧伤和爱情中放弃了权力而并非对它胆怯畏缩。他是多么镇定自如地进行着他最伟大的作品的创作，完成一部又一部总谱。这时出现了一些引起他注意的情况：一些志同道合者的来到预示了一场多种感情的地下活动——这还远非表明出现了深受感动的“大众”，但可能是一个未来将建成的真正的人道社会的萌芽和生命的源头；现在还只是一个保证，他可以将自己的伟大作品托付给这些可靠之人，也只有他们当之无愧，为后世保管这最宝贵的遗产；在朋友的爱护下，他生命的白昼色彩愈发明亮、温暖；而他最可贵的担忧，似乎是还要在生命的黑夜来临之前，带着他的作品到达目的地，并为之寻找一处栖身之所。现在这也不再是他一人所关心的事了。这时候发生了一件事件，他只能将它理解为一个象征，对他则意味着一个新的慰藉和吉兆。一场德国人的大战让他睁开了双眼：正是那些他认为彻底堕落的、已失去了高尚的德国精神——他用最深刻的自觉对自己和其他历史上伟大的德国人进行研究而揭示的精神——的德国人在紧急关头展示了他们的两种真实的崇高美德：纯朴的勇敢和谨慎。于是他开始怀着极大幸福相信，他或许并非最后的这种德国人，他的作品有朝一日将得到比少数朋友所贡献的有限的力量更加有力的支持，这种力量能够将他的作品作为未来的杰作予以保护，使它们度过漫长的岁月，达到将来的辉煌。也许，当他更加特意去寻找立竿见影的希望时，一个足够强大的阻力，使他记住未完成的高尚义务，这就足够了。

如果只是把作品作为无声的总谱留给后世的话，他的作品就没有最后完成：他必须把他作品中最为神秘莫测、只有他才能揭示的，即新的歌咏和表演风格公之于众，以树立一个任何其他人不能树立的典范，并以此开创这样一种风格的传统。这种传统不是通过写在纸上的音符，而是依靠深入人心的影响力而建立的。这已经成为他迫在眉睫的再庄严不过的使命，因为他的某些其他作品，正是在歌咏的风格上，惨遭极为荒唐的厄运：它们名噪一时，实际上却被无情地曲解了，而没有人对此表示愤慨。因为尽管这听起来让人惊奇，事实却是：正当他同时代的人们极其片面的评价中几乎放弃了成功的幻想，断了获得权力的念头之时，“成功”和“权力”来到他的身边；至少整个世界都在讲述他的成功。他反复公开地明确指出，那种“成功”完全是错误的理解，是对他的羞辱，可是无济于事。人们不习惯于看到一个艺术家在他的影响方式上有严格的区别，因此，对他那几乎是严正之极的辩驳也是将信将疑，当他认识到我们今天的戏剧和戏剧成就与今天的人们的性格之间的关系以后，他的灵魂便与这种戏剧一刀两断；至于某些人所热衷的美学评论和激动的民众的欢呼于他已毫无关系。看到他的艺术坠入无法满足的无聊与低级趣味的万丈深渊，他怎能不气愤。这种影响是多么肤浅，它实际上是满足一个贪得无厌的人的要求，而不是养活一个饥饿的人。这是他从以下经历中得出的结论：所有的人，甚至包括表演者和演奏者都是将他的艺术作为一个舞台音乐来接受的。他们按照歌剧风格那令人作呕的秘方来处理。承蒙那些训练有素的乐队指挥们，为了迎合歌手的口味，对瓦格纳的作品径自刀砍斧劈，直到乐曲中的精神本质已完全除去，歌手们感到可以把握为止。若是人们真想做得出色，就会笨拙地呆板地去领会瓦格纳的规则，也不过像是想把他在《纽伦堡的名歌手》的第二幕描写的纽伦堡街头的夜间群众集会，通过假扮的芭蕾演员去表现——所有这些都显出人们的处理是出自美好的愿望，毫无其他恶意的企图。瓦格纳奋不顾身地尝试通过行动和范例，至少是指出表演中简明的准确性和完整性，以及引导每个歌手进入一种新的歌咏风格，而这一尝试总是一再被漫不经心的态度和习惯势力和污泥洪水冲垮；不仅如此，他们还总是迫使他写作令他深恶痛绝的戏剧。最后，连歌德也失去了出席他的《伊菲格尼亚》的演出的兴趣。“我深感痛苦，”他解释说，“这时我必须同那些不该这样出现的妖魔鬼怪周旋。”而同时，这部令其厌恶的剧作却取得了越来越大的“成就”；结果，几乎所有的大剧院恰恰是靠瓦格纳这面目全非的歌剧艺术所带来的油水生存。戏剧观众的热情不断高涨，连瓦格纳的一些朋友也被带进漩涡之中：瓦格纳必须忍受这份苦涩——这位伟大的忍者！——眼看着他的朋友们陶醉在“成就”和“胜利”中，而他惟一高尚的思想正是由此被粉碎和毁灭的。在许多方面表现得极为严肃和沉稳的德国大众对于他们最严肃的艺术家，显得仿佛是不愿埋没了自己骨子里的轻浮似的，好像正因此一定要把德国人本性中的粗俗、愚笨和恶毒发泄到他的身上。——正当德意志战争期间，一股伟大而自由的洪流似乎席卷了人们的情感时，瓦格纳记起他保持忠诚的使命，试图至少把他最伟大的创作从这些被曲解了的成就和谩骂中解救出来，让它以其固有的节奏，为所有时代树立一个典范，由此他构想出拜洛伊特思想。瓦格纳相信，在当代潮流的追随者当中，他仍然看到在他愿托付其宝贵财富的一方，有一种崇高的使命感正在觉醒——这是由双重的使命衍生的结果。它像一道奇异的阳光照亮了他生命的最后几年；它是为了仅有可能而遥不可知的未来的幸福，对于现实和仅仅生活在现实中的人们不过如一种谜或一种恐怖，对于少数帮助实现这一将来的人，则是一种超前享受，一种最高形式的远远超过他的生命极限的提前享受幸福，通过它可以明白如何更多使自己和别人幸福。对于瓦格纳本人则是痛苦、忧虑、沉思、忧伤和阴郁，是敌对的因素引发的愤怒。但所有这一切在忘我的忠诚之星照耀下，都转化成一种无以言表的幸福！

无须明言，这个生命笼罩在悲剧气氛中，而每个通过自己的心灵对此有所感受的人，每个不可避免地经受过生活的目标、意愿的曲折和破灭、断念和被爱净化这一悲剧性的假象影响的人，必定会感觉到瓦格纳现在在作品中呈现给我们的，是对一个伟大人物英雄式的一生的美妙的回忆。从遥远的地方我们感到，仿佛是《西格弗里德》在讲述他的所作所为：在最动人的沉思的幸福中交织着晚夏的深深的悲哀，所有的性灵静静地笼罩在昏黄的暮色中。

九

每一个对作为人的瓦格纳的成长过程进行思考并深受其苦的人，为寻求解脱和恢复，都需审视作为艺术家的瓦格纳，领略一种真正自由的能力和需要产生的戏剧。如果说艺术在其普遍意义上就是与其他人交流自身体验的能力，那么，每一部作品在不能被他人理解时都违背了自身的存在：在这一点上，瓦格纳作为一个艺术家的伟大之处就在于他与生俱来的魔鬼一般的精确表达能力，这种能力使他可以运用各种不同的语言，迅速而准确地传达出他极为隐秘的、个人的体验。当人类已习惯于将艺术的零星和自然的彼此隔绝看作永恒不变的规律时，瓦格纳在艺术史上的出现使整体的未被分割的艺术能力像火山一样爆发出来。因此，我们不知道该将什么样的称谓授予瓦格纳才好。最广义的诗人？雕塑家？音乐家？还是应该创造一个新词来形容他。瓦格纳身上的诗人成分表现在他用看得见、摸得着的发展过程而不是用概念来思考。这种神话并不是像被扭曲的文化的产物所想象的那样建立在思考的基础上，它本身就是一种思考方式；它表达的是一种对世界的想象，以一系列的事件、行为和痛苦为传达媒介。《尼伯龙根的指环》是一个宏大的没有概念化形式的思想体系。也许某个哲学家可以引用某种相应的方式，完全不借助形象和行为，而纯粹用概念向我们讲解。这样，同样的事物就被放在两个不同的环境之中，一种面向大众，另一种面向大众的反面，即理论家。瓦格纳不是面向后者，因为让一个理论家去理解诗歌和神话，就好像让一个聋子去理解音乐一样：他们观看的是对他们毫无意义的活动。以上两个环境互不相容，从一个环境中看不到另外一个。当人身处文学家的魔圈之中时，就会随着文学家一同思考，好像他只是一个感觉、倾听和观看的动物一样，他所得出的结论是他所看到的发展过程的关联，亦即，这是事实上的因果，而不是逻辑的因果。如果瓦格纳的神话戏剧中的英雄和神祇也用语言表达自我，那么，文字语言必然唤起我们身上的理论家成分，将我们推举到一个非神话世界，再没有比这更危险的事了：最后，我们不是从词语的罗列中更明了我们眼前所发生的事情，相反，我们一点也不理解了。这也是瓦格纳之所以把语言变为一种几乎不用概念思考，一种本身即为诗、想象和感觉的原始状态的原因。瓦格纳着手这项令人望而生畏的任务的勇气显示出他是多么牢固地被诗歌精神所引导，就像一个被鬼魂诱导的人如影随形，身不由己。这些戏剧中的每一个词都应该可以被吟唱，神祇和英雄可以上口。这是瓦格纳对他的语言的想像力提出的非同一般的要求。其他人对此肯定失去信心和勇气，因为我们的语言已经太陈旧，被破坏得不成样子，人们已经不能对她提出像瓦格纳所提出的要求：而瓦格纳的破壁一击引出了汩汩盛泉。正因为瓦格纳比其他任何德国人都更热爱这语言并对它提出更高的要求，所以更为这种语言的扭曲和衰竭而痛苦，即形式的各种各样的残损和面目全非，我们的句式搭配中的笨拙的小品词的存在，助词的无法吟唱，这些全都是罪恶和堕落带给语言的灾难。另一方面，他也怀着无限自豪感觉到这种语言依然存在着一种原始的永不衰竭的活力。它的根基的音色饱满的力量，从中预感到某种完全不同于罗马语族的矫饰的修辞的对音乐的美妙的倾向与准备，一种通向真正的音乐的力量。瓦格纳的作品中贯穿着一种对德国人的激情，一种在与他们交往中的诚挚和率直，这在其他德国人身上——除了歌德——是感觉不到的：语言表达的形象，大胆的简洁，有力而富于节奏感的丰富多彩，一种奇特的强烈而富有意义的词语的广泛使用，句式的简单，几乎独一无二的对激情荡漾的语言的创造才能，以及独创性地预感到纯洁奔涌的语言，不时涌现的通俗和大众化倾向——这样的特征还可以罗列很多，却罗列不尽其中最强有力、最值得赞赏的特点：谁若连续阅读像《特里斯坦和伊佐尔德》和《纽伦堡的名歌手》这样的两部作品，会对其中的语言产生惊异和怀疑，如同对他的音乐的感受一样；他如何能够有创造力地统御形式、色彩、结构以及心灵如此不同的两个世界，这是瓦格纳天性中的最强音，唯有大师可以成就；赋予每一部作品一种语言，赋予一种新的内心情感以一个新的躯体和一种新的声音。这样一种奇特的力量一旦显现，那些对他的个别的纵情和奇异的指责，对常见的语言表达的不清晰和思想的蒙翳的吹毛求疵就显得过于狭隘而毫无成效了。说到底，那些最高声指责瓦格纳的人，并不是在语言和心灵上对受苦和感知的整个方式都感到愤慨和反感。我们拭目以待，他们拥有了另一个心灵之后，必定也会说另一种语言，那时，我觉得，德国语言整体将因此而大有改观。

凡是对作为诗人和语言雕塑家的瓦格纳进行思考的人，首先不要忘记，他的作品并不是供阅读而做的，所以也不应该对它们提出像对语言戏剧的要求。语言戏剧借助概念和词语诉诸人的感官，从这个意图上，它将自己置于修辞学的统辖之下，然而生活中的激情却很少善于辞令的，而语言戏剧为了以某种形式表达自己却必须如此。倘若一个民族的语言业已陷入衰落和破败的状态，语言戏剧家就会跃跃欲试地给语言和思想染上不同凡响的色彩，改造成奇异的现状，意欲抬高语言的层次，使它重新发出高雅之音，却因此陷入一种危险：完全不被理解。同样地试图借助庄严的语句和奇想表达某种高尚的激情，却不意陷入另一种危险：显得不真实和过分矫饰。因为真正的生活中的激情并非以格言的形式表达自己，创作的激情如果与真实相去甚远，会让人怀疑它的诚实，而瓦格纳第一个认识到语言戏剧的内在缺陷，他通过词语、手势和音乐赋予每一个戏剧情节以三重清晰，音乐把表演者内心最深处的基本情感直接传达给观众的心灵，而观众在演员的手势动作中看到了一个内心感情的外在表现，在戏剧语言中看到了内心感情的另一个淡化的形象——它被转达为有意识的意志。这三重效果同时产生而互不干扰，迫使观看戏剧的人以全新的方式来领悟和体验戏剧，就像他的知觉突然之间变得比理智更理智，他的精神比知觉更知觉，好似人身上所有突破人身获得认知的欲望在认知的欢呼声中到达一个自由的极乐世界一样，因为瓦格纳戏剧中的每一个故事情节无比清晰地向观众诉说，借助音乐，由里及表地照耀和辉映着观众，那些语言戏剧家为了赋予他的戏剧情节以温暖和光度而必不可少的手段在瓦格纳那里却找不到用武之地，戏剧的总体定会变得简单，设计师的节奏感在建筑的总体结构中再一次显示自己；因为现在完全没有理由构造有意的错综复杂和眩人耳目的多姿多彩。先前，语言戏剧家这样做，旨在借助它们引起观众的赞赏和兴趣，进而获得观众的愉悦和惊奇。理想化的高度和广度的印象并不是通过艺术技巧而产生，语言从修辞学的广度退回到表达感情的和谐和力度。尽管表演艺术家远比从前更少谈论他在表演中的行为和感受，但其内心情感的过程——语言戏剧家由于担心它的所谓非戏剧性而一直将它排除在舞台之外——促使观众饱含感情地同剧中人一同经历，伴随的手势语言只需在最细小的改变中表达自己，吟唱的激情通常比朗诵的激情时间更长，也就是说音乐将激情舒展开来。结果通常是：表演的艺术家同时也是歌唱家，必须要克服被搬上舞台的语言戏剧的缺陷，即动作的缺乏表现力和激情。他觉得自己不由自主地为手势的高雅而吸引，因为音乐把他的感知浸入更纯洁的太空，因而不由自主地更接近美。

瓦格纳向演员和歌唱家提出的不寻常的任务将在整个人类引起一场竞赛，最终把瓦格纳的主人公的形象以最清晰的能见度完美地表现出来，就像在戏剧的音乐中所表现出来的那样。跟随着他的脚步，造型艺术家的目光最终将看到一个视觉世界的奇迹，这样的奇迹在这之前只有如《尼伯龙根的指环》的上乘之作的创作者，像埃斯库罗斯一样开一种新的艺术的先河的至高的造型艺术家第一次看到。瓦格纳的音乐充满了最纯粹和最光明的幸福，以致聆听这种声音的人觉得几乎所有以前的音乐都像是一种肤浅的、拘谨的、不自由的语言的声音，仿佛人们迄今为止想用它为那些不值得付出这种严肃认真的人演出一场戏或者利用它向那些甚至不配看戏的人讲授和演示一样。如果把这种造型演示的效果与瓦格纳的音乐艺术的效果两相比较，嫉妒的目光怎能不唤醒伟大的天赋？这些先前的音乐曾在短暂的瞬息使我们心中产生我们在聆听瓦格纳的音乐时所感受到的幸福。那是少有的忘我的时刻，当它一如拉斐尔的西西里亚独立静思，抬头仰望，忘却了要求它提供消遣、愉悦和说教时，这种幸福突然降临。

总的来说，音乐家瓦格纳赋予自然中所有迄今为止不想开口的事物一种语言，他不相信，世间会有不会说话的事物。他还深入晨曦、森林、烟雾、寒夜和月光之中，在它们身上发现了某种隐藏的渴求：它们也想发出声音。如果哲学家说，在有生命和无生命的自然中都有渴望存在的意志，音乐家则会补充道，这种意志想在各种层次上成为有声的存在。

瓦格纳之前的音乐总体来讲深受制约，它们针对的是人类永恒的生存状态，希腊人称之为伦理的东西。从贝多芬开始，才发掘出激情的语言、饱含感情的意愿的语言，以及描述人类内心的戏剧性发展的语言。在此之前，音乐表达的是一种或冷静或乐观或肃穆或愿意改悔的情绪，人们想通过某种形式的统一和这种统一的持续促使听众理解这类音乐，最终置身于同样的激情之中。这样的情绪和状态的图画需要各种不同的形式来表现。其他的形式通过习俗而建立。戏剧的长短由音乐家的意图决定，更进一步，人们先后创作出相对的情绪和形象，发现了对比的魅力，再进一步，同一部音乐作品中包含伦理的对立，例如表现阳性主题和阴性主题的抗争。这还是音乐的原始的粗糙阶段，有的法则源于对激情的恐惧，有的源于对无聊的恐惧；所有感情的深化和放纵都被看作是不道德的。

伦理的艺术在千百遍刻画了同样的状态和情绪之后，尽管音乐大师还极尽其创造之能事，但这种艺术终于到了山穷水尽的地步。贝多芬首先让音乐以一种新的语言，一种在那时还被禁止的激情的语言说话：因为他的艺术从伦理艺术的规则和习俗中成长起来，不免带有在旧的音乐面前为自己辩护的性质，因而他的艺术发展道路中有一种特有的困难和不清晰，一个内心的戏剧发展过程——因为每一种激情都有一个戏剧发展过程，渴望一个新的形式，但是，情绪音乐的传统的模式与之相反，几乎以一个道德的表情对抗不道德的出现。看起来，贝多芬好像给自己提出了一个充满矛盾的任务，即借助伦理的手段表现激情的内容。他后期的最伟大的作品已经远远超越了这个局限。为了再现激情的大幅度跌宕，他真正成功地找到一种方式，即摘取激情曲线中的几个点，用最明确的指示，让观众最终猜出激情曲线的整个轨迹。表面看来，这种新的形式好似几个不同的乐曲的组合，其中每个乐曲看起来却是相互独立、各自为政的状态，而实际上这是激情的戏剧发展中的一个时刻。听众也许会以为听到的是旧的情绪音乐，只是难以把握各个部分之间的联系，也无法按照旧的对立的原则来理解，就连音乐家也开始轻视创作的结构方面的要求，在他们的作品中，各个部分之间的次序变得随心所欲。表现激情的伟大形式的发现被错误地归因于各个乐句的内容的随意。乐曲各个部分之间的张力完全消失，因此，贝多芬以后的交响乐是一幅怪异的不清晰的图画，尤其，当它们在细节上还结结巴巴地模仿贝多芬的激情的语言时，情形就更糟了。手段不再与意图相匹配，意图整体上不能清晰地传达给听众，因为它在创作者的头脑中也从未清晰过。一个艺术形式的要求越高、越难、越严格，“言之有物，言必清晰”的要求便越必要。

因此，瓦格纳的整个奋争，其目的就在于找到为清晰表达服务的种种手段，为此，首先必须把自己从旧的状态音乐的约束中解放出来，赋予他的音乐——用乐声表达的激情和感情的发展——以一种完全明确的语言，我们看一看他达到的境界，就会觉得他仿佛在音乐领域完成了雕塑界立体雕塑的发明者的事业。所有以前的音乐与他的音乐相比，显得或僵硬或胆怯，好似不允许或羞于被人们从各个侧面观看一样。瓦格纳无比坚定而明确地把握住感情的每一种程度和每一种色彩，将最纯洁、最冷僻和最强烈的情感波动握在手中，而不害怕失去它们，把它们当做变得坚硬而牢固的东西，尽管在别人眼里就像蝴蝶一样难以把握，他的音乐从来不是不确定或情绪化的。所有通过他的音乐传达的，不论是人还是自然，都有极其个性化的激情；在他这里，狂飙和热火接受了个人意志的无可辩驳的强权。在这些用声音表达的个人及其激情的奋争之上，在矛盾的漩涡之中，飘荡着占绝对优势的交响曲之魂。它不断地从战争中产生和谐。瓦格纳音乐整体而言是埃菲索斯的哲学家所理解的世界的一个缩影，是冲突中产生的和谐，是公正和敌意的统一。我赞赏那从各种朝着不同方向奔突汹涌的激情中计算出整体激情的大线条的能力，瓦格纳的戏剧向我显示了这种可能，其中的每一乐章都证明了这种可能性。它们彼此衔接，讲述着各个人物的不同故事以及他们共同的整体故事。我们从一开始就已感觉到相互对抗的不同急流，并且有一种比之有力的潮流朝着一个主方向滚滚而来：这一潮流起初不平静地涌动，越过暗藏的礁石，一会儿流水似乎分流到各个不同的方向。渐渐地我们发现，内在的整体的运动变得越来越有力。夹带着更多的水流前进。颤动的不安变为朝着一个尚不确定的目标前行的宽广而可怕的运动中的安详；突然，到了最后，潮流直泻而下，夹带着所有的水流，以魔鬼般的激情冲向深渊和汹涌的波涛。当困难增加而他以立法者的快感驾驭时，才越显出瓦格纳的本色，把剧烈抗拒的纷乱的一群驯服成简单的节奏，通过多得令人眼花缭乱的要求和欲望，实现一种意志——这是上天降于他的使命。他在这中间感觉自己的自由，他从未感到紧张不安，从未气喘吁吁地抵达终点。当其他人寻求减轻自己的重担的途径时，他总是坚韧不拔地自愿承担最艰苦的使命。如果他不能用戏剧处理生活和艺术中的最困难的问题，那么生活和艺术对他将是沉重难当，只要想一想，被吟唱的旋律与未被吟唱的话语之间的关系——他如何把饱含激情的说话的人们的高度强度和速度当做自然的范例，融进他的艺术中——只要想一想，如此歌唱的激情，在音乐的整体交响结构中的位置，就可以认识到他克服困难的奇迹；这期间，他在大大小小的事情上的创造性，他的无所不在的精神和勤勉是如此之令人赞叹以致人们看到他的总谱，会以为在他面前从没有真正的工作和困顿，似乎就艺术的困顿而言他有权利说：戏剧家真正的美德在于忘我。而他准会反驳说：只有一种困顿，那就是尚未自由的困顿，而美德和善则是轻松的。

艺术家瓦格纳整体而言带有某种德摩斯梯尼的成分：对事物的极其严肃认真的态度和把握事物的力量，使他每次都牢牢地把握住事物；他的手好像铜做成的一样，迅速一抓便能抓住事物。他像德摩斯梯尼一样迫使人把注意力集中在事物本身，以此隐藏起自己的艺术，或让观众忘却艺术的存在。尽管如此，他还是像德摩斯梯尼一样成为一系列艺术精神的最后的，也是最高表现，尽管他比第一个有更多的需要隐盖。他的艺术就像再现的自然，他的作品没有以前所有的音乐家在游戏艺术以显示自己的才华时不可避免的模仿成分。在瓦格纳的作品中看不到有趣、愉悦，也看不到他本人，看不到艺术。人们在他的作品中只是感觉到自然。没有人可以想象，他的意志要如何严格，在他的成长过程中要如何克己自制，才能够在成熟阶段带着快乐的自由在创作的每一瞬间达到必然的境界，如果我们在某种情形下能感觉到他的音乐，以某种决断的残酷听命于戏剧的发展，犹如屈从于命运的不可抗性，而这种艺术的火热的灵魂渴望挣脱所有束缚，在自由和荒芜中漫步，这就足够了。

十

一个能如此自制的艺术家具有统御其他艺术家的能力，即使他无意于此；而那些臣服者，他的朋友和追随者于他并不构成任何危险或限制；略逊一筹的人常常在寻求朋友的支持的同时失去自己的自由。瓦格纳一生的精妙之处就在于能够避开任何形式的拉帮结派，尽管他在他艺术生涯的每一阶段后期都能吸引一批追随者。他们的出现仿佛是为了使他停滞不前，而瓦格纳总是能力排追随者的影响，顺利进入艺术创作的下一阶段。他走过的征途如此之长，几乎没有人可以轻松地从一开始就跟随他，这条道路如此不寻常，艰难曲折，急转直下，即使他的最忠实的追随者也感到气喘吁吁，在瓦格纳一生的每个阶段，他的朋友们总是喜欢对他指手画脚，如同他的敌人为达到不同的目的而做的一样。倘若他的艺术性的纯洁度稍微减弱一些，那么，他会更早地登上现代艺术和音乐殿堂的顶峰。他最后还是成为无可争辩的大师，而且是一种更高境界的大师，艺术的各个领域都身不由己地接受瓦格纳的艺术个性的检验。他征服了同代人中最不驯服的人：没有一个天才的艺术家不由衷地从心底里听从他的召唤，发现他的音乐超过了自己的和所有其他音乐的总和。他们中有些人为了有所作为而不惜任何代价，力排这压倒自我的内在的吸引力，小心翼翼地勤奋地把自己放逐到前辈大师们那里，宁愿去舒伯特和亨德尔那里去寻求自己的独立，而不愿停留在瓦格纳这里。无济于事！因为他的违背自己的良知的奋争，只能使自己作为艺术家变得更加卑微，更加狭隘，因为他们不得不容忍恶劣的朋友和同盟，所以他们的品质也被败坏了。而他们做出这许多牺牲之后，还是会遭逢瓦格纳，也许在梦中，他们的耳朵还是会倾听瓦格纳的声音，这些对手真是可怜！他们以为在失去自我时会失去很多，而他们错了。

显然，瓦格纳本人并不在意音乐家们是否从现在起用他的风格作曲，甚至是否作曲；他一直竭尽全力以求打破这种学派门第之见。凡是在他能够对当代音乐家产生直接影响的方面，他总是教导他们伟大的演奏艺术；在他看来，音乐已经发展到这样的阶段：这时，希望成为表演的演奏大师的美好意愿比不惜任何代价以求自己“创作”更值得赞赏。因为，在艺术发展的现阶段，这样的“创作”会带来致命的后果，简单复制伟大的作品，在日常中滥用天才的技巧和发明，会使真正伟大的艺术在其影响力方面变得平淡无奇。艺术中的赝品，即使是模仿最好的，也是多余而有害的。瓦格纳的目标和方法是紧密相连的：只要有艺术家的诚实就可以感受到这一点。偷学他的形式而用于完全不同的琐细的目的，就是不诚实。

瓦格纳拒绝与披着他的音乐形式的外衣的音乐家们同流合污，而急切地向所有的天才提出了一个新的使命，即同他一起发现戏剧演奏风格的法则。他感到迫切需要为他的艺术建立一种风格的传统，这个传统使他的作品能够以纯洁的形象代代相传，直到抵达它的创造者为它构想好的未来。

瓦格纳身上有一种永不知足的冲动，即把所有与建立这样一种风格和光大其艺术有关的事情传达出来。用叔本华的话来讲，他已视此为一种目的，一种比其他任何目的都更为重要的目的，即把他的作品作为神圣的宝藏，和他的存在的真正硕果变为人类的财富，使它成为一个更美好的审判的后世的基础。为此，他不惜头戴荆冠。这荆冠将来有一天会变成桂冠；他的追求坚决而明确地集中在为他的作品求得某种保证，如同处于最后时日的昆虫，全心全意地为它的卵寻求保证，为它的血脉构造一个温暖的巢穴，而它自己却再也看不到它们的出现：它把卵放在它确信有生命和食物的地方，然后安然地死去了。

这一比任何其他目的都更为重要的目的激励他不断产生新的发明创造；他越清醒地认识到他与这令人深恶痛绝的带着恶意倾听的时代在奋争，从他的魔鬼一般的明确表达能力的源泉流涌出来的创造性思想就越丰富。渐渐地，连这个时代也开始向他的不知疲倦的努力屈服，竖起耳朵来倾听。每当一个有助于阐明他的思想的机会从远处显现时，不论机会大小，他都牢牢抓住：他把他的思想与具体情况相结合，使它能够从最欠缺的化身中昭示自己。他对一个哪怕半敞开大门的心灵也会撒上几颗种子，对耸肩表示不屑的冷静的观察者也抱有希望，他千百次地看错，直到有一天证明他是对的。智者与活着的人交往只是为了通过他们增加自己的智慧，在今天，如果不能通过世人促进艺术家的艺术达到永恒，人们爱他就像热爱永恒，同样，他只感到一种针对他的仇恨，那就是对想要排除他与他的艺术的未来之间的桥梁的仇恨——那么，艺术家似乎就不应该再与同时代的人们发生任何关系。瓦格纳教导过的学生，他向他们说过某句话或演示过某个动作的音乐家和表演者，他指挥的大大小小的乐队，看到他严肃认真地从事自己的事业的城市，那些半是羞怯、半是热爱地参与他的计划的侯爵和女士们，暂时属于不同欧洲国家的瓦格纳曾作为它们的艺术的审判官参与其中，所有这一切渐渐地成了他的思想对未来的硕果累累的不知疲倦的追求的回声。虽然这回声常常被扭曲而不知所措地返回他的耳中，但最终，他百倍地投入世界的巨响的强大优势必将引起强大的回响；不久，人们将不可能不倾听他，或曲解他。这个回响现在已经使现代人的艺术场所瑟瑟发抖，每当他的精神的气息吹拂到它们的花园里，所有枯败的东西都被吹落在地；比之发抖更意味深长的是怀疑四起：没有人知道瓦格纳的影响还会在哪里爆发出来。他不可能把艺术的拯救完全与其他幸福和不幸分割开来的。凡是现代精神中潜藏着危险的地方，他的窥探的怀疑的目光便看到了它对艺术的威胁。他在想象中将我们的文明的建筑拆开来，不放过其中任何腐烂或轻率草就之处。一旦发现经受过风雨考验的墙垣和坚固持久的地基，便想办法把它变为自己的艺术的堡垒和保护顶。他像一个逃亡者，并非保护自己，而是保守一个秘密；像一个不幸的女人，想要拯救腹中的骨肉，而不是自己的生命，他像西格林德一样“为爱而活着”。

当然，在这样一个世界，他居无定所，找不到自己的家园，却必须向这个世界倾诉，向它提出要求，他蔑视它而又无法放弃他所蔑视的东西，在这样一个世界里，他的生活注定充满了艰辛和耻辱，这本是未来的艺术家的困境。他们不是像哲学家一样躲在昏暗的角落里悉心钻研学问而不问其他：因为他需要人的心灵作为未来世界的中介者，需要公共设施作为未来的保证和沟通现在和未来的桥梁。他的艺术无法像哲学家的作品那样装进笔头记载的小船；艺术想要能者充当流传的使者，而不是字母和音符。瓦格纳的一生当中回响着一个恐惧的声音，因为他找不到这样一个能者，因而无法向他们展示具体的例子，而只能局限于书面的暗示；也不能实际演示自己的作品而只能把行为的极其暗淡的微光呈现给读者，总的来说，这些人不是艺术家。

作为作家的瓦格纳像一个右手被击碎便继续用左手搏斗的勇士。当他写作的时候，他永远是一个受苦的人，因为适合于他的表达方式，即，以闪光的常胜不衰的范例的形象表达的风格被一种暂时的不可战胜的命运剥夺了。他的文字既不教条，也不严厉：经典就在他的作品之中。这是试图理解促使他创作并通过作品反观自身的本能的尝试；如果说他把本能变成了认知，那么他希望在他的读者的心灵中出现一个相反的过程：他带着这个意图写作。倘若其中他尝试了某些不可能的事情，那么他只是分享了所有对艺术进行思考的人的命运；而他较之大多数人略胜一筹在于他的内心蕴含着艺术最强有力的整体本能。我不知道有哪一种美学著作像瓦格纳的作品一样如此充满光明。所有就艺术作品的诞生可以获知的，都可以从他的作品中获知，这是一个伟人，在这里作为证人出现，并在以后的时日里不断地改正、解救和说明他的见证，使它从不确定中脱颖而出。即使他作为认知者跌倒了，也会打出火花。他的某些著作如《贝多芬》、《指挥艺术论》、《论演员和歌手》、《国家和宗教》使每一种反驳的愿望都沉寂下去，迫使人静静地凝神肃穆地观望，有如打开宝匣时应有的样子。其他人，尤其是那些来自过去时代。包括《歌剧与戏剧》时代的人们对此大动干戈，搅起喧嚣；它们的节奏律动的不匀称使得它们像散文一样混乱，思维方法不连贯，感情的跳跃不是加速了而是阻碍了他们的进程。作者的某种抵触情绪像一道阴影笼罩着它们，仿佛艺术家羞于清晰地表达似的。而最使陌生人感到费解的恐怕就是权威性的威严的表露，这是他特有的难以描摹的：我觉得，瓦格纳常常好似站在敌人面前说话——因为他的所有的文章都是以口语风格，而不是以书面语风格写就的。如果有人将它们大声朗读出来，它们的表现力会更强——他不愿与敌人有一点点的亲近，因此显得疏远而冷淡。他的感情的令人心驰神往的激情常常穿过有意的褶裥，而后，那做作的，冗长的，艰涩的阶段便告结束，语句和篇章从他的笔下汩汩流出，成为德语散文的上乘之作。但是，即使我们假设他在其写作的这一阶段是向朋友讲话，敌手的幽灵不在他的椅边：作为文学家的瓦格纳面对的所有朋友和敌人有一个共同点，这个共同点把他们同瓦格纳为之创作的民众区别开来。他们在教育的优雅和无成效方面完全非大众化，谁若想被他们理解，也必须相应地说非大众化的语言：好像我们的最佳散文家所做的那样，就像瓦格纳所做的那样，但人们可以想象，他是被迫如此。那种防患性的母亲般本能的力量总是把他拉回到学者和有教养的人的臭气冲天的圈子里，而他作为创作者已与他们一刀两断。尽管他已第一个认识到语言作为交流工具的深刻的缺陷，但他仍然屈服于教育的语言以及所有语言表达规则。因为，如果说有什么可以把他的艺术与新时代的所有艺术区别开来的话，那就是：他的艺术不再使用特权阶层的教育语言，不再有有教育和无文化之间的对立。由此，他站到了各种形式的文艺复兴文化的方面，这种文化迄今仍以其光辉和阴影笼罩着我们的新人，瓦格纳的艺术把我们背负出来，这样，我们可以看清它们的同一本质：这时，我们觉得，歌德和雷奥柏蒂像是意大利语言诗人的最后的伟大的晚生子，浮士德就像描述了一个更新的时代以一个渴望生活的理论家的形象出给我们的非大众化的谜，即便是歌德的诗歌，也是对民歌的摹仿之作，而不是给民歌的示范性作品，它的创作者清楚地知道，他为何无比严肃地将这样一个思想注入追随者的心田：我的作品不可能广泛流行，谁若如此希望并且努力去使它流行的话，他就错了。

如果某种艺术能像太阳一样明亮而温暖，可以以其思想照耀贫困而卑微的人们，融化学者的傲慢，这样一种艺术的存在只能被亲身经历而无法猜测。但是，它必须彻底改变那些经历过这样的艺术的人脑海中所有关于教育的文化的观念；在它面前，遮住未来面前的幕已冉冉升起，在这个未来将只有为众人共享的最高的善和幸福。迄今为止，“共同”这个词身上沾染的恶名应予清除。

假如这种预感放眼遥远的未来，认知的慧眼可以看到我们所处的时代的可怕的社会的不稳定，将不再无视艺术所面临的危险。这种艺术如若不是植根于未来就没有任何根基，它显示给我们的是繁茂的树枝，而不是它赖以生长的根基。我们如何能保护这一无家可归的艺术经受住漫长的煎熬到达遥远的未来呢？我们如何阻挡住不可避免的革命洪流，从而使美好的前景和更美好的明天的保证——更加自由的人类生活——不至于随着所有那些注定要腐朽和应当灭亡的东西一同被冲走？

这样自问并担忧的人分享了瓦格纳的忧虑：他会感到自己被驱使去寻求现有的能在充满地震和动乱的年代保护人类最高财产的权力。正是在这个意义上，瓦格纳通过他的作品向学者提出了这样一个问题：他们是否愿意将他的遗产，他的珍贵的艺术的指环，与其他财产一起放进他们的宝箱；即使是瓦格纳基于其政治目的给予德国精神的无限信任，在我看来也源于他相信改革的民众只有力量、仁慈和勇敢，而这是“使革命的洪流转变为静静流淌着人类的溪流”所必需的。我几乎相信，这，也只有这，才是他通过“皇帝进行曲”的象征所要表达的。

但是，富于创造性的艺术家，其救世的冲动和博爱的范围是如此之大，以至于他的眼睛不可能滞留在一个民族的苑囿之内。他的思想像一个优秀和伟大的德国人的思想一样是超越德国国界的，他的艺术并不是针对某个民族，而是面向整个人类。

未来的人类。

这是他特有的信念，也是他的痛苦和荣誉，自古以来，还没有哪位艺术家曾经拥有如此奇异的创作天才，除他之外，没有人将热情赐予他的琼浆玉液连同最苦涩的液汁一同饮下。并不是人们所想象的，被误解和粗暴对待的艺术家——他所生活的时代的逃亡者——需要这一信念作为自卫的手段：同时代人给予他的成功和失败既不能毁灭这种信念，也不能创造它。无论是给他荣耀还是使他受辱，他都不属于这一代：这是他的本能得出的结论。至于是否有某个时代会属于瓦格纳，这一点我们也无法向那些对此不相信的人证明。但这些人也许至少会问：那么，瓦格纳会在什么样的人群中找到他的“民众”，发现所有那些和他忍受同样的痛苦，通过同样的艺术得到解脱的人呢？当然，席勒更加乐观：如果艺术家的本能所预言的未来被证明是合理的，那么，他并不问这未来是何种模样，而是要求艺术家：

> 鼓起你们勇敢的翅膀
> 在你们时代的上空翱翔！
> 你们已遥遥映出
> 新世纪的曙光！

十一

愿理性能使我们摆脱这种信念：即人类在将来的某一天能达到一种最终的理想秩序，那时，幸福将像热带的阳光一样普照大地。瓦格纳没有这样的信念，他不是一个乌托邦主义者。如果说瓦格纳不能停止相信未来，那只是意味着他在现代人身上发现了某些并非永恒的和基本的特点，而是可变的短暂的人性。也正是由于这种人性，艺术在它们中间才变得无家可归，而瓦格纳本人也不得不成为一个时代的先行的使者。上天赐予未来时代的人类的不是什么黄金时代，也不是无云的蓝天。这未来的人类是他的本能指引给他，而且他的艺术的秘密文字中隐约透出了新时代人类的轮廓，就像从获得解脱的程度可以推知困难的大小。超人性的善和公正也不会像不变的彩虹一般高悬在未来的天空。也许那未来时代的人总体而言比现代的人更邪恶——因为将来不论善与恶都比现在更少掩饰。确实，如果未来人类的灵魂能够不受拘束地放声喊叫，那将使我们的灵魂感到震颤和恐怖，如同一个隐藏不露的邪恶的精灵突然之间大叫起来一样。或者，下面的话语在我们的耳朵听来是什么样子呢：激情优于淡泊和伪善；诚实，哪怕是邪恶的诚实，也胜过在传统道德里迷失自己，自由的人可以为善，也可以为恶，而不自由的人不啻对自然的玷污，不能分享任何天上或人间的慰藉；每个希望获得自由的人都必须依靠自己的努力才能实现。自由不会像神奇的礼物落入人的怀抱，不论这听起来是如何的刺耳和不可思议，这正是未来世界的声音。未来的世界对艺术有真正的需要，因而也才能期望从艺术中获得真正的满足，这是自然的语言在人类世界的再现。这正是我前面所称的与充斥当今世界的虚假感觉形成鲜明对照的正确感知。然而，只有自然才能获得和享受真正的满足和拯救，非自然和虚假的感觉则不能，一旦他能够认识自我，那么，非自然则渴望通过爱而改变。让明鉴者在灵魂的静寂中领悟瓦格纳艺术朴素的动机，以便自问：是自然，还是自然的反面，由是达到了自己的目的。

因为一个女人宁愿死亡而不愿对他不忠这样一种爱情使一个漂泊和绝望的男人从他的痛苦中获得了拯救，这是《漂泊的荷兰人》的主题。一位热恋着的女人放弃了她自己所有的幸福，通过从男女之爱到博爱这一神圣的转变，这位女人成了圣徒，从而拯救了她所爱的男人的灵魂，这是《汤豪泽》的主题。那至高至美的满怀渴望降临人间，没有人会问起它是从何而来，一旦有人提出这个不幸的问题，他便带着痛苦返回到更高的生活中去，这是《洛亨格林》的主题。妇女和民众的心灵乐于接受新的令人喜悦的天才，尽管传统和习俗的卫道士排斥和诽谤他，这是《纽伦堡的名歌手》的主题。两个相爱而不知道这种爱的存在，反而认为相互伤害和鄙视的人，他们都向对方索要自杀的毒药，似乎是为了结束他们相互间的伤害，但是实际上却来自一种无意识的冲动；他们希望通过死亡而永不分离，也不再需要任何掩饰。他们以为死亡将至，灵魂得到片刻的解脱，他们获得短暂的令人震颤的幸福，就好像真的逃避了白天和幻想，也逃避了生活一样，这是《特里斯坦和伊佐尔德》的主题。

在《尼伯龙根的指环》中，悲剧主人公是一位渴望权力的天神，为了达到目的，不择手段，结果使自己为契约所束缚而失去了自由，陷入了权力所固有的灾难之中。特别是他也无力占有代表所有世俗权力的指环的任何手段，而一旦指环落入敌人的手中，则对他意味着极大的危险，这一事实使他深刻认识到自己的不自由。对末日和众神黄昏的恐惧使他崩溃，而他只能眼看着末日的到来，却无力阻止它，这使他备感绝望。他需要一个自由无畏的人，这个人不需要他的帮助或建议，事实上不去服从神的意志，而是按照自己的意志去实现天神无法实现的事业；他看不到这样一个人，正当新的希望出现的时候，他被迫去接受约束他的那些限制：他必须自己去毁灭他所热爱的，用他的困难去惩罚最纯洁的怜悯，终于，他对权力开始感到厌恶，因为权力所固有的只是邪恶和不自由，他的意志崩溃了。他自己期待着末日的早日来临。只有到这时，他先前最渴望的才得以实现：自由而无畏的人才能出现，他生来就是所有的习惯与传统的叛逆，他的双亲要为违背自然和道德的秩序的结合而遭受惩罚。他们毁灭了；但是西格弗里德活了下来。一看到西格弗里德的成长和活力，沃坦灵魂中的厌恶退却了，他以父亲般的爱和焦虑的眼神注视着主人公的命运。他怎样为自己铸剑屠龙，获得了指环，避开了最狡猾的欺骗，唤醒了布林费尔德；指环所固有的灾难并没有放过他，而是逐步向他逼近；不忠中的忠诚，通过爱伤害他所最爱的她，他为罪恶的迷雾和阴影所吞没，但是最后他终于冲破了迷雾，比太阳更加光彩夺目，以炽热的光点燃了整个天穹，使世界摆脱了灾难。天神高兴地注视着他自己的失败；统治的长矛在与最自由的人的斗争中被击得粉碎，他失去了自己的权力，他欢呼着自己的失败，他对征服者充满了怜悯，但也和他一起欢笑，他的眼中充满了痛苦的快乐，注视着末日的到来，他在爱中获得了自由，他获得了自我解放。

现在问一问你们自己，你们这些活着的人！这是为你们而作的吗？你们有勇气指着充满善和美的天穹中的星星说：瓦格纳置于星宿下的生活，那正是我们的生活。

在你们中间，有谁能够根据自己的生活来解释沃坦的神圣形象，又有谁能像沃坦那样，越退缩，形象越高大？你们中有谁因为知道并体验到权力是一种邪恶因而愿意放弃它？那些能够像布林费尔德一样出于爱放弃了他们的智慧，而结果却从他们的生活中学到了最高的智慧的人们在哪里："伤心的爱所带来的折磨使我睁开了双眼。"自由而无畏的在纯洁的自我中自生自长的西格弗里德们在哪里？

如果谁这样徒劳地问，他必须放眼未来；如果在一个很遥远的地方，正好看到瓦格纳艺术中的民众是他自己的历史的记录，那么他才会最终理解瓦格纳对这些民众来说意味着什么：他对我们来说是不可能具有这种含义的，也就是说他不是如他所希望的未来的先知，而只是对过去的阐述者和美化者。

作为教育家的叔本华

[德国] 尼 采 著
黄燎宇 译

一

有人问一个去过许多国家、游历过几大洲的旅行家，世人的共性是什么，他回答说，他们都有懒惰倾向。有些人觉得他还可以换一种更正确更有效的说法：他们都胆怯。他们躲藏在各种习俗和观点后面。其实，每个人都很清楚，作为独一无二的创造物，他只有一生一世，而且绝不可能再度出现如此奇妙的偶然，把如此神奇的杂多组合成他现在这种统一体。这个道理他很清楚，但像亏心事一样藏而不露——为什么？他畏惧邻人，因为他们要求他遵循惯例，他们自身也披着传统的外衣。可是，究竟有什么东西让个体畏惧邻人，使他在思想和行动上追随大流，对自己的天性反倒忧心忡忡？对个别人和少数人而言，也许是羞涩使之然。但多数人是因为安逸、疏懒，一言以蔽之，就是旅行家所说的懒惰倾向。他说得对，懒惰甚于胆怯，他们最畏惧的，恰恰是绝对的诚实和袒露必将带来的负担。只有艺术家才痛恨这种套用他人风格和观点的懒散行径，并且揭穿那桩秘密，那件亏心事，指出每个人都是独一无二的奇迹。他们敢于向每个人证明，他之所以具有美和观赏价值，之所以像一件自然杰作那样新鲜、奇特、绝不乏味，是因为他为独特存在具有丝毫不爽的统一性，如果说大思想家们蔑视人类，那他们是蔑视其懒惰：人们由此成为大路货，变得无足轻重，不值得交往和教化，不想跻身大众的，只需中止好逸倾向；他应该服从良知，因为良知告诫说："坚守自我！你现在做的、说的、想的，都不是你自己。"

不论白天还是黑夜，每个青年人都在倾听这一呼唤，并且激动得浑身颤抖，因为他一旦想到灵魂的真正解放，就会预感到那古已有之的幸福。只有他仍旧受到俗见和恐惧的束缚，就无法帮助他获得这种幸福。不解放灵魂，生活将是多么没有慰藉，没有意义！有些人逃避天性，总是瞻前顾后，左顾右盼，在大自然中再也没有比他们更乏味、更讨厌的造物了。这种人是根本无法攻击的，因为他只是没有内核的外壳，是一层逐渐霉烂的、花哨的、肥大的外衣，一个乔装打扮的幽灵，他甚至引不起恐惧，当然也激不起怜悯。如果有理由说懒人在扼杀时间，那么，面对一个将其福祉建立在舆论，也就是个人的懒惰之上的时代，人们必然担心该时代会遭到扼杀：我指的是将它从彻底解放生命的历史中一笔勾销。这个时代不是由活生生的人，而是由随波逐流的假人统治着，如果后人来研究这个时期的遗产，他们会产生何等的反感。因此，对任何遥远的后世来说，我们的时代也许将因其最不人道而成为最黑暗、最陌生的一段历史。我走在城里新修的大街上，心想，那些追随舆论的人为自身修建的丑陋房屋，一个世纪以后将要消失殆尽，而这些建筑者的观点也将随之坍塌。相反，那些不与这个时代认同的人，将多么富有希望；因为，如果与之认同，他们就成为扼杀时代的帮凶，和时代同归于尽——其实，他们更多地是想拯救时代，以此保存自身。

但是，即便未来不让我们抱任何希望，我们奇特的当下存在也极大地鼓励我们按照自己的尺度和法则生活：我们恰好生活在今天，可我们降临人世的机会不计其数，我们仅有短暂的今天，可我们应该证明自己恰值此时来到世上，是什么原因，有什么目的，这些真是不可思议的事情。我们必须为自身存在承担全部的责任，我们也想扮演掌握存在的舵手，不允许存在如同一种空洞的偶然。面对存在，人们必须拿出勇气，敢于冒险；特别是因为人们无论境遇好坏，都会失去存在。为什么要依附于乡土、行业？为什么要倾听邻人在说什么？坚持一些几百里外就行不通的观念，这纯粹是一种小地习性。东方和西方，无非是别人为了捉弄我们的恐惧心理，用粉笔在我们眼前画出的界限。我将努力获取自由，年轻人告诫自己；可他困难重重，因为偶然有两个国家相互仇恨、相互厮杀，或者是大海隔断了两个大陆，或者是他的四周在灌输一种几千年前并不存在的宗教。所有这些都不是你自己，他这样告诫自己。谁也无法专门为你建造一座跨越人生之流的大桥，此事非你莫属。尽管有许多的道路、桥梁、半神都想把你背负过河，但这得以你自己为代价，你得典当自我，失去自我。茫茫人世，唯有一条路供你行走。它通向何方？不要问，尽管走。是谁说过：“当一个人不知道他的路还能把他引向何处时，便是达到了巅峰。”

可是，我们如何才能寻回自我？人如何才能了解自己？人是一种阴暗的、包裹起来的东西。如果说兔子有七层皮，那么，人在剥下七乘七十层皮之后，也不能说："这才是你的真实自我，这不再是表皮。"况且，如此挖掘自我，进而突然跌入其本性的深渊，无异于一场痛苦又危险的开端。他很容易摔成重伤，使医生无法救治。而且关键在于：既然一切——我们的朋友和敌人，我们的目光和握手，我们的回忆和遗忘，我们的书籍和字迹——都在证明我们的本质，这么做还有什么必要？但是，所有这些手段都是为了一场最重要的审讯。年轻人带着疑问来回顾自己的生活：迄今为止，你真正爱过什么吗？是什么东西吸引了、控制并且愉悦了你的灵魂？若把这些崇拜物码放好，你也许就会从它们的特征和顺序中间找到构成你本真自我的基本法则。把这些东西作一番比较，看看它们如何相互补充，扩展，超越，美化，如何构成那助你攀登到自我的梯子；因为你真正的本性并不是深深埋在内心，而是高悬在你——或者至少可以说你通常当成自我的一切——的上方。真正的教育者和塑造者会指出你本性的本真意义和基本材料，指出那种全然无法教育、无法塑造，但又难以接近的、自成一体的、陷入停顿的东西：你的教育者只能做你的解放者。这是一切教育的秘密：它绝不给人假肢、蜡制鼻子，或是戴眼镜的眼睛——这些礼物倒只是教育的丑陋外观。教育就是解放，就是清除杂草、瓦砾以及那些企图啮噬植物嫩芽的害虫，就是施放光和热，就是淅淅沥沥的夜雨，它是对慈爱而大度的大自然的摹仿和崇拜，它是自然的完美形态，前提是它能预防大自然变得残酷无情并使之化险为夷，能够为大自然的后娘脾性和可悲的愚昧披上一层面纱。

当然，还有别的手段来找到自我，脱离常见那种如堕五里云雾的昏迷状态，但是我不知道还有什么比缅怀教育者和塑造者更好的办法，所以，我今天就想纪念我为之荣耀的老师和严师——阿图尔·叔本华，然后再谈谈其他人。

二

如果要描述我初次读到叔本华著作是何种状态，我就可以谈一谈我年轻时候的一种想象，这种想象来得如此频繁，如此强烈，简直是绝无仅有。从前，每当我心血来潮、想入非非的时候，我总是想，命运将使我摆脱教育自己这一可怕的劳动和义务：我将在适当的时候找到一个哲学家做教师，找到一个真正的哲学家，我们可以毫不犹豫地聆听他的教导，因为我们相信他甚于相信自己。接着我就问自己：他用什么原则来教育你？我也考虑他对于盛行于我们时代的两条教育原则有何看法。其中一条要求教育应识别学生的长处，然后将全部的力量和营养，全部的阳光都倾注在那里，以促使这一优点臻于成熟，开花结果。第二条原则要求教师培养和保护学生具有的一切力量，使其和谐发展。可是，人们应该由此强迫一个对金匠手艺有强烈爱好的人去搞音乐吗？当初，本维努托·切里尼的父亲一再强迫儿子去吹"可爱的圆号"，也就是他儿子所说的"可恶的口哨"，人们应该称赞父亲的做法吗？面对如此强大，如此突出的天才，人们不会说他那种做法是正确的。因此，这条和谐发展的原则也许只适用于较为平庸的人，这些人虽然有一大堆的需要和倾向，但无论看整体还是看个别，全都无足轻重。可是，没有切里尼这样的人，我们去哪里寻找那存在于个体中的和谐整体和多声部的和弦，去哪里惊叹和谐？在他们身上，所有一切——认识、欲望、爱、恨——都趋奔一个中心，一股原始力量，而且，由于这个中心拥有一种强制一切、驾驭一切的绝对力量，便形成了一个起伏摇晃的和谐运动体系。这么说来，上述两条原则也许根本就不矛盾？也许一个说的是人应该有一个中心，另一个说的是边缘？我梦想那种身为人师的哲学家，不仅要发现中心力量，而且要懂得防止它摧毁别的力量；我想，他的教育任务更在于把整个的人改造成一个生生不息的太阳和行星系统，并且识别其高级构造原理。

当时，我就渴望这么一位哲学家，并为此作出各种努力。我发现，即使就如何严肃而严格地理解教育任务而言，我们现代人跟希腊人和罗马人相比，显得多么可怜。人们即便带着这种需要跑遍德国，尤其是德国的大学，也找不到所要寻找的东西；在这里，远为低级，远为朴素的意愿也都得不到满足。譬如，谁在德国人中间真心想把自己培养成为雄辩家，或者想学习写作，那么他是找不到老师和学校的，这里的人仿佛并不知道竟有说话艺术和写作艺术，不知道要掌握这两种艺术，非有精心的指教和最为艰苦的磨练不可。但是，当代人对教育家和老师的要求甚少，吝啬而又愚蠢，没有什么比这更清晰、更可耻地暴露出他们的沾沾自喜。如果拿把人教育成人这一艰巨任务来衡量，那么，打着家庭教师名义的一切——即便对我们那些最高贵、受过最好的教育的人而言——不就够了嘛，那经常叫做课程表并且为人称道的东西，又是怎样一盘大杂烩呀，这里面尽是些古怪的头脑和陈旧的科目，而且那些称为最高的教育机构和大学的东西，怎么能使我们大家满足，那些领路人、机构又是怎样的货色！就连德国学者从事科学那种令人惊叹的方式，也首先说明他们在研究过程中所想的更多的是科学，而不是人性，说明他们好似一群残兵败将，被培养来献身于科学，然后他们又培养新人来为科学作出牺牲。如果没有更高的教育原则来指引和限制，一味按照“多多益善”的法则来从事科学活动，那这将损害学者们，就像“laisser faire”[①]这一经济学教条有损于各民族的风化一样，还有谁知道，要想培养学者，又不牺牲或者榨干其人性，那将是一个十分棘手的问题——但是，一旦我们留心那人数众多的例子，留心那些因为盲目而且过早地献身于科学，遭受扭曲并得到一个驼背作为奖赏的人，那么，这个问题即刻就呈现在眼前。但是，缺乏高档次的教育，还有一个更为重要的证据，这一证据更重要、更危险，尤其是更常见。如果说一眼就能看出现在为什么无法培养雄辩家、作家（因为没有老师），如果说人们同样清楚为什么现在的学者都是这么扭曲、古怪(因为教育他们的，是科学，一种违反人性的抽象物)，那么，人们最后应该提一个问题：对我们大家——学者和非学者，高贵者和卑贱者来说，同代人中的道德榜样和道德名人，我们时代的创造性道德之活生生的典范，究竟在

---

① 法语：放任自流。

哪里？在所有时代，道德问题都是高朋满座谈论的话题，如今，哪里有人在思考这些问题？我们不再有这种名人，不再做这种思考。事实上，我们在吃继承而来的道德资本，我们的祖先积累了这些资本，可我们不懂得去扩大，而是一味地浪费。在我们的社会，这类事情要么无人谈及，要么就用一种令人生厌的，自然主义的无知和生硬的口吻来谈论。由此出现了我们的学校和老师干脆回避道德教育或是停留于形式这种现象，美德则是一个使老师和学生无法产生任何联想的词儿，是一个老掉牙的，令人发笑的概念。可是，若是没有人发笑，问题就会严重起来，因为此时人们将变得虚伪。

道德力量的困乏与低落，解释起来是困难而又复杂的。可谁要是考虑到节节胜利的基督教对我们古代道德产生的影响，他就不会忽略节节败退的基督教所起的反作用，它遭遇这种命运的可能性愈来愈大。基督教因其理想的崇高而超越了希腊人的道德体系以及人皆有之的自然天性，使人们对这种自然性变得迟钝，并产生反感。后来，当人们还能识别更美好、更崇高的理想却又无法实践时，他们已不再可能返回那美好而崇高的理想，也就是古希腊的美德，不管他们的愿望多么强烈。现代人就在基督教和希腊精神，在胆怯或者说虚伪的基督教道德倾向和那同样胆怯、同样缩手缩脚的希腊化倾向之间摇摆，而且处境不妙。他们对自然的事物怀有与生俱来的恐惧，又不断产生好奇，他们渴望在什么地方找一个支撑点，他们的认识在美好和更美好的理想之间摇来晃去，毫无结果：这些因素在现代人的心灵中造成了不安和困惑，这就注定它无创造、无快乐。没有哪个时代更需要道德教育家，也没有哪个时代更难找到他们。在瘟疫肆虐、最需要医生的时候，医生的处境也最危险。我们现代人的医生，那些自身稳稳当当、健健康康地站在那里，能够扶稳和牵引他人的医生，究竟在哪里？我们时代最优秀的人都显出怒气和迟钝，对于内心深处展开那场伪装与诚实的搏斗，有不尽的反感，他们的自信发生动摇，因此，他们绝对没有能力做别人的指路人和严师。

当初我的确想入非非，因为我想象自己将找到一个真正的哲学家做教育者，他帮助人们超越时代的匮乏，还教导人们在思想和行动上都要保持纯朴、诚实，也就是不合时宜（就这个词最深刻的涵义而言）；因为，人们已变得如此多面、复杂，以致每当要说话、发表见解，并采取相应的行动时，他们不得不虚伪起来。

正是在这种困境、需要以及愿望之中，我接触到叔本华。

作为叔本华的读者，我属于那种看完第一页就明白自己会通读全书，并且仔细琢磨他说的每一个字的类型。我立刻对他产生了信任，而且比之九年前，这种信任没有丝毫下降。我理解他，他仿佛是为我写作：这种说法容易理解，但很不谦虚，不知分寸。原因在于，尽管我偶尔也发现个别小错误，但从未在他身上发现佯谬。佯谬，不就是因为作者没有充分的信念，因为他想炫耀世人，蛊惑人心，根本上讲是想光彩照人而发表那些无法取信于人的言论吗？叔本华并不想光彩照人；因为他为自己写作，而且没有人愿意受欺骗，一个把“不骗人，不骗己”当成座右铭的哲学家更是如此。他连社交场合那些娓娓动听的假话也不说，这种假话出现在几乎每一次交谈，而作家们似乎在对之做无意识的模仿；他更不玩弄演讲台上那种有意识的欺骗和造作的修辞学手段。他只是跟自己交谈，或者人们实在要想象出听众的话，就应想到这是一个聆听父亲教诲的儿子。他面对一个乐意听讲的人，口气诚恳、直率、温和。我们缺少这种作家。我们听到头一个字，就能分享到说话人那种强烈的快活情绪，我们刚刚走进高山森林时有类似感觉，我们深深地吸一口气，浑身上下都十分舒畅。这里有一股持续强劲的空气，这就是我们的感觉；这里有某种无法摹仿的随意和自然，这是那种能够自主，而且是在豪门大院当家做主的人才有的风度。他跟那些一有灵感就自我陶醉，语言随之变得不安分不自然的作家截然不同。叔本华讲话时，我们很难联想到这么一个学者：他天生四肢僵硬，缺乏活动，况且心胸狭窄，所以走起路来，总是一副笨拙不堪，东倒西歪，或者趾高气扬的架势。另一方面，叔本华那粗犷而且有点粗壮的心灵，并不使人怀念或是诋毁优秀的法国作家笔下那种挥洒自如和宫廷式的典雅。在他身上，人们见不着那种摹仿来的，仿佛过分华丽的，德国作家们又孜孜以求的伪法式风格。有时候，我倒觉得叔本华的表达跟歌德类似，除此之外，我想不出任何德国样板。他的功夫在于平易中见深刻，激动人心而不求助修辞，科学严谨但不迂阔繁琐。这种功夫他跟哪个德国人学得到？他也丝毫不受莱辛那种钻牛角尖的、灵活过头的——斗胆地说——很不德国式的文风的影响。这是一件了不起的事情，因为在散文艺术方面，莱辛是最具诱惑力的德国作家。为了表达我对他的写作方式的最高评价，我就用他说的一句话来评论他本人：“哲学家必须十分诚实，才能舍弃诗意的或者修辞方面的辅助手段。”在舆论主宰一切的时代，若把诚实当做一回事，甚至是一种美德，这当然是一种遭到禁止的个人见解。因此，如果我重复我的观点：他在写作中也是诚实的，而诚实的作家实在太少，人们应该对所有写作的人表示怀疑——那么，我并不是在赞扬叔本华，而是在勾勒他的特征。说到诚实，我只知道有一个作家可以跟叔本华媲美，也许还略胜一筹：他就是蒙田。这个人的写作，的确给人们平添了许多生活乐趣。至少我个人在结识这个最自由、最有力的心灵之后有这种感觉，所以我不得不借用他评论普鲁塔克的话来描述这种感觉：“一见到他，我仿佛就平添一条腿，插上一根翅膀。”如果给我一项任务，要求我在世上找到温馨如家的感觉，那我一定和他神交。

除了诚实，叔本华和蒙田还有一个共同特征：一种真正的，令人开心的快活情绪。Allis laetus，sibi sapiens①。有两种很不相同的快活。真正的思想家，不论正经还是玩笑，不管是表达人性的敏锐，还是神性的宽厚，都使人心旷神怡。他没有愤世嫉俗的神情，没有颤抖的双手和盈眶的泪水，他自信而质朴，富有勇气和力量，也许不乏骑士风度，甚至略显僵硬，但他毕竟是胜者。目睹胜利之神把制服的妖魔鬼怪踏在脚下，人们会感到一种最深刻、最内在的快乐。与此相反，有时在某些平庸的作家和浅薄的思想家身上见到那种快活情绪，却使我们在阅读时大为不悦：大卫·施特劳斯就使我产生这种感觉。有这种快活的同代人，真真使人难堪，因为他们将使这个时代，以及我们这些属于这个时代的人，在后人面前丢尽脸面。这帮快快活活的家伙完全无视痛苦与丑恶，而这正是身为思想家的他们声称要正视，要铲除的东西。他们的快活情绪之所以令人厌恶，是因为造成了假象：它想欺骗世人，使之相信他们胜利了。其实，取得胜利，才有快乐；不论是思想力作，还是艺术作品，都是如此。尽管内容可能跟艰难人生同样恐怖，同样严肃：只有当半吊子思想家和半吊子艺术家们施放出愤懑的烟雾之后，作品才使人感到压抑和痛苦；与之相反，再也没有比靠近一个胜利者更快乐、更美好的事情了。由于他做过最深刻的思考，他必然热爱那生机勃勃的事物，而作为智者，他最终还是倾向于美。他说话实在，既不结结巴巴，也不人云亦云；他

① 拉丁语：快活的外表，智慧的心灵。

一举手一投足，还有他整个的生活都很实在，他不像一般人，戴着厚厚的面具生活。因此，一靠近胜利者，我们就感到亲切，自然，真想跟歌德一样高喊："生机勃勃的事物是多么伟大，多么奇妙！它显现得多么充分，多么真实，多么实实在在！"

我所描述的，不过是叔本华在我这里唤起那种近乎生理感受的初始印象，或者说是跟天才做最初的、最轻柔的接触时，对他那神奇的内气外溢的感受。事后我分析这种感受，发现里面混杂着三种元素：诚实，快活，坚韧。他诚实，因为他跟自己说话，而且说给自己听；他快活，是因为通过思考克服了最困难的事情；他坚韧，是因为必须如此。他的力量好似寂静无风时的一束火焰，直线升腾，坚定不移，不见一丝抖动和摇晃。他总能找到路，却没有人发现他觅过路。他仿佛受制于地心引力，径直奔去，他轻松、稳健，义无反顾。如果有谁感觉出在我们这个四不像的时代，发现一个完整的，统一的，坐怀不乱的，生动活泼的，无拘无束的人物意味着什么，那他一定理解我在发现叔本华时所感受的快乐和惊奇：我觉得，他就是我苦苦寻觅的教育家和哲学家。尽管我见到的只是一本书，这的确是一个很大的缺陷。正因如此，我倍加努力，透过书本去想象那个活生生的人。他的伟大遗嘱摆在我的眼前，他指定的继承人全都有意愿，有能力超越读者，也就是做他的儿子和弟子。

三

我对一个哲学家所做的阐述，与他所能给予的启示恰好吻合。毫无疑问，他的榜样能够吸引整个的民族，印度历史就证明了这点，因为一部印度史几乎就是一部印度哲学史。但是，榜样的力量不仅来自书本，而必须来自看得见的生活，这就像希腊哲学家做出的表率，因为他们的榜样更多地体现在表情、举止、服饰、饮食、习惯，而不是说话，更不是写作。在我们德国，还不具备实践这种勇敢的，看得见的哲学家生活的条件；如果说这里的思想家似乎早已得到解放，那他们的肉体也在逐渐脱离思想。但是，如果不能从早到晚，不能通过眼神和脚步来证明所获得这种无所羁绊——说到底是创造性的自我限制——那么，再说这种思想是自由的、独立的，就不过是一种痴心妄想。康德蛰居在大学校园，他规规矩矩，做出一副虔诚模样，还得应酬同事和学生：他的榜样自然是首先造就出大学教授以及教授们研究的哲学。叔本华跟学者圈子关系甚少，他独来独往，彻底独立于国家和社会。这就是他的榜样，他的表率，关于他，我们就从这些表面现象谈起。但是，在德国，哲学家生活的诸多解放程度还不为人知，但不会永远如此。呈现在我们眼前的一个最为有力的榜样——理查德·瓦格纳——证明天才不用害怕和现存形式与制度产生最严重的敌对，如果他真想把存在于他内心的、更为高级的秩序和真理昭示于人的话。可是，我们的教授们谈得如此起劲的“真理”，就像一个老实巴交的人，谁也不担心他会捣乱、反常：他是一个懒懒散散，贪图安逸的家伙，他一而再，再而三地向所有现存势力保证，谁也不用因为他而耗费工夫，他不过是纯科学。因此，我要说，我们的艺术家活得更勇敢，德国哲学必须逐渐忘记它的“纯科学”身份，在此，正是叔本华其人树立了榜样。

他成为这么一种人生的榜样，这是奇迹，而非小事：他面临里里外外三重危险，脆弱点的，早就给压瘪、压碎了。我倒觉得有迹象表明，叔本华其人行将湮没，充其量留下一堆“纯科学”：但也只能说充其量，最有可能的，倒是人和科学一同消失。

近代一位英国人，就不同寻常的人物在循规蹈矩的社会最容易碰到的危险写道：“这些性格迥异的人物开始是受到压制，继而忧伤，继而生病，最终病死。若是在英国，雪莱活不到头，雪莱们同样无法生存。”我们的荷尔德林，克莱斯特，以及别的一些人都毁于这种超常的性格，他们无法忍受所谓的德国教养氛围。只有贝多芬、歌德、叔本华、瓦格纳这种坚如磐石的人物才能巍然屹立。但即便是他们，也在许多的特征和皱纹上面显露出鏖战和挣扎带来的后果：他们的呼吸更为沉重，声音趋于失利。一个老练的外交家跟歌德见过一面之后，便告诉他的朋友们：Violàun homme，gui a en de grands chagrins！[①]歌德把这句话译成了德语：“这也是一个历经坎坷的人！”他还补充说：“如果在我们的面部特征中，无法抹去既往的痛苦和完成的事业留下的痕迹，那么，假如我们和我们的事业所剩下的一切都打上同样的烙印，这就不足为怪了。”这就是歌德。我们那些文化市侩把他奉为最幸福的德国人，是为了证明跟他们相处也能幸福起来——其弦外之音是，谁要是在他们中间感到不幸和孤独，那他就得不到宽恕。因此，他们十分残酷地确立一条定律，并真的做出阐释：孤独者咎由自取。这样，可怜的叔本华也是咎由自取，因为他把哲学看得比同代人重要。他所以不幸，还因为歌德使他懂得，要拯救其哲学，就不惜一切代价去抵抗同代人的漠视。根据歌德的观察，有一种宗教裁判所式的审查被德国人玩得炉火纯青：这就是攻打不破的沉默。人们由此取得了很大的成功，因为他的代表作的第一版大都榨成了纸浆。人们的漠视，又将使他的壮举化为乌有，由于面临这种危险，他陷入了严重的、难以克服的不安，他也没见到任何一个有分量的追随者。目睹他如何苦苦搜寻哪怕是一丁点成名的迹象，我们不禁黯然神伤。现在，他的书终于找到了读者（legor et legar）[②]，这一响亮，而且是过于响亮的胜利，多少有些痛苦而感人的意味。从他那些没表现出哲学家尊严的特征，可以看出这是一个遭受痛苦的人，他因为他那最珍贵的财富而忐忑不安。他担心失去他微薄的财产，无法坚持他对哲学所采取的纯洁的、地道的希腊式立场，为此，他痛苦不堪。可信赖的，有同情心的人，他总是求而不得，最后，他只好带着一脸的忧伤，回到他忠诚的狗的身旁。他是地地道道的隐士，从未得到志趣相投的朋友们的安慰。有一个或一个没有，有一点或一无所有，这中间真是天壤之别。有个真正的朋友，就绝不知道何为孤独，这种人即便四面树敌，也不知何为孤独。——我看得出来，你们不知孤独为何物。哪里有强大的社会，政府，宗教，舆论，简言之，哪里有专制，哪里的哲学家就成为仇恨对象。原因在于哲学家给人们提供了一个将专制拒之门外的避难所，提供了一个心灵的洞穴，一个精神的迷宫。对此，暴君们大为恼火。那是孤独者的隐蔽之处，但也潜伏着极大的危险。这些把自由转移到内心的人，必定

---

① 法语。

② 拉丁语：我读别人的书，也希望有人读我的书。

也有外在生活，他们看得见，也避不开人。由于身世、住所、教育、祖国、偶遇，他人主动等缘故，他们有无数的人际关系，人们也假定他们持有无数流行的观点。不做否定的表情，一律视为肯定，不做雷霆万钧的手势，一律看做赞成。这些孤独者和精神自由人深知自己总是在什么地方显得跟自己的思想不一致。他们无非追求真理和诚实，可四周却布满一张张误解的网。他们的强烈欲求并不能驱散那笼罩着他们事业的浓雾，而这团雾气夹带着谬误，迁就，虚情假意，碍于情面的沉默，错误的解释。所有这些，构成一缕忧伤的迷雾，浮现在他们的额头；因为假象成为一种必然。对此，他们恨之入骨，甚至超过了死亡。长时间的愤懑使他们变得性格暴躁，咄咄逼人。他们不时地为这种身不由己的隐蔽自我，为自己不得已的克制实施报复。他们走出洞穴，一脸可怕的神情，他们的一言一行都好似一次次的爆破，他们是有可能自我毁灭的。叔本华的生活就是如此险恶。这些孤独者尤其需要爱，需要同志，他们对同志就像对自己，尽可坦率、朴实无华，不再因为伪装、沉默而痉挛。你们一旦夺走这些同志，就会造成一种愈来愈大的危险。海因利因·封·克莱斯特就是因为缺乏爱而走向了崩灭。若把超凡的人物驱赶到内心深处，使他们每次复出都好似火山爆发，这将是一种对付他们的可怕手段。但是，不断会出现一个四面楚歌却又立于不败的半神。如果你们想听听他孤独的吟唱，就听一听贝多芬的音乐吧。

孤独是叔本华成长过程中的第一个危险。那第二个危险叫做对真理的绝望。这一危险伴随着每一个从康德哲学起步的思想家，只要他是一个精力充沛、全身心地投入痛苦和欲望的人，而不仅仅是一架啪嗒啪嗒的思维机器，运算机器。可是，我们都很清楚，这种假设是多么令人惭愧。我觉得似乎只有极少数的人吃透了康德，化为自身的营养。尽管所有的书都宣称，这位不声不响的学者在所有精神领域都引发了一场革命，这点我却无法相信。我从人们的脸上看不出在整个领域发生革命之前，他们自身已进行过一场革命。可一旦康德有了广泛的影响，我们就将见到一种破坏一切，腐蚀一切的怀疑主义和相对主义，只有在那些最活跃、最高贵，绝对无法忍受悬疑状态的思想人物那里，才表现为一种心灵震撼，以及对一切真理的绝望。比如，康德哲学对海因利希·封·克莱斯特就产生了这种影响。有一次，他以感人的方式写道：“我不久前接触到康德哲学——现在我得给你讲述一种思想，因为我不能设想你将和我一样，受到一种深刻而痛苦的震荡——我们不能判断我们称之为真理的东西，的确是真理，或只是看似真理。若是后者，我们现在收集的真理，在我们死后便一文不值。我们百般努力，以获得一笔能够带入坟墓的财产，却只是枉费心机。如果这一思想锋芒不能刺伤你的心，你也千万别嘲笑一个在最神圣的内心受到严重伤害的人。我惟一的最高的目标消失了，我根本就不再有什么目标。”的确，人们何时才能产生克莱斯特式的自然感受，何时才学会拿“最神圣的内心”来衡量一种哲学的意义？只有这样，我们才能评价继康德之后，叔本华对我们具有何种意义：他是我们的领路人，他把我们从弥漫着怀疑的烦恼或者说绝望的批判的地洞，引向悲剧观照的高峰，终于使我们头顶群星闪烁的广袤夜空，而他自己则首先走出了这条道路。他的伟大在于他直面作为整体的生活，然后又将生命作为整体加以阐述。而某些最敏锐的头脑也无法摆脱谬误，以为一板一眼地研究这幅画的颜料和画布，就能做出更好的阐释；也许他们会得出结论说：这是一块编织得十分复杂的画布，上面的颜料根本无法做化学分析。要理解这幅画，就必须猜出画家是谁——这个道理叔本华很清楚。但是，各个学科的人都致力于理解画布和颜料，而不是画。我们甚至可以说，只有直视那囊括生命和存在的整幅画面，才能从事单个的科学研究而不受损害，因为如果没有这么一幅整体画面来调节，各种学科只是一节节不仅仅引不到头，反倒使生活变得扑朔迷离的绳索。如上所述，叔本华的伟大，就在于他跟哈姆莱特探究幽灵一样，去探索那幅画面，他既不像学者们那样舍本求末，也不似漫无节制的辩证学家，纠缠繁琐的概念。研究这号四分之一哲学家之所以有趣，是因为我们可以看清他们在哲学大厦中，总是急于寻找那些允许他们以学者的方式做正反论证，允许他们思考，怀疑，反驳的地方，是因可以看出他们借此逃避每一种伟大哲学对他们的要求，因为伟大的哲学最终总是告诫人们：这就是展现大千世界的画面，你要从中领会你生活的涵义。反之亦然：仔细阅读你的生活，从中领会大千世界的象形文字。叔本华的哲学也应首先从这个角度加以阐释：它是个性化的，是个人为自身建立的，目的在于认识自身的苦难，需要，局限，在于找到良药和安慰，即牺牲自我，服从最高尚的意旨，首先是服从公正和仁慈的意旨。他教育我们要把促进人类幸福的真正途径和虚假途径区分开来，使我们懂得无论财富，荣誉，或者学识，都无法消除对存在无价值的烦恼，而且对这些东西的追求，也只能通过一个更高的、美化一切的目标——获得力量，以此弥补自然属性并或多或少地纠正其愚蠢和笨拙——得到辩解。起先利己，最终利人。当然，这种追求将使人陷入深刻的、彻底的沮丧，因为，无论个人还是整体，还有多少东西，在多大程度上可以得到改善！

如果把这些话用到叔本华身上，我们就接触到他陷入的第三种，也是最特别的一种危险，这种危险隐蔽在他的本质的结构和骨架之中。每个人都会发现自己的天赋和道德意志方面的缺陷，并为此产生忧伤和渴望。就像他因为罪孽感而渴望圣人一样，他作为知识分子，深切地渴望自身的天才。这就是一切真正文化的根基。如果我把这种根基理解为渴望作为圣人和天才获得新生，那我知道不必做佛教徒也能理解这一神话。一旦我们发现有才气而无这种渴望的人，比如学者癖或者所谓的文化人，我们就会产生反感和厌恶。我们觉得这些人及其精神，不但无助，反倒有碍于文化的发展和天才的培养——一切文化的目标。这是一种僵硬化的状态，其价值只相当于那种习惯性的、冷漠的、自鸣得意的道貌岸然姿态，和真正的圣贤人格相距甚远，而且有意保持距离。叔本华的天性包含一种奇特的，极度危险的两重性。很少有思想家像他那样强烈而清醒地感觉自己才华横溢，而他的天才又向他做了最高的承诺：在近代人类的土地上，没有什么东西能比他的犁头翻出更深的犁沟。所以，叔本华确信他一半的天性得以满足和实现，他无欲无求，清楚这半边天性的力量，所以，他作为战无不胜的集大成者，带着尊严与气魄，捍卫其天职。但在他的另一半天性之中，又存在一种巨大的渴望。这个不难理解，因为我们听说他曾带着痛苦的眼神，扭头避开特拉普修道院[①]的伟大创始人——兰瑟[②]的画像，嘴上还说：“这是恩赐。”天才更加渴望神圣境界，因为他站得更高，看得更远，更清晰。他看见认识和存在的和解，看见那平静的，否定了意欲的王国，看见印度人谈论的彼岸。可这正是奇迹所在：叔本华的天性若是没有毁于这种渴望，也没有沦于僵化，它该是多么不可思议，多么坚不可摧。个中滋味，随人理解。这得看他本性如何，看他深

---

① La Tranne.

② Rancé。

刻与否。但是，我们谁也无法彻底领会他整个的分量。

人们越是反思上述这三种危险，就越是想不通叔本华以何等的顽强来抵御危险，想不通他，而且恰恰是他如何雄赳赳地走出了战场。尽管他也有许多伤疤和尚未愈合的伤口，尽管他显出粗暴，甚至好斗的情绪。他自己的理想超越了哪怕是最伟大的人物。尽管有这些伤疤和污渍，叔本华还是可以成为榜样，这是毫无疑问的。甚至可以说，他身上那些不太完美、过于人性的因素，若从最人性的角度看，恰好使我们得以接近他。因为，我们把他看成苦难者，看成难兄难弟，而不仅仅是拒人千里的高傲天才。

威胁叔本华这三重来自性格的危险，也在威胁我们大家。每个人都有一种创造的个性作为他本性的内核，当他意识到他的个性时，他的头顶就会浮现一轮陌生的光环，超凡者的光环。对多数人而言，这种东西全然无法忍受，因为他们——如上所述——懒惰，因为那个性之上挂着一连串的辛劳和重担。这些负重累累的超凡者的生活，无疑失去了青年人渴望得到的几乎一切东西：快乐，稳定，轻松，荣誉。孤独的命运便是邻人赠予他的礼品。荒漠和地穴即刻呈现在他眼前，他尽可择地而居。现在他必须坚持不屈不挠，不怨天不尤人。因此，他尽可向叔本华这种优秀而勇敢的战士看齐。但是，威胁叔本华那第二种危险也并不罕见。总有什么地方会出现一个天生目光敏锐的人，他的思想喜欢走辩证法的双重轨道；如果他稍不谨慎，让其天才随意驰骋，就容易出现下述情况：他的人走向了毁灭，仅仅在“纯科学”中过着一种幽灵般的生活，或者由于他习惯在事物中寻找赞成和反对，他面对真正的真理反倒困惑起来，生活失去勇气和自信，他否定，怀疑，破坏，不满，提心吊胆，等候失望的打击：“就是狗也不想继续过这种日子！”第三种危险是道德与智性的僵化。一个人扯断了连接他和理想的纽带，他在这个或那个领域不再有生育能力，不能再传宗接代，他在文化上变得虚弱无用。他的个性变成了不可分割，不可诉说的原子，成为冰冷的石块。如是观之，一个人就有可能毁于个性或是对个性的恐惧，有可能毁于自我或是放弃自我，毁于热望或是冷漠，其实，生活就意味着历险。

叔本华无论生活在什么时代，都会遇上这类本质性的危险，但他还面临一些来自他的时代的危险。只有将来自性格与来自时代的危险区分开来，才能从根本上理解叔本华的天性所具有的楷模意义和教育意义。我们就想象哲学家注视着存在：他想重新确定其价值。因为，一切伟大的思想家最根本的任务就是作为立法者，确立万物的尺度，价值，分量。如果人性像他开始看到那样，是一颗软搭搭的、被害虫咬得千疮百孔的果实，他该遇到多大的障碍！为了公正地对待存在，他得给毫无价值的当代添加多少东西！如果说研究古代或其他民族的历史有价值，那么这首先是对哲学家有价值。哲学家想公正地评判整个人类的命运，他评判的不仅是均等的命运，而且首先是个人或者整个民族所遭遇的最高命运。可是，当代的社会对人纠缠不休，它影响并制约着人们的眼光，尽管哲学家们并不希望如此。人们在总结时，往往不自觉地给予过高的评价。所以，哲学家评价其时代，必须考虑它和其他时代的差异，而在他自身超越时代的同时，他对时代的描述也应超越时代，既让它毫不显著，又大加弘扬。这是一个艰难的，几乎无法完成的任务。古希腊哲学家对存在价值的判断，比现代的判断包含有更多的内容，因为在他们眼前和四周，是一种充盈而完美的生活，而且当时的情况与现在有所不同，思想家的感觉还没因为对生命自由、美、伟大的渴望和追求真理的分裂，而出现混乱，他们的真理只包含一个问题：存在究竟有什么价值？如果知道恩培多克勒斯[①]在希腊文化充满最强劲、最奔放的生命乐趣时对存在发表的看法，这对所有时代来说都很重要。他的判断很有分量，特别因为在那个伟大的时代，还没有一个大哲学家以相反的判断来反驳他。他无非表达得最清楚，其实——如果竖起耳朵听听——他们都在说同一个意思。如上所述，现代思想家总是为一个没有实现的愿望而痛苦：他要求人们重新展现出生命，展现一种真实的、鲜红的、健康的生命，以便他做出判决。他认为，在自信可以当公正的法官之前，他本人有必要做一个生机勃勃的人。这就可以解释为什么近代哲学家恰恰都是生命和生命意志的最有力的支持者，为什么他们渴望逃出他们那个苍白无力的时代，去追寻一种文化，一种悦目的形体。这种渴望对于他们也是一种危险：在他们身上，一个生命的改革家同一个哲学家，即生命的判官，展开了搏斗。不论哪一方获胜，都是一种损失。那么，叔本华是如何躲避这种危险的呢？

如果说伟人最容易被看做时代的真正产儿，如果说他比所有的小人物都

---

① Empedoclev.

更强烈、更敏锐地感觉出时代的缺陷并且为此而痛苦，那么，他**反对**其时代的战斗就像是一场毫无意义的，毁灭性的自我搏斗。他力图克服的，是时代中那些有碍于他成为伟大——对他而言，这意味着成为自由而完整的自我——的因素。由此可见，他从根本上反对的东西虽然在他身上存在，但并不属于他真正自我。他反对无法混合并永不调和的东西杂然并存，反对把合乎时宜和他的不合时宜错误地焊接在一起。这所谓的时代产儿，最终证明自己不过是时代的**弃儿**。因此，叔本华从青年时代就开始和那个虚伪的、虚荣的、缺乏尊严的母亲——时代——作对，他从自身剔除她的一切影响，从而净化并且治愈了他的天性，重新恢复了那属于他的纯洁和健康。我们必须把叔本华的著作当成时代的镜子，而当镜中一切合乎时宜的东西就像扭曲人形的疾病一样呈现出来，当它呈现为羸弱和苍白，呈现为两眼无神，没精打采，呈现为后娘虐待造成的明显痛苦时，这当然不能归咎于镜子的某一缺陷。在他这里，渴望强壮的天性，渴望健康、朴实的人性，也就是渴望自我。他一旦在自己身上征服了时代，就会带着惊异的眼神，注视自身的天才。他的本性奥秘终于显现出来，后娘似的时代企图向他隐藏其天才，但没能得逞，他发现了一个让自然属性熠熠生辉的王国。如果他把无畏的目光投向“生命究竟有什么价值”这个问题，他就不必去诅咒一个混乱而苍白的时代，及其伪善而朦胧的生活。他很清楚在这世界上可以找到，可以达到比这种合乎时宜的生活更高、更纯粹的境界，谁要是按照这一丑陋的形态去认识和评判存在，他就对存在极不公正。不，目前呼唤天才，为的是听听他——生命的最高成果——究竟能否为生命辩护。一个有创造性的伟人，应该回答一个问题：“你从内心深处肯定这存在吗？你感到满足吗？你想做它的代言人和拯救者吗？因为，只要你说出一声真诚的‘是的’！受到严重指控的生活就将获得自由。”他将作何回答？——这将是恩培多克勒斯式的回答。

四

就算上面的暗示没人理会，对我来说，重要的是一项显而易见的任务，也就是解释我们大家如何才能接受叔本华的教育，跟时代**对抗**——因为我们具有一个有利的条件，可以通过他来真正**了解**这个时代。假如这真是一个有利条件的话！几百年后，这是绝对不可能的。一想到下述情形，我就十分开心：不久人们就会厌倦读书，厌倦作家，学者们总有一天会陷入深思并立下遗嘱，宣布他们的尸体将放在他的书，特别是著作中间火化。如果未来的森林日益稀少，有朝一日是否有必要把图书馆当柴、草、枯木来处理？既然多数的书都在脑袋里的烟雾之中产生，它们就应该重新化做烟雾，既然它们不曾冒出火花，现在就应受到火花的惩罚。因此，也许我们这个时代恰恰要被未来的世纪看做saeculum obscarum①，因为人们最起劲，最长久地拿他们的产品来供应炉火。我们还能了解这个时代，这是一件多么幸运的事情！如果说研究自己的时代毕竟有一点意义，那么，若能仔细研究，不再存有任何疑虑，就算是一种幸运。这正是叔本华给予我们的启发。

当然，如果在研究过程中发现没有一个时代像我们时代这么自豪，这么充满希望，人们会感到百倍的幸运。可是，在地球上的某些角落，比如德国，就有一些天真烂漫的人，他们正准备相信这点，他们一本正经地说什么在过去几年中，世界已得到改善，还说对存在抱有最沉重，最阴暗的疑虑的人都将遭到“事实”的反驳。实际情况是：新兴的德意志帝国，是对一切“悲观”哲学决定性的，致命的一击。这点确凿无疑。谁想回答作为教育者的哲学家，对我们的时代有何意义，他就必须对上述那种广为传流传的，在大学里很有市场的观点做出回答，而且要注意的是：那些所谓有思想，有名望

---

① 拉丁语：蒙昧的世纪。

的人，竟然也说一些令人生厌的、崇拜时代的花言巧语并且一再重复，这真是奇天大辱，也说明人们全然不知哲学的严肃和报纸的严肃相距多远。这些人不仅把哲学，而且把宗教思想丧失殆尽，他们因此贩来的，绝非乐观主义，而是报章风格，是日常生活和日报的精神与非精神。每一种相信政治事件可以转移，甚至解决存在问题的哲学，都是消遣哲学、狗屁哲学。自从有了世界，就不断有国家建立，这是古已有之的现象。一场政治革新，怎么可能一劳永逸地把人们变成安居乐业的地球居民？但谁要是真心实意地相信这种可能，他就应该站出来，因为他的确有资格去一所德国大学做哲学教授，就像柏林的哈姆斯①，波恩的尤尔根·迈耶②，慕尼黑的卡里耶③。

在此，我们尝到最近四处宣扬那种学说所带来的后果：他们说国家是人类的最高目标，个人的最高职责就在于为国家服务。我倒认为，这种学说不是向异教，而是向愚昧倒退。一个把服务于国家视为天职的人，也的确可能不知道还有更高的职责。但是，还有不同的人，不同的职责——在我看来，这些职责甚于为国服务，其中一条则要求人们铲除任何形态的愚昧，当然也包括这种愚昧。因此，我研究一种人，他们的目的论多多少少超出了国家的福利，我研究的，是哲学家，我研究的目的，是为了一个在很大程度上独立于国家福利的世界：文化。构成人类群体的，是杂然相扣的诸多环节，其中有纯金的，也有铜锌合金的。

哲学家又是如何看待我们时代的文化呢？当然跟那些在国家里安居乐业的哲学教授们极不相同。如果他想想那无处不见的奔波和越来越快的堕落，如果他想到一切悠闲和纯朴生活的终结，他几乎会看见文化被彻底毁灭，被连根拔起的征兆。宗教的潮水已退，留下了沼泽和池塘，国与国之间势不两立，恨不得食肉寝皮。人们毫不节制，盲目按照laisser fair的原则来从事科学研究，粉碎并瓦解了一切坚定的信仰。文质彬彬的阶层和国家也投身于可耻的金钱生意。世界从来没有这样世俗化，这么缺乏爱与善。知识阶层不再是灯塔或者抵挡世俗化骚乱的避难所，他们自身就变得日益不安，日益缺乏思想和爱心。一切都在为渐近的野蛮鸣锣开道，就连当代的科学和艺术也在同

① Harms.

② Jügen meyer.

③ Carriere.

流合污。文化人蜕变为文化的头号敌人，因为他想借谎言消除那流行的疾病，阻挠医生的行动。如果有人谈论他们的弱点，抵制他们有害的撒谎作风，他们——可怜的，弱不禁风的滑头——便气急败坏。他们太愿意使人们相信他们超过了一切时代，并且手舞足蹈，做出一副快乐模样。有时，他们那种假装幸福的方式还颇为动人，因为他们的幸福是如此地不可思议。人们甚至不想拿汤豪舍[1]对比特罗尔夫[2]提出的问题——你这大可怜虫究竟有过什么享受？——来难为他们，因为我们了解别的情况，心里更清楚。寒冬袭人，我们住在高山上，处境危险，缺衣少粮。快乐是短暂的，惨淡的阳光沿着白生生的山崖，向我们悄然走来。此刻突然响起了音乐，一个老人摇着风琴，人们翩跹起舞——目睹这一景象，漫游者不禁怦然心动：这一切本是那么粗犷、封闭、惨淡、无望，现在却从中升起了快乐的音响，而且是无思无虑，热热闹闹的快乐！可是，夜雾袭来，声音逐渐消失，漫游者离去，脚下嚓嚓声响，目所能及，大自然都呈现出一副苍凉而残酷的面庞。

但是，如果说光强调现代生活画面的线条太虚弱色彩太死板，有嫌片面，那另外一面也绝对不是更加喜人，它只是更加使人不安。这里蕴藏着力量，这是些巨大，却又粗犷、原始、残酷透顶的力量。一眼望去，令人忐忑不安，就像看着巫婆厨房里面那口沸沸翻滚的油锅时的感觉：那里随时都有可能蹿出火焰，发生爆炸，展现各种可怕的现象。一个世纪以来，我们对各种翻天覆地的震荡有了心理准备。如果说人们近来一直在尝试以所谓的民族国家的建构力量，来对抗坍塌或者爆炸这类最为深刻的现代倾向，那么在很长的时间里，民族国家本身也只是在增加这普遍的不安和危险。对于这些忧患，每个人脸上都是一无所知的神情，我们并不为此感到困惑。他们的不安，证明他们心中明亮，他们急不可耐地、一门心思地为自己盘算，真可谓前无古人，他们未雨绸缪，跟在幸福后头穷追猛赶，仿佛非在一夜之间到手不可：也许从后天起就不可能再打猎了。我们生活在原子时代，原子式混乱的时代。在中世纪，教会把敌对力量勉强结合在一起，它的强大压力又使他们在一定程度上互相吸收。纽带一断，压力减少，他们就会相互怨恨起来。

---

① Tannhäuser.

② Biterolf.

宗教改革把许多东西宣布为无关紧要，宣布为不受宗教思想制约的区域。这就是他们为独立生活付出的代价，当初基督教在宗教情绪更为浓厚的古代，为争取自身的存在也付出了类似的代价。从那以后，裂口越来越大。现在，世界上几乎所有事情都只是受那些最粗俗，最邪恶的力量，即逐利者的私心和军队铁腕人物的制约。掌握在后者手里的国家，就像逐利者的私心，试图亲自来重新组织一切，成为所有敌对力量的纽带和压力，就是说，它希望人们对它顶礼膜拜，就像当初崇拜教会那样。结果如何？我们拭目以待。无论如何，我们都还处在夹带着冰块的中世纪河流当中。冰块融化，出现了毁灭性的湍流。冰块一层叠一层，河岸被淹灭，被破坏。革命无法避免，而且是一场原子式的革命：可构成人类社会那最小的、不可分割的基本材料又是什么？

毫无疑问，人性在革命临近时受到的危险，比在社会崩溃并且乱成一团时遇到的危险还要严重，向忐忑不安和争分夺秒的贪婪则诱发了怯懦和心中的自私欲望，可是，真正的困境，特别是共同的灾难，常常改善人，温暖人。面临我们时代的危险，有谁愿意对人性——世世代代的人类积累起来的，不容侵犯的神庙圣物——尽卫士和骑士义务？当人们仅有私心和筛糠般的恐惧，因而不成人样，当他们陷入兽性或者僵硬的机械状态的时候，有谁来树立人的形象？

近代历史先后为我们树立了三种人的形象，他们将长久地鼓励终有一死的人去美化自己的生活：这是卢梭其人，歌德其人，最后是叔本华其人。三者当中，第一位的火势最猛，取得了最广泛的影响，第二个只适合于少数人，也就是那些高级闲人，为大众所误解的人。第三个要求最活跃的人来观赏。只有这种人才能观赏又不受损害，因为这一形象使闲人疲惫，大众恐惧。第一个身上辐射出一种引发大革命并且为之推波助澜的力量。在所有的社会主义的震撼和地震当中，是卢梭其人在兴风作浪，他就像埃特那火山底下那条古老的百头火龙。此人被傲慢的阶层和冷酷的富人所压迫，差点压得粉身碎骨，他的灵魂受到神父和恶劣教育的侵蚀，他为自己的可笑举止感到羞耻，因此，这个身陷困境的人呼吁“神圣的自然”，突然感到这神圣的自然就像那伊壁鸠鲁神和他遥遥相隔。神圣的自然听不到他的祈祷，因为他在非自然的泥潭中陷得太深。他带着一脸的讥诮，从身上摘下花里胡哨的首饰并且全部扔掉，他在不久以前还觉得这些东西是他最本真的天性，这里头有他的艺术和科学，有他的高雅生活带来的诸多好处。他捶击四壁，因为里头的晦暗使他如此退化，他呼喊光明，太阳，森林，岩石。当他呼喊“唯有自然好，自然人才有人性”的时候，他正蔑视自己，渴望超越自身。凭着这种情绪，他的内心已做好赴汤蹈火的准备，但也从深处唤起最高贵，最稀罕的情感。

歌德其人没有这种咄咄逼人的力量，从某种意义上讲，他恰好是对付卢梭其人陷入那些危险冲动的中和剂和镇静剂。歌德年轻时，曾带着一颗饱满的爱心去追随善良天性的福音。如果看看浮士德对生活的热望，看看他的不满和渴求，以及他如何同心灵的魔鬼打交道，就会看出他是卢梭其人的最高级，最大胆的摹本。但是，现在我们应该看看在这层层叠叠的云雾之中将出现什么——当然不是闪电！这里所浮现的，是人，是那歌德式人物的崭新形象！人们应该想到，浮士德是作为永不满足的愤怒者和解放者，作为出于善良而进行否定的力量，作为真正从事颠覆活动的宗教式和魔鬼式天才，去游历四面楚歌的生活，他和那位毫无魔鬼气质的陪伴者恰成对比，尽管他无法摆脱后者，对其恶毒的怀疑和否定，既感到蔑视，又想加以利用——这正是每一位愤怒者和解放者的悲剧性命运。但是，人们如果真心期待这种结局就错了。在这方面，歌德其人有别于卢梭其人，他仇恨任何急转，任何跳跃——也就是任何行动。因此，拯救世界的浮士德，仿佛变成了一个纯粹周游世界的浮士德。生活与自然的一切领域，过去的所有时代，艺术，神话，各种科学，都目睹这个永不餍足的看客匆匆走过，最深刻的欲望被唤醒，被熄灭，就连海伦娜也没法使他长久驻足——时候到了，这是他幸灾乐祸的陪同窥伺已久的时刻！遨游在某个地方结束，羽翼掉落，梅菲斯托费勒斯即刻赶来。德国人如果不做浮士德，他最大的危险莫过于变成市侩，落入魔鬼的掌心。——惟有上天的力量可以拯救他！我已说过，歌德其人是高级闲人，他并不因为将过去和现在一切伟大的，有意义的思想变成他的养料而受苦受难，他的生活依然平静，尽管这也只是一种从欲望到欲望的生活。他不是行动者，更为严重的是，假如他在某个地方服从行动者的现存秩序，那一定不会有好结果。——就像歌德对戏剧倾注热情那种情形——尤其不会颠覆任何“秩序”。歌德式人物是一种保守的，平和的力量，但正如所说，他存在蜕变为市侩的危险，而卢梭式人物则容易变成亡命徒。前者若是多几分膂力和天然的粗犷，他的所有美德都将发挥出更大的作用。歌德似乎知道他这种人的危险和弱点所在，他在亚诺对威廉·迈斯特说的一句话中作了暗示："你感到郁闷，恼火，这倒是好事，你要真正发起火来，那会更好。"

直截了当地说，我们有必要发一通火，以便情况变好一些。在此，叔本华式人物应该给予我们勇气。**叔本华式的人物自愿担当诚实带来的痛苦，**这种痛苦帮助他取消意志，为彻底改变和颠倒他的本性做准备，而生命的意义就在于促成这种改变和颠倒，说出真话，别人就觉得这是恶毒的表露，因为他们把保存一知半解和虚假理由看做人性的义务，认为只有恶毒的人才会破坏他们的游戏。他们很想对这种人喊出浮士德对梅菲斯托费勒斯说的一句话：

"你就用冰冷的魔鬼拳头，
粉碎生生不息的创造力。"

一个想过叔本华式的生活的人，跟梅菲斯托费勒斯比跟浮士德更为相似——弱视的现代人就是这种观点，因为他们总是把否定看成恶毒的标志。但是，有一种否定和破坏的方式，恰好是强烈渴望神圣化和拯救带来的结果。叔本华作为第一个指出拯救和神圣化前景的哲学老师，来到我们这些丧失了神性，变得非常俗气的人中间。一切可以被否定的存在，也活该被否定，诚实就意味着相信一种根本无法否定的，本身也真诚无欺的存在。在诚实的人看来，他的活动具有一种形而上的，可以从另一种更高的生活法则来解释的，在理智深处加以肯定的意义：不论他所做的一切多么看似对这生活法则的破坏和摧毁。他的行动由此变成一种持续的痛苦，但是他明白埃支哈德大师[①]所讲的一个道理："能以最快速度把你们驮向完美境界的动物，是痛苦。"我想，每个怀有这种生活目标的人，都有豁然开朗之感，他心里一定会涌起一股热望，要做叔本华式的人物：这种人对自身和个人的幸福无忧无虑，格外沉着，他的认识充满吞噬一切的烈焰，全无所谓的研究者那种冷漠而可耻的

① Meister Eckhard.

中立习气，他彻底摆脱了郁闷而恼怒的心境，总是成为他发现的真理的第一个牺牲品，非常清醒地意识到诚实将给他带来多大的痛苦。显然，他的勇敢摧毁了他的尘世幸福，他甚至不得不跟他所爱的人，跟他赖以成长的机构敌对起来，对人对物，不讲半点情面，尽管这种伤害也给他带来痛苦。他将被人误解，将长期被看做他所厌恶的那些势力的盟友，尽管他力求公正，可由于他是凡人之见，他必将很不公正；但是，他可以拿叔本华——他的伟大导师——说过的话来劝说和安慰自己："幸福的生活是不可能的：人所能达到的最高境界，便是英雄人生。"英雄人生是指一个人为了一桩多少有益于众人的事业，在某种场合，以某种方式，和异常艰巨的困难搏斗，并最终取得胜利，但是，他的报酬很少，或者根本没有。最后，他和戈齐[1]的《鹿王记》中那位王子一样，变成一个石头人立在那里，但他仪态高贵，气宇轩昂。他留下了纪念，而且作为英雄让人纪念。由于艰辛和劳作，由于收效甚微以及世人的忘恩负义，他的意志在他一生中不断遭受磨灭，现在终归涅槃。这种历经坎坷的英雄人生，当然跟某些人的狭隘理解极不吻合，这些人对此发表的见解最多，还搞些伟人纪念活动，声称伟人之伟大，犹如凡人之平凡，都归结于天赐，都自得其乐，或者是因为某种机制，并且盲目服从这种内在压力：因此，没有得到天赐，或者没有感觉到压力的人，同样有权利当平凡人，就像另一类人有权利做伟人一样。但不管天赐还是压力，都是人们逃避内在命令的可耻借口，可对一个听从这种命令的人，即伟大来说，这又是一种诽谤。在众人当中，他得到的天赐或者压力恰恰最少——他和每一个普通人一样，知道如何轻轻松松地过日子，知道自己如果规规矩矩，平平常常地和自己、和别人打交道的话，供他享受那张床是多么地松软：人类建立的一切秩序，目的都在于使人们不断受到思想的吸引迷惑，失去对生命的感觉。为什么他想如此强烈地感觉思想的对立面也就是生命，为什么他为生命而痛苦？因为他发现人们想骗走他的自我，要心照不宣地把他从他的洞穴悄悄拖走。他奋起反抗，他竖起了耳朵，决计道："我要保持自我。"这是一个可怕的决定，他逐渐才认识到这点。他现在必须潜入存在的深渊，嘴上挂着一连串非同寻常的问题：我为什么活着？我应该从生活中学习什么？我怎么变

---

① Gozzi.

成了现在的我？又是什么原因使我为自身的存在而痛苦？他折磨自己，但没看见有谁在如此折磨自己，他看到周围的人更多地是扑向政治舞台所展现的精彩场面，或是戴着千百种面具，作为少年、男人、老人、父亲、市民、神父、公务员、商人，在那里神气活现地走来走去，他们热衷于这场共同的喜剧，丝毫也不反观自身。一旦有人问他们“你为什么活着”，他们立刻会骄傲地回答：“为了做一个合格的公民，或是学者、政治家。”他们是一种人，永远不可能成为另外一种人，可他们为什么恰好变成了这种人，而不是更好的类型？谁若把自己仅仅看做某一家族，某一国家，或者某一科学发展中的一环，谁想彻底投入生成的历史，投入世界史，他就没有理解存在对他敞开的教义，就应该再学一遍。这永恒的生成是一场使人迷失自我的骗人的把戏，是一种令个体彻底涣散的真正消遣，是时代这个大孩子为我们表演的，并且同我们玩弄的一场无休止的愚蠢游戏。诚实者的英雄气概，就在于他有朝一日不再是玩具。在生成之中，一切都是空洞的，骗人的，乏味的，应该受到我们的蔑视。应该解开的谜，只能从存在的角度，在此在而非他在，在恒定不变的状态中解开。现在他开始检查自己在生成过程，在存在状态中陷进多深——一项巨大的任务浮现在他的脑海：摧毁一切生成之物，把事物中的虚假成分曝光。他也想认识一切，但是他的目的和歌德式的人物不尽相同，他并非出于某种高贵的柔弱，并不想保存自我，或是欣赏事物的多姿多彩，他是他本人制造的第一个牺牲品。英雄人物对他的幸福和不幸，美德和罪孽，全都不屑一顾，他同样不屑拿自己的尺度来衡量事物，他对自身无所希冀，只想透过万事万物，看到那毫无希望的根基。他的力量在于忘却自我，想到自己的时候，他便估算自身与远大目标的差距，他仿佛看见在自己的身后、脚下，有一个不太雅观的煤渣堆。古代的思想家们竭力寻求真理和幸福——人永远找不到他必须寻找的东西，这是一条恶毒的自然法则。可是，谁若在万物之中去寻找谎言，并且自愿参与这场不幸，恭候他的，也许是又一个失望的奇迹：一种不可言说的东西——幸福和真理无非是它的偶像摹本——接近他，地球失去重力，地球上的各种力量和事件全都恍若梦幻，就像在夏日的傍晚，他沐浴着落日余晖。观赏者仿佛刚刚醒来，他的四周仿佛只有飘忽不定的梦中云朵在嬉戏变幻。但这些也迟早要消失：随后就是白天。

五

我曾许诺要结合亲身经历，把叔本华作为教育家介绍给读者，因此，如果我依然用不完美的表达，去勾勒那个就像柏拉图的理念，蛰居在叔本华身上及其四周的理想人，那就做得远远不够。我忽略了最困难的任务，即讲述怎样从这一理想获得一系列崭新义务，以及怎样通过一种有规律的活动，跟一个如此远大的目标保持联系，简言之，就是要证明这一理想**具有教育意义**。否则，人们会说这无非是那种令人舒服，甚至令人陶醉的感受，它偶尔出现一次，随后却变本加厉地把我们弃之不顾，让我们去品尝更深的厌恶。有一点也非常明显：我们就在这种情况下，在光明与黑暗、陶醉与厌恶的突然变换之中，**开始接触**这种理想，而且这种体验并不新鲜，自从有了理想，人类就有这种体验。但是，我们不应该长久地徘徊于门槛，转眼便错过了开端。由此，我们必须提出一个严肃而确定的问题：有没有可能把那个高不可攀的目标移到近旁，以便教育我们，引导我们向上？——以防歌德的一句名言在我们身上化为现实："人天生就有局限。他看得见简单的、近旁的、确定的目标，总是采用伸手可及的手段。可是，一旦进入广阔天地，他就不知道自己想要什么，该要什么。至于说他是因为目不暇接，还是因为目睹对象的崇高和尊严而茫然自失，这倒无关紧要。每当他被迫去追求某种东西：却又无法通过有规律的独立行动与之保持联系的时候，这总是他的不幸。"人们似乎恰恰有理由以此来反对叔本华式的人物：他的尊严与崇高只能让我们茫然自失，进而使我们脱离一切行动者的组织。义务之链，生命之河，都将付诸东流。也许一个人会习惯于到头来闷闷不乐地退出，并且按双重标准生活，就是说跟自己处于矛盾之中，总在什么地方感到不安，由此日益衰弱，丧失创造力；另一个人则完全放弃共同活动，别人行动时他也难得看上一眼。如果一个人面临太大的困难，又无法履行义务，那就存在很大的危险。

强者会因此毁掉，而人数众多的弱者沉湎于安安逸逸的懒散状态，而且最终将因为这种懒散而失去安逸。

鉴于上述反对理由，我乐意承认我们的工作尚未展开，而且根据自身经验，只是明确看见和了解到一点：你我都有可能戴上一串那个理想形象所要求的，可以履行的义务，而我们有些人已经感觉到这根项链的压力。不过，为了毫无疑虑地表述用来概括这一连串崭新义务的公式，我需要做以下铺垫。

每个时代思想比较深刻的人之所以同情动物，是因为它们承受着生命的痛苦，却又无力将痛苦的刺尖对准自己，无力从形而上学的角度来理解自己的存在。目睹这种毫无意义的痛苦，人们不禁怒火满腔。因此，世界上不啻一个地方的人猜想身负孽债的人的灵魂被安置到动物体内，猜想在永恒的正义面前，那种再看一眼就令人愤怒的毫无意义的痛苦，将分解为意义和结果，即惩罚和赎罪。身为动物，过着一种充满饥饿和欲望的生活，而不对生活做哪怕一丁点反思，这确实是一种沉重的处罚。人们想象不出比猛兽更艰难的命运，因为它们为钻心的痛苦所驱使，奔突在广漠之中。它们少有得到满足，得到的满足也必将化为痛苦，因为随之而来的，是与其他动物展开殊死搏斗，或是恶心的贪婪和暴食。盲目而疯狂地追求生命，而不求更高的报偿，更不知道自己在受惩罚，以及为什么受惩罚，反倒欲令智昏，就像追求幸福那样急不可耐地追逐这种惩罚——这就是动物。如果说整个大自然努力向人类进化，那这就表明只有人才能将它从动物生命的厄运中解救出来，表明存在从人身上找到一面镜子，镜中生命不再是无意义的，它显现出形而上的意义。但是，人们应该想想动物在何处消失，人在何处出现！大自然所关心哪种人！如果一个人追求生命如同追求幸福，他的目光就尚未超出动物的视域，只不过他有更多的意识，而动物惟有盲目的本能。可是，我们在一生大部分时间里处于如此状态：我们通常无法摆脱动物性，我们本身就是那种仿佛在遭受无意义痛苦的动物。

但在某些时刻，**我们认识到这一点**：此时云消雾散，我们看到我们如何跟整个大自然一道，努力向人——那种高高在上的人——奋进。在这醍醐灌顶之际，我们浑身战栗，环顾四周，满目都是狂奔乱突的高级猛兽，我们也身在其中。在那广阔无垠的地球荒漠，人们一片忙碌，他们建国立城，你争我斗，他们合久必分，分久必合，他们横冲直撞，你效我仿，他们钩心斗角，彼此践踏，他们在困境中哭喊，在胜利中狂欢——这一切都是动物性的延续：人仿佛有意退化，深受蒙蔽，竟忘记自己的形而上的天赋，而大自然在长久地盼望和塑造人之后，仿佛突然避之唯恐不及，宁愿回到无意识的本能。哦，它需要认识，但又害怕它真正需要认识，因此，火焰在不安地，东躲西藏地跳动着，仿佛它怕的是自己，它还没有触及大自然需要认识那种东西，却已点燃了千千万万的陪衬之物。在某些时刻，我们清楚自己投身五花八门的活动，无非是想逃避真正的任务，而我们都乐意在某个地方把头埋藏起来，似乎这样就可以避开长着百只眼睛的良心，我们清楚自己把心交给国家，赚钱，交际，或者科学，只是为了摆脱这颗心，而且我们在繁重的日常工作中表现出的热忱和果断，已超出生活之所需：我们觉得果断更有必要。人人惊慌失措，因为都在逃避自我：人人都小心翼翼地掩饰慌张，因为谁都想表现得心满意足，想迷惑那些目光较为犀利的观众，使后者看不见他的窘境；此外，人人都需要新鲜而响亮的词藻，以便给生活增添几分喜庆和热闹。谁都熟悉这么一种奇特的状态：脑子里一旦冒出不愉快的回忆，我们就龇牙咧嘴，大喊大叫，竭力把它们逐出脑际。可是，公众生活的表情和喧嚣，让人猜出我们大家始终处于这种状态，始终是畏惧回忆和反省。是什么东西在频频地骚扰我们？是什么样的蚊子打扰我们睡觉？我们四周有个幽灵在徘徊，生活的每一瞬间都想给我们说点什么，但是，我们不想听这幽灵的声音。一到万籁俱静，独自一人的时候，我们就害怕耳边响起喃喃低语，所以我们仇恨这份安静，要在热闹之中麻痹自己。

如上所述，我们偶尔也认识到这一切，不禁对这使人晕头转向的恐惧和慌张，以及似梦非梦的生活状态表示惊讶，我们的生活害怕醒来，越临近醒，越要做些凌乱不安的梦。可我们同时感觉自己过于虚弱，无力长时间承受这种深刻内省的瞬间，而且也不是大自然努力向其发展，以拯救自身那种人：实际上，我们只是稍稍把头露出水面，看看自己究竟掉进了哪一条河的深处。况且，这倏忽即逝的浮出与醒悟，也不是我们凭自身力量所能办到的，我们必须靠人提拔——是谁来提拔我们？

他们就是那些诚实的人，那些**不再是动物**的人，那些**哲学家和艺术家，圣人**。当他们出现的时候，而且由于他们的出现，从不跳跃的大自然做了惟

——一次跳跃，一次欢快的跳跃，因为它头一次感觉自己达到了目的，也就是认识到它必须忘记有诸多的目标，还认识到自己把生命和生成的游戏玩过了头。这一认识使它变得和颜悦色，一种柔和的、被人们称之为“美”的倦容，在黄昏时分浮现在它的面庞。它现在通过这和悦神情所表达的，便是对存在的深刻**启蒙**；终将一死的人，最大的愿望就是能够持续不断地敞着耳朵倾听这场启蒙。谁要是想想譬如说叔本华在其一生中都**听到**些什么，那他随后就会对自己说：“唉，你这聋子，你这笨蛋，你那摇摆不定的理智，你那扭曲的心，唉，还有我称之为我的一切！我是多么地蔑视这一切！我飞不起来，却只能扑腾！望见高处，却又攀登不上！认识并且走上那条通向广阔无边的哲人眼光的道路，可是，没走几步，就跌跌撞撞退了回来！哪怕仅有一天来满足这个最大的心愿，人们都多么情愿把剩下的一生作为回报啊！像思想家那样攀高，一直爬到冰清玉洁的阿尔卑斯山顶，那里不再有迷雾笼罩，万物的基本特征僵硬、粗糙，却又清晰无比地显现出来！想到这些，内心就变得孤独，开阔。如果愿望得到满足，如果眼光如同一束耀眼的光芒，直达万物，如果羞愧、胆怯、欲望全都无影无踪——用什么词才能形容这种状态！这是一种全新的、神秘的、泰然处之的激动状态，这时，我们的灵魂和叔本华的灵魂一样，五体投地一般扑倒在代表存在的巨型象形文字，扑倒在化为石头的生成学说上面，但它不是一层夜幕，而是火红的、普照大地的光芒！如果人们对哲学家的特殊使命和幸福有着深刻的认识，足以感觉出非哲学家和欲望得不到满足的人是多么地不幸，多么地漂浮不定，那么，这又是何等的命运！如果知道自己好似树上的一颗果实，由于阴影太多而无法成熟，而那近在眼前的阳光仿佛又远在天边，这又是什么感觉！”

使这么一个倒霉鬼变得妒忌而恶毒，是一件十分痛苦的事情，假如他还有可能变得妒忌而恶毒的话。但是，他最终还是有可能幡然醒悟，使其心灵不再因为追求虚荣而遭受煎熬，这时他将**发现**一系列新的任务。

现在我可以回答一个问题，即有没有可能通过有规律的独立行动，和叔本华式的人物所追求的伟大理想保持联系。我们首先要肯定一点：这些新任务不是一个孤独者的任务，肩负这些任务的人，倒更有可能跻身一个强大的群体，而维系这一群体的，倒并非外在的形式和法则，而是一个基本思想。这就是**文化**这一基本思想，前提是这种文化懂得向我们每个人提出那惟一的任务：**促使我们和我们周围的人变成哲学家、艺术家、圣人，由此把大自然推向完美境界**。大自然需要哲学家，但是，为了一个形而上的目的，就是为了自我启蒙，它同样需要艺术家，以便它在生成的骚乱之中所从未看清楚的东西，终于作为纯粹的，现成的画面呈现在它的眼前——帮助它自我认识。是歌德说过一句大胆而深刻的话，以说明大自然做的一切尝试，其最终目的都在于让艺术家猜出它结结巴巴所要表达的意思，让艺术家在半道上去接应它，并且说出它的一切尝试究竟要达到什么目的。有一次他大声宣布："我说过多次，而且要反复地说，世界和人类斗争的causa finalis[①]是戏剧艺术，否则，这玩意儿便毫无用处。"因此，大自然最终需要圣人，在他身上，自我完全融化，他痛苦的生命不再，或者说几乎不再是个人的感受，而表现为和一切生物取得一种最深刻的同感，共感，通感：在圣人身上出现了生成游戏不曾想到的变化奇迹，也就是那最终的，最高的变成人的目标，为了拯救自身，整个大自然都努力向这一目标奋斗，挺进。毫无疑问，我们和他息息相通，携手同盟，就像我们和哲学家、艺术家们息息相通。有某些时刻，仿佛是最明亮、最富爱意的火花，这火花发出的光辉使我们不再理解"我"这个词的涵义；此时此刻，存在于我们的知识彼岸的某种东西又移到此岸，所以，我们在内心深处祈盼那座连接此岸与彼岸的桥梁。在通常状态下，我们显然无法为产生拯救者作出任何贡献，所以，我们**仇恨**这种状态，这仇恨是叔本华教给我们时代的悲观主义的根源，但自从产生文化渴望以来，这种悲观主义一直存在着。这仇恨是其根，但不是花朵，是地基，但不是山墙，是道路的起点，但不是终点：总有一天，我们还得学习仇恨别的、更普遍的东西，我们不再仇恨我们的个体及其可悲的局限，不再仇恨它的变化和不安，在这种升华的瞬间，我们的热爱对象将和现在有所不同。只有当我们在今生或者来世，被吸收到由哲学家、艺术家、圣人组成的无比崇高的团体之后，才有新的爱恨目标摆在我们面前——到时，我们有我们的任务和责任范围，有我们的爱和恨，因为我们知道文化是什么。它希望——为了检验叔本华式的人物——我们为这种人物的不断产生做好准备并给予支持，即认识并且清除一切障碍。简言之，它希望我们同一切阻碍我们成为叔本华式的人物，从

---

① 拉丁语：终极目的。

而阻碍我们实现最高生存目标的因素作不懈的斗争。

六

有时候承认一件事情比认识一件事情更困难，多数人在思考下面这句话时，便是这种状况："人类应该为产生伟大的个体做持续的努力。这，而且惟有这个才是它的任务。"在动植物王国，人们无论观察哪一物种，都发现它们存在的目的仅在于产生高级个体，那种不同寻常的、强壮的、复杂的、生殖力极强的个体，人们是多么愿意把这一启示应用到社会和社会的目标；如果不是那些灌输给人们的有关社会目标的观念在负隅顽抗的话，人们是多么情愿这么做啊！一个物种的进化目标就在于到达它的极限，并且向更高级的物种过渡，而不是追求个体的数量及其健康，也更不在于那些最后降临的个体，它的目标不如说在于那些看似零散而偶然的生命，这些生命在条件有利时，便东一个西一个地浮现于世。这的确是一个十分容易理解的道理。如果我们要求能够意识到自身目的的人类去发现并且创造伟大的救星的产生条件，那这也同样易于理解。但天晓得什么东西在作祟：有人说那终极目的在于全体或者多数人的幸福，在于发展强大的群体；还有人说，不论一个人多么果断地将他的生命贡献给譬如说国家，可一当个人，而不是国家要求他做出牺牲时，他的行动就将变得缓慢而迟疑。一个人为另一个人而活着，这看似荒唐，因为"应该为其他所有的人，至少是为尽可能多的人活着！"庸人啊，事关价值和意义，你竟然觉得让数字来决定更为合适！因为人们应该提出这么一个问题：你的生命，个人的生命，怎样获得最高价值和最深刻的意义？怎样才能把生命的浪费减少到最低限度？办法显然只有一个：你为那最稀罕、最有价值的个体，而不是为多数人或者说单个看来最没价值的个体的利益而活着。这一观念恰恰应该灌输给青年人，并且加以培养，使他把自己看成大自然的败笔，同时又是这位女艺术家最伟大、最神奇的意图的见证人。她出了败笔，他应该告诫自己，但是我要为她效力，使她有朝一日获得更大的成功，以此对她的伟大意图表示敬意。

有了这种准备，他就进入了**文化**圈，因为文化源于个人的自我认识和不满足。每一个信仰文化的人都会说："我望见某种比我本人的存在更高级、更富人性的东西，你们来帮助我达到那种境界吧！我也要帮助每一个有相同认识，并为此痛苦的人：我们的最终目标是出现一种人，他在认识和爱，在静观和行动之中，都有充实而壮阔的感觉，并且他将作为万物的判官和尺度全身心地依恋大自然，融入大自然。很难让一个人去体验这种毫无气馁的自我认识状态，因为爱是教不会的：惟有沉浸于爱，灵魂才不仅能够清晰、锐利而又充满蔑视地审视自我，而且渴望超越自身，全力以赴寻求一个隐藏在什么地方的更高的自我。因此，只有心系伟人，才能获得**第一个文化标志**。这种标志体现为惭愧而不恼怒，体现在对自身狭隘和萎缩的仇恨以及对从迟钝和枯燥之中脱颖而出的天才的同情，它还表现为对一切生成者和战斗者的预感，表现为坚信大自然到处都是进退维谷的状态，因为它正努力向人迈进，因为它一再痛苦地发觉自己的失败，却又四处勾勒出最神奇的点、线、图形，结果，我们身边那些人就像是一大堆乱七八糟的雕塑粗坯，他们都冲我们喊道：过来，帮帮我们！把事情做完！把合适的部分组合起来！我们盼星星，盼月亮，盼着自己有个完整的形象！

我把上述心理状态的总和称为**第一**文化标志，但我现在的任务是描述**第二个**标志的作用，而且我很清楚，这次的任务更为艰巨，因为现在应该从内心活动转而评判外部事件，目光应投向外部，以便在这纷纷扰扰的大世界中，重新找到它在初次经历中所见识的文化欲求，个人则应该把自身的奋斗和期盼变成供他解读人类的追求的字母。但是他不能就此满足，他必须从这一级迈向更高一级，文化所要求的，不仅是那种内心体验，也不仅在于对包围他那奔腾不息的外部世界做出判断，它最终和主要的要求是行动，就是为文化而战，同一切遮挡其目标——造就天才——的影响、习惯、法律或者机构相对抗。

有能力迈上第二级的人，首先会发现**有关那个目标和知识是多么单薄，多么稀罕，**相反，促进文化的现象又是多么普遍，投入的力量又多么地浩大。人们诧异地问自己：难道这种知识毫无必要吗？如果多数人错误地制订其努力的方向，大自然也能实现其目标吗？谁若习惯于赞赏大自然无意识的目的性，他或许将毫不费力地回答说："对，是这么回事！不管人们如何设想自己的终极目标，不管他们想什么、说什么，可他们在盲目的冲动当中，还是能够意识到正确的道路。"对此，人们必须有所体验，才能加以反驳。但是，谁若真正相信文化的目标无非是促使真正的**人**出现，谁若比较一番，看看尽管文化方面有许多的铺张与奢华，但造就这种人如何与连续折磨动物相去不远，那么他最终还是会觉得有必要以有意识的愿望去替代那"盲目的冲动"。这也首先出于第二个原因：使人们不再可能把那个不清楚其目标的本能，那个为人称道的盲目冲动用于别的目的，或者引上一条永远达不到最高目标——造就天才——的道路。因为存在一种**被滥用，被雇用的文化，**人们只消环顾四周就会明白这点！目前，最卖力地推进文化的势力，恰恰存有三重私心，他们并没有带着纯洁无私的心态来和文化打交道。

首当其冲是**逐利者的自私**，他们需要文化的辅助，随后便给予回报，此时他们当然要规定文化的目标和规模。这一派创造了那个广受欢迎的定理和连环推论，其大意是：有尽可能多的知识和教育，就有尽可能多的需要，就导致尽可能多的生产，就获得尽可能多的利润和幸福——那个富于诱惑力的公式就是这种腔调。教育被其崇拜者定义为一种见解，有了这种见解，人们的需要及其满足方式都会变得彻底地合乎时宜，同时人们也能最好地掌握所有的手段和方法，以便尽可能轻松地赚钱。培养尽可能多的通用——而且是形容货币那种通用性质——人才，这大概就是他们的目标；照此观点，一个民族拥有的通用人才越多，就越是幸福。因此，有人说，现代教育机构的意图就在于按照每个人的天赋，促使他成为通用人才，就在于通过教育，使每个人能够从现有的认识和知识范围中获得最大限度的利益和幸福。为此人们要求个人借助于普及教育，对自我做细致的评价，以便知道自己向生活索求什么。最后还有人声称，在"智力和财产"、在"财富和文化"之间存在一种天然的，必然的联盟，而且这种联盟有其**道德**必然性。一种教育，如果它教人孤独，制订超出金钱和赢利的目标，并且耗费许多时间，就会遭到仇视。人们常常把这种更为严肃的教育诋毁成"高级的自私自利"或是"不道德的教育享乐主义"。当然，按照此间通行的道德，与之相反的东西倒很有市场，那是一种速成教育，目的在于培养能很快挣钱的人，那又是一种如此彻底的教育，目的在于培养能够挣大钱的人，一个人所能获得的教育，恰好符合普遍的赚钱目的和国际交往的目的，而人们对他的要求也刚好这么多。简而言之：“人们必然要求享有尘世幸福，因此教育成为必然，但也仅此而已！”

其次谈谈**国家的自私**：国家也渴望推广和普及文化，并且掌握着满足其愿望的最有效的工具。即使它知道自身的强大足以使它随意放纵或者束缚自身，即使它的基础稳固而宽广，足以承受整个的教育大厦，但是，在国民中推广教育却总是有利于国家，有利于它和其他国家竞争。无论哪里在谈论“文化国家”，人们都会看到，摆在它跟前的任务便是把一代人的精神力量，解放到能够服务于，并有益于现存机构的程度，但也仅此而已。这好似人们利用土堤和沙袋对一条林中溪流进行部分分流，使它以削弱的力量去推动磨坊水车，否则，原先的力量对水车的危险将多于它带来的益处。那种解放也是，而且更多地是一种桎梏。人们只需要回想一下国家的自私使基督教逐渐变成了什么样子。基督教无疑是渴望文化、渴望造就圣人的一种最纯洁的表示，可由于它通过千百条途径来推动国家政权这架水车，它已渐渐病入膏肓，变得虚情假意，蜕化到跟它原先的目标相矛盾的矛盾。它最后一次行动——德国宗教改革——也不过是回光返照，假如宗教改革并不是从各国的战火和火灾之中窃来新的力量和火苗的话。

促进文化的第三股势力，是所有那些意识到一个**丑陋或者无聊的内容，**并且想通过所谓**“美的形式”**加以掩盖的人。据说要用外观、言辞、表情、装饰、奢华、教养来促使欣赏者对这种内容做出错误推论，前提是人们通常根据外观评判内容。有时我觉得现代人彼此之间乏味得要死，他们最终觉得有必要借助一切艺术来使自己变得有趣。他们让艺术家把自己做成刺激性的、辛辣的菜肴，他们用整个东西方的调料浇遍自身，而且理所当然！现在他们自然散发出有趣的、来自整个东西方的气味！他们准备满足任何一种口味；每个人都应侍候周到，不论他要香的还是臭的，要山珍海味还是农民家的粗茶淡饭，要希腊菜还是中国菜，要悲剧还是戏剧化的下流货色。众所周知，为这些死活想变得有趣，也四处寻找乐趣的现代人服务的最好厨师在法国，最糟的在德国。从根本上讲，这种状况对后者比前者更加欣慰，如果法国人恰恰因为我们缺乏风趣和高雅而大加嘲讽，如果他们看见个别德国人渴望高雅和风度，就联想到一个希望戴耳环，还嚷着要文身的印第安人，我们几乎不会见怪。

在此，没有什么能阻止我离题谈几句。自从最近一次对法战争以来，德国发生了一些变化和错位。人们显然把一些针对德国文化的新愿望也带回了家。对许多人来说，这场战争意味着初次游览一个更加高雅的世界。如果胜利者不以向战败者学点文化为耻，他的无拘无束将显得何等潇洒！人们尤其反复提醒工艺品注意和那更有修养的邻居展开竞争，德国的房子应该布置得跟法国的一模一样，就连德国的语言也应借助于一个按法国模式建立的学院，来吸收一种“健康的品位”，以摆脱歌德留下的不良影响——这正如柏林那位名叫杜博伊斯—雷蒙[①]所下的结论。很久以来，我们那安静而正派的剧院也盼望着同一个目标，甚至连高雅的德国学者都已发明出来——现在可以预测，迄今为止不想服从高雅法则的一切，如德国音乐、悲剧、哲学，都将作为非德国式的东西被打入冷宫。但是，如果德国人把他所缺乏的，现在本应去追求的文化，仅仅理解为包括舞蹈教师和裱糊匠的灵活在内的，用于修饰生活的各种技艺和花言巧语，如果他在语言上也只追求被学院派认定为好的规则和某种流行的风格，那么人们确实不用再为德国文化动哪怕一根指头了。不论这次战争，还是个人与法国人攀比，似乎都没有唤起什么更高级的要求，我倒常常怀疑德国人在使劲摆脱他的奇特天赋和他那独特的深沉天性交给他的古老义务。他反倒情愿要把戏，当猴子，去学习娱乐生活的花样和技术。可是，咒骂德国精神，莫过于把它当成有朝一日可以给它捏出点高雅来的蜡制品。如果说一部分德国人愿意让人这么捏，这么斧正，而且这可惜又是事实，那就应该反复讲一句话，直到人们听见为止：古老的德国风格在你们身上已荡然无存，尽管它生硬、粗糙、倔强，但也是最珍贵的材料，只有最伟大的艺术家才有资格用它来创作，因为他配用这种材料。相反，你们所拥有的，只是一种软搭搭、黏糊糊的材料，你们尽管拿来做你们想做的东西，搞点高雅的玩偶和风趣的偶像——对此我们得用瓦格纳说的一句话来总结：“德国人装腔作势的时候，总显得笨拙、迟钝；可当他身陷火海之时，他又是崇高的，压倒一切的。”高雅者很有理由提防这种德国火焰，否

---

① Dubois—Reymond.

则有朝一日这火焰会吞噬他们和他们的蜡制玩偶和偶像。当然，人们还可以从别的渠道，并且更加深刻地去探寻风行德国那种对“美的形式”的嗜好的根源：匆匆忙忙的生活，上气不接下气地捕捉瞬间，摘取青嫩果子那种急不可耐的心理，以及给人脸上刻下皱纹，在身上也仿佛打上烙印的一切追逐活动。他们体内似乎有一种妨碍均匀呼吸的饮料发作，于是他们便带着轻浮而放荡的神情奔来突去，完全成为三M——moment（瞬间），meinungen（舆论），moden（时尚）——滥加折磨的奴隶。因此，缺乏尊严与得体便令人尴尬地呈现在世人眼前，一种迷惑世人的优雅风格便应运而生，目的在于掩盖这种不讲体面的匆忙所造成的病态，因为贪图美的形式的时尚，是和当代人的丑陋内容息息相通的：前者起遮蔽作用，后者需要遮蔽。教养的涵义在于不让人看出自己多么卑鄙、下作，不让人看到自己在竞争中多么如狼似虎，在聚敛中多么贪得无厌，在享乐之中又是多么自私和无耻。我曾提醒人们注意德国文化的缺席，但几次都有人反驳说：“可这种缺席非常自然，因为德国人一直太穷，太谦虚。尽管让我们的同胞先富起来，培养出自我意识，随后他们也会拥有一种文化！”就算信念使人快乐吧，可是**这种**信念却让我闷闷不乐，因为我感觉到人们相信未来必将发达那种德国文化——财富堆积的文化，打磨抛光的文化，乔装打扮的文化——是我所信仰的德国文化之大敌。显然，活在德国人中间，就等于活受罪，这得归咎于他们的生活和感觉所表现出来的臭名昭著的沉闷特性，归咎于他们那种无形式的，迟钝的感觉以及在微妙的人际交往中表现出来的笨拙，这更要归咎于妒忌心理和一种躲躲闪闪，心怀鬼胎的性格。他们对虚假的、不纯的、胡乱模仿的东西，对于把外国的精华变为本国的糟粕，怀有根深蒂固的兴趣，这一切都令人感到痛苦和屈辱。现在他们又狂躁不安，追逐成就和利润，对当下时刻又寄予过高评价，由于新添这些最为深刻的痛苦，人们一想到这些病态和弱点永远无法根治，却只能通过一种追求“有趣的形式”的文化来加以粉饰，就怒火满腔。况且，这种事情还发生在一个造就了**叔本华和瓦格纳，**并将继续造就这种人物的国度！或者说是我们产生了最严重的错觉？也许上述这两个人已本能担保类似他们那种力量还真真实实地存在于德国人的精神和感觉？难道说他们本身就是一种例外，就像是从前人们所认定那些德国特征的最后继承人和末路子孙？对此我实在想不通，所以还是返回发表一般性见解的轨道，而忧心忡忡的疑虑却常常教我脱轨。那些促进文化，却没有认识到造就天才这一目标的势力尚未悉数列举。我们已提及三种势力：逐利者的自私，国家的自私，还有那些有理由改头换面，并躲藏在形式后面的人的自私。我要指出的第四种势力，是**科学的自私**，及其仆人——**学者**——的特殊本质。

科学之于智慧，犹如道貌岸然之于圣贤人格，它冷漠而乏味，它缺乏爱心，对于不满和渴望这类深刻的感觉则嗤之以鼻。只要科学将自身品性传给它的仆人，就像要以此榨干其人性，那它就在滋养自身而损害其仆人。如果文化从本质上被理解为促进科学，那么它将冷酷无情地和痛苦的伟人擦肩而过，因为无论在什么地方，科学眼里都只有认识问题，在它的世界里，痛苦的确是某种不相干的，不可思议的东西，就是说充其量算个新问题。

但人们首先要习惯将每一种体验都变换成一个辩证的问答游戏，一项纯粹的思维活动。令人吃惊的，是从事这类活动的人竟然干瘪得如此之快，他们的骨架竟然在如此短暂的时间内就格格作响起来。这是路人皆知，有目共睹的事实。尽管如此，青年人竟然没有被这些骨瘦如柴的人吓跑，仍然盲目地，毫无选择，毫无节制地献身科学。怎么会出现这种事情呢？个中原因自然不在所谓的“求真本能”，怎么可能存在一种追求冰冷的、单纯的、无结果的认识之本能！究竟是什么东西构成了科学仆人的真正动力？在无所羁绊的目光底下，这就昭然若揭：有必要奉劝诸位也去研究和解剖学者，反正学者们早就习惯粗暴地触摸和肢解万事万物，包括最为尊贵的东西，假如可以畅所欲言，我就得说学者是由迥然不同，盘根错节的冲动与刺激构成的，他的确是质地不纯的金属。首先应当指出的，是一种强烈的、日益增长的好奇心，一种去认识领域冒险的欲望，一种与陈腐事物相对立的新奇事物具有的长久刺激力，在此还应补充一种辩证的追踪本能和游戏本能，一种寻找思想狐狸之狡猾足迹的狩猎乐趣，结果，所要寻找的并不是真理，而是寻找本身，最大的享受则在于潜行，包抄，巧妙射杀。现在还得指出唱反调的本能。面对众人，性格人物要自我感觉，也要别人来分享他的感觉，战斗成为乐趣，个人胜利成为目标，为真理而战则变为借口。学者身上也在相当程度上夹杂一种寻找**某些**“真理”的本能，就是说他对占统治地位的人物、阶层、舆论、教派、政府俯首称臣，因为他感觉若把“真理”引向他们一边，将对他本人十分有利。学者身上还有以下这些不太规则，可也频繁出现的品性。首先是其方正品性和简单的感觉，如果它超出了僵硬和拙于乔装——乔装需要一点机智——的范围，就应予以高度的评价。其实，无论在哪里见到灵活与机智，人们都小心为妙，都可以对其正直性格提出质疑。换个角度看，那种方正品性大都没有什么价值，对科学也无甚用处，因为它固守习以为常的事物，通常只在涉及到简单的，或者超脱善恶的事情时才说出真理，在这种场合，说出真理比包藏真理更符合惰性。既然一切新生事物都需要换换脑筋，所以，一有可能，方正派就会推崇旧观点，谴责宣告新事物的人，说他缺乏sensus recti①。他们反对哥白尼的学说，正是因为他们固守视觉和习惯。在学者中间，仇视哲学并不罕见，他们尤其仇恨那长长的推理环节和牵强的证明。其实，每一代学者都不自觉地掌握着衡量**合法**敏锐的尺度，超出这一尺度，便受到质疑，简直要被怀疑为方正品性的反面。——学者的第二种品性是近距离的洞察力，与之相应的是他在观察远处和普遍事物时的严重近视。他的视域通常狭小，眼睛凑近物体才看得清楚。若想从一个刚刚研究透彻的视点转移到另一个视点，他就必须把整个的视觉仪器搬运过去。他把一幅画肢解得七零八碎，他就像一个用望远镜观看舞台的人，一会儿望见头，一会儿看到衣服，但他绝对看不到全景。他永远看不见零碎部分之间的联系，只能加以推想，所以他对普遍事物并没有强烈印象，譬如，由于不具备纵览整体的能力，他只好根据只言片语或者某些错误来评判一部著作；他将鬼迷心窍，把一幅油画宣判为一堆胡乱涂抹的颜料。——第三种品性是在好恶方面表现出的冷静和平庸的天性。由于这种性格，他在史学领域运气甚佳，只要他是按照他熟悉的动机来寻找先人的动机。田鼠在它的洞里最为自在。他不做勉强而大胆的假设，如果坚持不懈，他就会挖掘出过去的所有卑鄙动机，因为他是以己度人。正因如此，他在多数时候自然无法理解和欣赏一切稀罕的，伟大的，不同寻常的，也就是重要和本质的事物。——第四种品性是感情贫乏，生性沉闷，他甚至能够做活体解剖。对于某些认识所带来的痛苦，他真是全然无知，所以在别人心惊胆战的地方，他倒无所畏惧，他很冷漠，显得有点残酷。他还给人留下鲁莽的印象，其实不然。他和永不头晕的田鼠一样地不鲁莽。——第五种品性是自我评价甚低，也就是谦虚。他

---

① 拉丁语：正确的感觉。

们尽管被逐入凄惨的角落，可一点没觉得自己做出了牺牲，或者遭到浪费，他们心底里仿佛明白自己不是飞翔的造物，而是爬行的小动物。这一性格还令人感动。——第六种品性是对教师和领路人的忠诚。他们真诚地帮助这些人，他们知道，真理最能帮忙。他们对这些人充满感激，因为他们是借助于后者的提携，才迈进庄严的科学殿堂。光靠自己，他们永远也进不去。现在，当老师的如果能够开辟一方让头脑不发达的人也能有所成就的领域，他顷刻之间就能出名：人们很快就蜂拥而至。当然，每一个效忠者和感激者也是他的一场不幸。他们模仿他，他那些缺陷由于出现在如此渺小的个体身上，而恰恰显得异常醒目，异常夸张，与此相反，大师的优点却按比例缩小之后呈现出来。——第七种品性是因循守旧，以及一种无思想根基，纯粹植根于既有习惯的真理观。这种人是收藏家，阐释者，目录及标本制作者。他们在一个领域学习，探寻，纯粹因为还不曾想到会有别的什么领域。他们的勤奋类似直落而下的重力，所以常常高产。——第八种品性是躲避无聊。真正的思想家企盼闲暇，一般学者却避之不及，因为他不知道如何打发闲暇。他的慰藉在于书本，就是说他倾听别人在如何思考，并以此消磨一整天。他专门选择那些多少能够引起他的个人兴趣，能够煽动点情绪——不论是好感还是反感——的书，在这些书中，他本人或者他所属的阶层，他的政治，美学或者仅仅是其语法观点得以表现。假如他甚至还有一门属于自己的科学，那他永远不会缺少娱乐手段，不会缺少对付无聊的蝇拍。——第九种品性是挣饭碗，其实是路人皆知的“辘辘饥肠的指令”。如果真理能够直接促进工资、职称，或是赢得颁发面包和荣誉的人们的青睐，人们就为它效力。不过，人们也只是为**这种**真理效力，因此我们可以在有用真理和无用真理之间划条界限，前者门庭若市，后者门可罗雀，为后者服务的人目的不在于ingenii largitor venter[①]。——第十种品性是尊敬其他学者，害怕遭人蔑视。这一动机比前一个更稀罕，但是更高尚，也还很常见，该行业的所有成员都热衷于相互监督，好让带有诸多附属品——面包，职位，荣誉——的真理真正冠上其发现者的名字。人们非常周到地向他人发现的真理表示敬意，以便有朝一日自己发现真理时，再把缴纳的税索要回来。轰隆一响，非真理、谬误

① 拉丁语：填饱天才的肚皮。

都被炸得烟消雾散，以免追求者太多，但有时连货真价实的真理也炸得烟消雾散，这样至少可以在一段时间内给固执而大胆的谬误腾出地盘。和其他地方一样，这里也不乏人们通常称之为恶作剧的“道德蠢行”。——第十一种品性是虚荣。这种学者更为罕见。如果有可能的话，他倒想独霸一方，所以尽选择那些稀奇古怪的东西，而如果这些东西耗资巨大，需要旅行，挖掘工作，以及和世界各国保持密切联系的话，他就更加神往，多数情况下他只求荣誉，让人们把自己当做珍品来惊叹，他并不想借助学术研究挣饭碗。——第十二种品性是游戏冲动。这类学者的乐趣就是在科学中寻找绳结并慢慢解开。对于这项活动，他不能太用功，否则会失去游戏感。因此，他并不往深处钻，可他常常发现挣饭碗的学者们鼓着眼睛，费力搜寻也见不着的一些东西。——如果我最后把正义冲动称之为学者的第十三种品性，人们也许会反驳说，这种高尚的，必须从形而上的角度加以理解的冲动，很难与别的冲动区分开来，凡人的眼睛根本无法对它进行观察和鉴别。因此，我补充一个真诚的愿望：但愿这一冲动在学者身上发挥超出人们观察的，更频繁更有效的作用。因为，哪怕有一点正义的火星落入学者的灵魂，也足以把他的生活和事业变为一团大火并加以净化，这使他不再享有宁静，迫使他与温吞或冰冷的心境一刀两断，因为普遍学者正是在这类心境之中进行日常工作。

现在人们可以想象这所有元素，或者多个或者少数几个元素被彻底混杂并且搅拌在一起，从中便产生出真理的仆人。令人纳闷的是，为了一桩究其根本是非人的和超人的事业，为了一种纯洁而且毫无结果的，因而缺乏冲动的认识活动，这大大小小，为数众多的人性冲动竟然凑合在一起做化学反应，况且这反应的结果，即学者，竟在一项超凡脱俗的、崇高的、纯洁无瑕的事业的映照下，披上一层灵光，所以人们把他的产生所需要的一切混合，搅拌忘得一干二净。可是在某些时刻，尤其当我们思考学者对文化有何意义的时候，人们必须考虑，必须回忆这一事实。会观察的人，一定会发现学者天生**不育**——制作方式造成的结果！——而且对于有生殖力的人抱有某种天然的仇视，因此，学者和天才从来都是冤家。前者想扼杀、肢解、理解自然，后者则以鲜活的自然来丰富自然，由此便产生了思想和行动的双重对立，十分快乐的时代不需要学者，也不知学者为何物，而十分病态，十分阴郁的时刻却视之为最伟大、最尊贵的人，并赋予他至高无上的地位。

说到健康和病态，那我们的时代又是什么状况？这只有十分高明的医生才知道！当然，现在的学者在许多方面都被估计过高，所以影响极坏，对于成长之中的天才尤其糟糕。学者无心顾及天才的困境，他用尖利而冷漠的语调压住他们，而且肩膀耸得太快——仿佛这是某种奇怪而错乱的东西，他对此既无时间，也无兴趣。他同样不清楚文化的目标。

归根结底，我们从这些考察之中得到什么启发？答案是，哪里看似最起劲地促进文化，哪里就对这个目标一无所知。不管国家在如何大张旗鼓地宣传它的文化功绩，反正它促进文化，只是为了促进自身，况且它也不理解任何高于其福利和存在的目标。逐利者坚持要求普及教育，提高素质，其目的无非是赚钱。如果需要形式那些人把真正的文化工作视为己任，如果他们误以为全部艺术都属于他们，都必须为他们的需要服务，那么，他们借肯定文化来肯定自身的企图是再明显不过了：他们竟然也没有走出误区。关于学者，已谈得够多了。不论上述四种势力多么起劲地一同思考怎样借助文化以牟取**私利**，一旦没有唤起他们这种兴趣，他们就会变得疲惫而茫然。因此，产生天才的条件在近代**没有得到改善**，人们对于创造性人物更加反感，倘若苏格拉底在世，他肯定没有活路，至少活不到七十岁。

现在我请求诸位想想我在第三段里所阐明的问题：我们的现代世界看起来并非如此牢固、耐久，迫使人们预言他们的文化概念将永恒存在。人们甚至不得不承认，一千年以后人们可能会产生一些让现在活着的人感到毛骨悚然的新念头，**信仰文化的形而上意义**，最终也许并非如此可怕，可怕的倒是由此得出的几条涉及教育和办学的结论。

我们必须做大胆的思考，才能把目光从当前的教育设施转移，去搜寻完全陌生和异样的，也许下一代或者再下一代人就觉得很有必要的机构。既然现在那些教育高手们努力的结果便是造就学者，国家公务员，赚钱的人，或是文化市侩，或者跟往常一样最终搞出一个混合物，那么，尚待发明那些机构的任务自然更加困难——尽管这本身并不困难，它毕竟是一项更自然，所以也更轻松的任务，比如，有什么事情比现在这样违背天性，把青年人训练成学者更困难？但是，让人们换脑筋，制订新的目标才是难上加难。如果以一种崭新的基本观念来替换现行教育体制的基本观念，那将耗费九牛二虎之力，因为现行体制起源于中世纪，事实上也把中世纪那种学者奉为完美教育的目标。现在已到了正视这些冲突的时候，反正总有一代人得开始这场到下一代人必将取胜的战斗。每一个理解这一崭新的文化核心观念的人，都被迫走到十字路口。如果选择其中一条路，他将受到时代欢迎，将得到许多的花环和奖赏，强大的党派会支持他，他的身前身后都有许许多多的同志，领头的口号一呼，整个队伍都会齐声响应。此间首要职责为“并肩战斗”，第二职责便是把一切不想并肩战斗的人都视为仇敌。若是选择另外一条路，他就难得遇上同路人，这条路更艰难、更复杂、更陡峭。走在前一条路上的人嘲笑他，因为他走起路来更吃力，还常常遇到险情。他们试图把他吸引过去，一到交叉路口，他就受到虐待，就被扔到路边，或者由于众人避之不及而陷入孤立。对于这不同的漫游者来说，文化设施究竟意味着什么？沿着第一条路趋奔目标的乌合之众将它理解为机构和法律，对他们这是前行的拐杖，对于那些反抗者和孤独者，对于那些寻求更高、更偏僻的目标的人，则是枷锁。对那小部分人而言，一种设施具有一个全然不同的目的，他们自身则需要建立牢固的组织，以防止被乌合之众冲散冲走，防止个人未老先衰或是背弃重大使命。这些人都应完成各自的工作——这是他们团结的意义。所有参与这项设施的人，都要坚持修炼自身并且互相照顾，为天才的诞生，为自己和他人的事业的成熟做准备。不少人，甚至也有一些二流和三流天才，注定要为此出力，而且只有服从这一使命，他们才觉得是在为一种义务活着，觉得生活有了目标和意义。但现在恰恰是这类天才被那时髦“文化”的诱惑声引出了正轨，疏远了自己的本能。这些诱惑瞄准了他们的自私冲动，他们的弱点和虚荣，时代精神专对他们急促而娓娓动听地耳语道：“跟我来吧，别去那边！你们在那边只是仆人，帮工，工具，生活在能人的阴影底下，你们永远不会感觉良好。你们让人牵着，身戴镣铐，你们是奴隶，是木偶：在我这里，你们是主人，享受着自由人格，你们的才华将光芒四射，你们应该站在最前列，潮水般的追随者会把你们前拥后簇，舆论的欢呼要比站在高寒天空的天才那居高临下的高贵赞同，带来更多的快乐。”这种诱惑连最优秀的人也抵挡不住。其实，在此起根本性作用的，很难说是天才的稀有和力量，而是某种悲壮基调的影响，以及和天才息息相通的程度。因为有一些人，每当他们看天才奋力拼搏，陷入自我毁灭的危险，每当天才的作品被目光短浅、自私自利的国家，被浅薄的逐利者或是踌躇满志、枯燥乏味的学者满不在乎地弃之一边的时候，他们就当成**自己**的困境，因此我也希望有几个人能够领会我展现叔本华命运的良苦用心，以及按照我的设想，作为教育家的叔本华应该**教育**出什么样的人。

七

但我们暂时把遥远的未来和可能进行的教育体制改革撇开不谈：为了使一个成长中的哲学家还能呼吸，使他在最幸运的情况下能够实践叔本华那种自然不太容易，但至少是可能的存在，人们**当前**必须对他寄予什么希望，在必要时又必须为他创造什么条件？此外，为了使他更有可能影响同代人，还需要发明些什么？还有哪些障碍必须清除，以便他的榜样首先能充分发挥作用，以便这位哲学家又教育出一批哲学家？在此，我们不得不把目光投向实际的，令人生厌的领域。

大自然总想泽及万物，但是它不懂得寻找最好最巧的手段和理由来实现这一目标：这是它的一大痛苦，所以它满心忧伤。它想造就出哲学家和艺术家，使人的存在可以理解并富有意义，既然大自然渴望拯救自身，这就是一件不言而喻的事情了。可是，它通过哲学家和艺术家所发挥的作用，在多数时候又是多么地不显著，多么地微弱、乏力！它又是多么难得发挥作用！它在哲学家的问题上尤其尴尬，因为它无法使哲学家产生公益效果。它的手段似乎只是小心的实验和心血来潮，所以它的意图经历了无数次的失败，而多数的哲学家也没产生公益效果。大自然的做法看似浪费，但不是穷奢极欲，而是经验不足。可以假定，它若为人，就无法摆脱对自身，对自己的幼稚的愤恨。大自然把哲学家当箭头一般射入人体，它从不瞄准，但希望箭头击中什么地方。可它无数次地失手，并大为恼火。它在文化领域跟在繁殖、播种方面一样浪费。它通过一种普通的、笨拙的方式来达到其目的：它为此耗费了太多的力量。艺术家同艺术鉴赏者、艺术爱好者的关系，就像是一杆粗糙的猎枪对着一大群麻雀。为了扫除一点点积雪，就掀起了一场大雪崩，为了击中伏在鼻尖上的苍蝇，便打死一个人，这真是幼稚之举。艺术家和哲学家的存在，证明大自然的手段与其目的不相符合，尽管他们的存在已是它的智慧意图的最佳证明。他们总是击中少数人，他们应该击中所有人——而且这少数人已感觉不到哲学家和艺术家扣动扳机那股强力，艺术被截然划分为原因和效果，这分明是一件可悲的事情：作为原因的艺术是那么地强大，作为效果的艺术又是那么地疲软，那么细若游丝！艺术家根据大自然造福他人的意愿进行创作，这是毫无疑问的。尽管如此，他知道这些人中间没有谁会像他那样理解和热爱他的作品。这种深刻而惟一的爱和理解，起源于大自然的笨拙安排，目的在于产生不那么深刻的理解和爱。伟大与高贵成为渺小与卑贱产生的手段。大自然并不擅长经营，它入不敷出，不论它有多富，有朝一日它会落得倾家荡产。它若制订如下家规，便十分明智：一本万利。譬方说艺术家人少，并且不太强大，接受者和感受者倒是人多势众，而且比艺术家本人更强大有力，这样，相对其原因而言，艺术品的效果便成为百倍的反响。或者人们甚至不能期望原因和效果势均力敌吗？可是，大自然距离这种期望又何其遥远！艺术家，尤其是哲学家似乎常常属于他的时代的一种**偶然现象**，就像隐士或者被冲散并且落伍的漫游者。人们应该好好体会一下叔本华在所有这些方面都多么伟大，可他的影响又是多么地渺小而荒谬！一个诚实的人，如果他生活在这个时代并且看到叔本华的存在显得多么偶然，如果他还看出是哪些势力和恶势力削弱他的影响的，那就没有什么事情更使他感到羞耻了。叔本华的首要而长期的敌人是缺乏读者，这成为对我们的文学时代的一场经久的嘲弄；有了读者，他便遇上第二个敌人：首批公开支持他的人并不理想。我觉得更为严重的是现代人对书非常迟钝，当然他们也不想再把这些书当回事儿。一种新的危险又悄然出现。原因是人们在千方百计地让叔本华适应这个羸弱的时代，或者把他磨成奇特的、有刺激性的调料，仿佛要搞出一种形而上的胡椒面。尽管他逐渐为人所知，有了名气，我甚至相信他的知名度已经超过了黑格尔，可他终究还是隐士，还是没有什么影响。他的文学对手和那些对他狺狺吠叫的人最无资格享受瓦解其影响的荣誉，首先是因为很少有人拿出耐心来读他们的书，其次，有耐心读他们的书的人又被他们直接引到叔本华的原著。说到底，谁会因为听了赶驴人的一番劝说便放弃骑马，不管那赶驴人多么使劲地贬低别人的马，吹嘘自己的驴？

谁若看出大自然在这个时代毫无理智，他就得思索一点补救的方法。他的任务就是让最自由的思想家和那些为时代感到深切痛苦的人见识叔本华，把他们汇集成一股洪流，以巨大的力量去洗刷大自然在使用哲学家的时候经常显露，而且今天再一次显露的笨拙。他们将看到，阻碍伟大哲学发挥影响的势力，同时也妨碍伟大哲学家的产生，所以，他们可以为叔本华，即哲学天才的再现做准备，并以此作为自己的目标。但是，一开始就妨碍他的学说的影响和传播，并且最终使用各种手段来破坏哲学家再度诞生的因素，一言以蔽之，就是当代人的古怪脾性，因此，成长中的伟人必须浪费惊人的力量，才能把自己从这种古怪脾性当中拯救出来。现在他所进入的世界包裹在层层借口之中，这里面不仅有宗教教条，而且包括诸如“进步”、“普通教育”、“民族的”、“现代国家”、“文化战争”之类的虚假概念。人们甚至可以说，一切空泛的词汇都带有造作的、不自然的修辞色彩，头脑更为清晰的后人必将全力指责我们畸形、错乱——不管我们多么响亮地吹嘘自己的“健康”。叔本华说过，古希腊的容器之所以美，是因为它们以如此质朴的方式表现出生命中注定的存在形态与功能，况且古人的所有用品都是如此。人们觉得，若是大自然创造出花瓶、双耳陶罐、灯、桌、椅、头盔、盾牌、铠甲等等，它们也必然是这种形状。反之，谁要是看看几乎每个人都在如何谈论艺术、国家、宗教、教育——我们有充分理由不谈我们的“容器”——就会发现人们在表达方面跟野蛮人一样随意、夸张，况且，最妨碍天才成长的，是他的时代孕育着如此奇特的概念和如此古怪的需要：这些东西构成一股沉重的压力，频繁地、看不见地、不可思议地把他那试图耕耘的手往下按，结果，由于他奋力反抗，就连他最伟大的作品也多少带上了拼搏的痕迹。

如果要总结那些使一个天生的哲学家在最为幸运的情况底下至少不被上述的古怪时代脾性压垮的条件，我就会发现某种奇特的东西：这在某种程度上恰恰是叔本华——至少从一般意义上讲——成长的条件。尽管当时不乏相反的条件，因为他那虚荣的、富于文学才华的母亲身上带有的古怪时代脾性，以一种非常可怕的方式侵蚀他，但是，父亲那种高傲的、跟共和党人一般自由的性格把他从母亲的影响中拯救出来，并且还给予他一个哲学家最需要的品质：不屈不挠，桀骜不驯的汉子气概。这位父亲既非公务员，也非学者：他多次领着孩子周游世界——对于一个应该了解人而非书本，应该学习敬畏真理而非政府的人来说，这是十分有利的条件。对于民族局限性他的感觉常常过于迟钝或者过于犀利。当他旅居英国、法国、意大利之时，他的感觉跟在家乡没什么两样，他甚至对西班牙精神也颇为同情。总之，他并不以恰恰生为德国人为荣，我也不清楚在新的政治条件下，他是否会另有看法。众所周知，在他看来，国家存在的惟一目的就是保证内外安全，保证人们不受保护者的侵害，如果给国家虚构一些除保护之外的目的，就很容易使真正的目的陷入危险——所以他立下遗嘱，把他的财产留给在1848年保卫秩序的战斗中阵亡的普鲁士士兵的家属，这使一切所谓的自由党人都大为惊骇。从此以后，如果懂得简单地去理解国家和国家的职责，这也许会越来越成为精神优越的标志。满怀哲学狂热的人绝对顾不上政治狂热，而且将十分明智地避免天天读报，甚至去为党派效力，虽然国难当头之际，他会毫不犹豫地站在祖国一边。一个国家，如果还需要除政治家以外的人来关心政治，那必定是一个糟糕的国家，它活该断送在这众多的政治家手里。

叔本华得到的另一个十分有利的条件，是他并没有预先注定做学者，接受学者教育，他——尽管带着反感——确实在一家写字间里工作了一段时间，至少在整个的青年时代都呼吸着一家大商行的更为自由的空气。学者永远成不了哲学家，就连康德也不行，尽管他怀有与生俱来的天才冲动，他最终也停留于作茧自缚的状态。谁要认为我说这话对康德不公正，他就不知道什么是哲学家，因为哲学家不仅是伟大的思想家，他也是活生生的人。何曾有学者变成了活生生的人？谁要是让自身和事物之间隔着概念、观点、过去、书本，谁要天生是从事——广义的——史学的料，他就绝不会以新鲜的目光观察万事万物，他自身也绝不可能成为新鲜目光注视的对象。在哲学家身上，这两者却是合二为一的，因为他必须从自身得出教义，也因为他是作为整个世界的摹本和生物源为自身服务的。如果有谁借助别人的观点来观察自身，而他又在自身仅仅看到别人的观点，那也毫不奇怪。可学者就是这么存在、这么生活、这么观察的。与此相反，叔本华倒有莫大的福气，他不仅在自身、在内部，而且在身边，在歌德身上见识到天才：由于这双重的映照，他从根本上了解到学者的全部目标与学者文化，于是他明智起来。有了这一经验，他深知每一种艺术家文化所企盼的强者和自由人具有何种品质。既然有这种见识，他怎么还会有许多的兴致来按照现代人那种学究式的、虚伪的方式研究所谓的“艺术”？如果说他还见过某种更高远的境界：这是一种可怕的、超凡脱俗的审判场面，一切生命，包括那最高级的、最完美的，都在此被掂量一番，都被认定分量过轻；那么他所见到的，是审判存在的圣人。人们根本无法确定叔本华多早就见过这幅生命画面，而且是他日后在所有著作中都力图临摹那种画面，但可以证明他在青年时代，并愿意他在少年时代就见过那可怕的幻境。对他而言，日后从生活与书本，从所有科学领域吸收的一切，几乎都只是供他表达的颜色与手段，就连康德哲学也被他首先用作特殊的修辞工具，他相信借此可以更清晰地描述那幅画面，有时佛教神话和基督教神话也被他用于这一目的。对他来说，任务只有一个，完成任务的手段却是成千上万，意义只有一个，表达意义的象形文字却不计其数。

他有十分优越的生活条件，因为他能遵循其座右铭“vitam impendere vero”①，真正为这一任务而生活，况且，没有什么下贱的生活困难压迫他——我们知道他为此多么感激他的父亲——在德国搞理论研究的人大都牺牲人格，以此实现其科学使命，他们是“谨小慎微的无赖”，他们追求名誉和职位，他们小心翼翼，左右逢源，对势力人物和顶头上司溜须拍马。可惜，叔本华跟那众多的学者毫无相似之处，没有什么比这一事实更伤他们的面子了。

八

上述这几个条件，至少可以使哲学天才从我们时代的有害的反作用当中脱颖而出：无拘无束的汉子气概，很早就有人性认识，没接受学者教育，不

① 拉丁语：用真理影响生活。

受爱国激情的钳制，无生计压力，和国家了无干系——总之是自由，永远的自由：希腊哲学家所赖以成长的，是同样一种奇妙而危险的因素。谁要想跟尼布尔[1]谴责柏拉图那样，说他是不称职的公民，那他就尽管说，只是他本人应该做他的称职公民，这样，他和柏拉图便各得其所。另外一个人会把那种伟大的自由阐释为傲慢：他也有他的道理，因为他本人对那种自由无所适从，一旦他要求这种自由，他肯定要傲慢起来。这种自由的确是一笔沉重的债务，唯有通过壮举才能抵消。每一个凡夫俗子都确实有理由对这种幸运儿产生怨气：但愿上帝保佑他别碰上这种幸运，就是说别让他担当如此可怕的义务。否则他将毁于他的自由和孤独，将因为无聊而变成促狭鬼，而且是恶毒的促狭鬼。

也许哪一位父亲能够从上面所谈的学点什么东西，并在教育儿子的时候派上用场，尽管我们实际上不能期望父亲们要儿子做哲学家。古往今来，父亲们可能最反对儿子做哲学家，把哲学家看成头号怪物。众所周知，苏格拉底就成为那些愤恨“毒害青年”的父亲们的牺牲品，正因如此，柏拉图认为有必要建立一个全新的国家，使哲学家的产生不再受父亲们的非理性地左右。目前的状况几乎使人觉得柏拉图的确有所成效，因为现代国家把促进哲学视为**己任**，时时刻刻都努力使许多人享受那种“自由”，享受这种被我们理解为产生哲学家的基本前提。自古以来柏拉图就遭受一种奇特的不幸：每当出现一个在本质上符合其建议的产品的时候，若仔细观察，总会发现这是一个被土地神偷换的孩子，是一个丑陋不堪的怪婴：如果拿柏拉图梦寐以求的，由“上帝之子”统治的王国来对比，中世纪的神权国家便是如此。尽管现代国家最不想让哲学家成为统治者——感谢上帝！每个基督徒都会这么补上一句——但我们必须检验它所理解的促进哲学是否符合**柏拉图**的意思，我是说看它是否如此严肃，如此诚实，仿佛其最高意图便是造就新的柏拉图。如果说哲学家在他的时代通常都是偶然现象，那么，国家目前是否会真正为自己确立一项任务，有意识地把这种偶然转换成必然，在这方面也为大自然助一把力？

可惜，经验使我们懂得一个更好——或者更糟的道理：它告诉我们，没

---

① Niebuhr.

有什么比蹩脚的御用哲学家更阻碍天生的大哲学家的诞生和成长。令人难堪，是吧？谁都知道这是叔本华在那篇论述大学哲学的著名论文中首次予以关注的问题。我重新回到这个主题，因为必须强迫人们严肃对待它，就是强迫他们按照这个主题来决定自身的行动，一个词若不暗含对行动的要求，我便认为它毫无意义。直接联系离我们最近的同代人的状况来重复叔本华那些永远有效的话，这无论如何都是一件好事，因为好心人会说，自从叔本华做了那些有力的控诉之后，德国各方面的情况都有好转。尽管这是微不足道的一个方面，可他也事业未竟。

稍稍细看，会发现国家目前——如前所述——为了促进哲学，使一些人享受那种“自由”绝非自由，而是一个养活人的职位。促进哲学，其意义仅仅在于国家目前使至少一部分人有可能靠他们的哲学**过活**，也就是把哲学变成饭碗，可是，古希腊的智者从不接受国家的俸禄，他们充其量跟芝诺一样，得到一顶金冠和一块立于克拉美科斯山上的[①]墓碑，算是获得了公众的敬意。至于说指出一条如何靠真理过活的路子，是否就有益于真理，对此我不能做一般性的结论，因为这一切都取决于承旨走上这条路的人的性格和善意。如果有谁对众人说：你们为我操操心吧，因为我有更好的事情要做，也就是为你们操心：那我完全可以想象他说话时是带有几分骄傲与自尊的。就柏拉图和叔本华而言，具有这等伟大的思想和伟大的表述，并不令人感到诧异。所以他们恰恰可以做校园哲学家而无损于哲学的尊严，这就像当初柏拉图一度做宫廷哲学家的情形。但是，康德就已变成了我们的学者通常所表现的那副模样，他谨小慎微，低三下四，在国家面前毫无气节，因此，一旦有人指控校园哲学，他根本无法辩护，但是，如果说也有柏拉图和叔本华这种能够为校园哲学辩护的性格人物，那我只担心他们永远得不到这种机会，因为没有一个国家胆敢优待这种人，把他们摆到那种位置。有什么必要？每个国家都怕他们，于是就优待那些不让它感到害怕的人。事实的真相在于国家压根儿就畏惧哲学，由于这种情况，它更要拼命拉拢哲学家，后者为它营造一种假象，仿佛哲学家站在它的一边——因为它的身边有了一帮打着哲学名义却丝毫不可怕的人。可是，真要冒出一个凶相毕露的人，手持真理的利

---

① Kerameikos.

刃，直奔包括国家在内的所有人，那么，首先要肯定自身存在的国家，就有权力把这号人拒之门外，视为仇敌，正如它把任何想凌驾于它并对它指手画脚的宗教拒之门外、视为仇敌一样。谁要甘当御用哲学家，他也甘愿国家认定他不再深入一切偏僻角落去追寻真理。至少在受到优待和雇用期间，他得认可某种凌驾于真理的东西：国家。这还不仅仅是国家，也有国家为谋求福利而追求的一切。比如某一形态的宗教，社会结构，军备——所有这些都挂上了“nolime tangere”[①]的告示牌。有哪一位校园哲学家可曾弄清他整个的权限和职责？这点我可不知道。谁若明白这一切，又照样当他的国家公务员，那他肯定够不上真理的朋友；如果他的头脑根本不曾清醒过，依我之见，他还是算不上真理的朋友。

这是最一般的疑虑，但就目前的思想状况而言，人们会认为这是最微小的、最无关紧要的疑虑。多数人只想耸耸肩膀说：“难道这世界上有什么伟大而纯洁的东西，不向低下的人性做出妥协，便能树立起来，并且站稳脚跟！难道你们希望国家最好去迫害，而不是养活并雇用哲学家？”我暂不回答后一个问题，我只想说，当代哲学对国家的妥协太离谱。首先，国家在为自身挑选哲学仆人，而且人数恰好与其学校的需要相吻合。国家为自身树立起一种能够甄别好坏哲学家的形象，更有甚者，它假定总有足够的优秀哲学家来占满教师名额。它现在不仅是质量权威，而且是决定优秀者之必要数量的权威。其次，它强迫自己挑选的人留在特定的地方，与特定的人相处，从事特定的活动。他们应该给每一个有兴趣的青年学生授课，而且要日复一日，固定钟点。请问：一个哲学家究竟能否心安理得地担当此任，能否每天都有新内容，而且给每一个想听课的人讲授？难道他不为此摆出一副不懂装懂的模样吗？难道他不在陌生的听众面前谈论一些跟最亲近的朋友谈论才没有危险的事情吗？最要紧的是，他不就剥夺了自己最伟大的自由，再也不能随着天才的呼唤，在任何时候，去任何地方了吗？个中原因在于他负有义务，在特定的钟点当着众人去思考预想好的事情。而且还站在青年人面前！这种思维一开始不就像被阉割了吗？假如他某一天甚至感到“今天的脑子不好使，没有任何灵感”，却还是站上讲台做思考状，那又是什么情形！

---

① 拉丁语：别想碰我。

可人们会反驳说，他不应该做思想家，他至多会嚼人剩馍，拾人牙慧，可他首先应该做一个研究既往思想家的渊博专家，关于后者，他总会讲出一些学生们不知道的事情。这正是哲学向国家所做出的第三种最危险的妥协，如果哲学对国家的首要和主要义务表现为渊博学识或者哲学史知识的话。天才跟诗人一样，以纯洁的、充满爱意的目光注视万物，恨不得钻到万物的最深处，对他来说，最厌烦、最不合适的事情莫过于在无数陌生而错误的观点当中去东翻西找。无论在印度还是希腊，渊博的历史知识从来都不是真正哲学家的事情。假如一个哲学教授从事这种工作，如果人们对他印象最佳时也只是说“他是一个勤勉的语文学家，古董专家，语言专家，历史学家”，而绝不说“他是哲学家”，那他也只好忍气吞声。如上所述，这也是人们给他的最佳印象，因为校园哲学家的大部分研究成果都让语文学家感到糟糕透顶，它们缺乏科学的严谨，多数时候都沉闷得令人生厌。比如，谁有本事把希腊哲学史从李特尔①、布兰地②、策勒尔③那些学识渊博然而不太科学，可惜过于沉闷的研究成果所施放的令人昏昏欲睡的烟幕之中拯救出来？至少我本人宁愿少读拉厄提乌斯·迪奥根尼④，而不是策勒尔，至少在前者身上还有古希腊哲学家的精神，后者身上则见不着这种或者另外一种什么精神。归根结底：哲学史跟我们的青年有何相干？他们应该在这林林总总的观点之中失去发表观点的勇气吗？他们应该学会加入我们非常拿手的欢呼声吗？或者他们应该学会仇恨或蔑视哲学？如果人们知道应付哲学考试的学生们在如何折磨自己，以便把人类精神所产生的最狂放、最奇妙的与最伟大、最晦涩的念头一同塞进可怜的脑袋，那他们就会想到那后一种情况。惟一可能的，并且能够有所证明的哲学批评，便是考察人们是否能够按照这种哲学来生活，可大学里所讲授的，从来就不是这种批评，而是从文字到文字的批评。现在我们可以想象有这么个年轻人，没有多少生活阅历，可他头脑里却杂然并存五十个作为文字的体系，以及五十种对体系的批评——这是何等的混乱，何等的荒废，对于哲学教育又是何等的嘲弄！其实，人们也承认这并非哲学教

① Ritter.

② Brandi.

③ Zeller.

④ Laertius Diogenes.

育，而是教人如何通过哲学考试：我们知道，考试通常所带来的成果便是让考生、让那吃尽苦头的考生喟然叹息："谢天谢地，我不是哲学家，我只是基督徒和国家的公民！"

如果国家要的就是这声叹息，如果"哲学教育"不过是教人远离哲学，那又怎么样呢？人们可以扪心自问。要果真如此，就只怕一点：有朝一日年轻的一代会发现哲学究竟如何被滥用的。最高的任务——造就哲学天才——却只是托辞？他们的目标也许正是要阻碍这项任务的实现？难道意义变成了相反的意义？既然如此，就让国家和教授们的全部聪明见鬼去吧！

这种东西是否已经流传开来？这我可不清楚，不过，校园哲学已受到普遍的蔑视和怀疑，部分原因在于一帮废物占据了目前的讲坛。如果叔本华在今天写那篇论述校园哲学的论文，他就犯不着抡大棒了，凭一根细草秆就足以获胜。这帮人全是那些头脑极度错乱，曾被叔本华狠狠敲打的狗屁思想家的徒子徒孙。他们一副婴儿模样，侏儒模样，令人想到一句印度谚语："人到世上，或愚、或哑、或聋、或畸形，全赖祖上阴功。"那些父亲们该有这种后代，原因就在于谚语里所说的"阴功"。毫无疑问，校内的青年很快就会撇开大学里讲授的哲学以自救，而校外的青年已经这样行动起来。人们只需回想自己的大学时代，比如对我来说，校园哲学家完全无足轻重，他们无非是拿其他的科学成果来拼凑、搅拌，在空闲时间看看报纸，听听音乐会，甚至还受到装得彬彬有礼的校内同事的轻蔑。人们确信他们知之甚少，可总会用晦涩的语言来掩盖其知识缺陷。他们乐意呆在阴暗角落，使明亮的眼睛无法长久地注视他们。一个人反对自然科学：没有一种科学能够把最简单的生成过程给我彻底解释清楚，自然科学于我何用？另一个又说历史"对于有思想的人讲不出任何新东西"——总之，他们总会找到理由证明一无所知比学有所获更符合哲学精神。可一旦开始学习，他们就产生一种隐秘冲动，企图逃避科学，并在某个漏洞或者某个尚未照亮的角落建立其王国。他们惟独在这个意义上走在科学的前头，就跟野兽走在追逐它的猎人前头一样。最近他们喜欢声称自己其实只是科学的哨兵和边防战士，为此他们特别把康德哲学派上了用场，他们肯下功夫，从中挖掘出一种安安逸逸的、不久便被人遗忘的怀疑主义。他们中间偶尔也有人向小打小闹的形而上学飞跃，结果常常是头晕目眩，鼻血如注。由于这种云里雾里的旅行常常以失败告终，由于总有一个粗鲁而固执的、捍卫真正的科学的门徒逮着他们的辫子不放，硬要把他们扯下来，所以他们脸上带有一种矜持的、让人揭了短的日常神态。洋洋得意的自信已经荡然无存，不再有人对哲学表示哪怕一丁点的殷勤。过去，他们中间还有人自信发明了新的宗教，或者相信可以用他们的体系取代旧的宗教。现在，这种豪迈气概从他们身上消失了，他们多数时候都是虔诚的、羞怯的、躲躲闪闪的样子，他们从来没有卢克莱修的勇气，对于人类遭受的压迫麻木不仁。在他们这里，就连逻辑思维也学不来，他们对自己的力量做了合乎自然的估价，因而中止了司空见惯的雄辩练习。毫无疑问，目前人们在具体科学中更讲逻辑，更为谨慎，更为谦虚，更有创造力。总之，他们比所谓的哲学家更有哲学风范。因此，当落拓不羁的英国人贝奇霍特[①]对现时的时系构造者做如下评论时，每个人都会表示赞同："难道有谁不是几乎在事先就确信他们的前提是真理和谬误的奇特混合，因而犯不着去思考他们的结论？这些体系自圆其说，也许会吸引年轻人，会给毫无经验的人留下印象，可老练的人不会受其迷惑。他们总是愿意虚心接受各种暗示和推测，哪怕最微小的真理也受到他们的欢迎——但是，一本充满演绎哲学的大部头便只能受到他们的嘲讽。乐天派把无数尚未证明的抽象原理匆匆收集起来，在书本和理论中细细加以发挥，再以此解释整个世界。可世人并不理会这些抽象物，这也不足为怪，因为这些抽象理论只是在相互驳斥。"如果说尤其是德国哲学家一度陷入如此深入的思考，以致始终面临头碰木桩的危险，那么，他们在今天就像斯威夫特笔下的勒普泰岛民，必须有一批人专事敲打他们，时不时地拍拍他们的眼睛或者别的什么部位。有时大概下手重了一些，这些耽于幻想的人便大失其态，立即还手，过后他们又总是感到羞愧。你看不见这木桩吗？你这糊涂虫！这时敲打人就会这样训斥他们——此时此刻，常常有哲学家真的看见了木桩，随即变得和颜悦色。这些敲打人就是史学和自然科学。长期跟德国哲学混为一谈的德国梦幻行业和思维行业，逐渐让敲打人吓破了胆，思维店主们巴不得放弃自行其道的尝试。可是，如果他们一不留神撞到敲打人的怀里，如果他们想给后者系上一条襻带，以便让人牵着走，后者就会狠狠抽打他们——敲打人似乎在想："这么个思维店主竟然来

① Bagehot.

玷污我们的自然科学或者史学，这简直是闻所未闻！让他滚蛋吧！”这下他们便跌跌撞撞地退缩回来，重归不安和茫然：他们当然希望手头也掌握些自然科学，比如赫尔巴特派的经验心理学，再来点史学，然后他们至少可以在众人面前摆出从事科学研究的派头，尽管他们暗地里诅咒一切哲学与科学。

但我们承认这帮蹩脚的哲学家滑稽可笑——这点谁会不承认呢——可他们究竟从哪种意义上讲**有危害作用**？一言以蔽之，他们使哲学变得滑稽。只要这帮得到国家承认的狗屁思想家继续存在，那么，真正的哲学所具有的伟大影响力就将归于湮没，至少受到扼制，况且这只是因为这项伟大事业的代表者所招致的滑稽的符咒，可这符咒对事业本身是一种打击。据此我认为，文化要求我们取消国家和大学对哲学的任何认可，使国家和大学彻底摆脱区分真假哲学这一无法解决的任务。如果让哲学家们自然成长，使他们看不到任何就业或者融入市民职业的前景，也不再拿俸禄来刺激他们，更关键的是要迫害他们，毫不仁慈地注视他们，那么奇迹就会出现！他们将四处逃窜，东奔西跑地寻找藏身之处，这真是些可怜巴巴的伪哲学家。他们东开一个教区，西设一个学堂，一个蜷缩在报纸的编辑室，另一个则为高级女子中学编写教材，他们中间最明智的将扶起犁头，最虚荣的将投奔王室。顷刻之间，他们便杳无踪影，鸟飞巢空：摆脱蹩脚的哲学家易如反掌，不给优待就是。这无论如何都比公开地，通过官方来庇护随便哪种哲学更有采纳的必要。

国家从不关心真理，它只关心对它有用的真理，确切地讲，它是关心于它有用的一切，管它是真理，半个真理抑或谬误。只有当哲学能够承诺无条件地为国家服务，也就是把国家置于真理之上的时候，国家与哲学结盟才有意义。对国家来说，能够把真理也纳入它的支配和支付范围，自然是一件了不起的事情。不过它心里明白，真理的**本质**在于不受支配，不受俸禄。因此，国家所占有的，只是虚假的“真理”，是一个戴着面具的家伙。可惜这也无法向国家提供它渴望从地道的真理那里得到的东西：宣布国家的合法性与神圣性。从前，中世纪的国王想让教皇加冕，却又无法遂愿的时候，他便任命一个对立的教皇为他效力。这在某种程度上还是行得通，可是，现代国家若想任命一种对立的哲学来宣布其合法性，这就行不通了。因为，不断有哲学与它作对，而且现在比过去还要多。我真的相信，如果国家压根儿不理睬哲学，对它无所企望，就当它是一种无足轻重的东西，尽量让它走它的路，这反倒对国家有好处。如果哲学不甘心无足轻重的地位，威胁并且攻击国家，国家就可以随意迫害哲学家。既然国家对大学的惟一兴趣便是培养恭顺而有用的国家公务员，它就应该考虑，要青年人参加哲学考试，这是否会损害恭顺与有用这两种品质。尽管这样恰好可以让那些迟钝而低下的头脑对哲学望而生畏，因为人们已经把哲学搞成一个考试幽灵，可这一收获毕竟无法弥补这种强制性的学习给那些勇敢而急躁的青年所造成的损失。他们接触到禁书，开始批评教师，最终还看出校园哲学和考试的目的所在——且不谈学神学的年轻人，因为他们对此产生了忧虑，并开始在这种忧心忡忡的状态下逐渐从德国消失，就跟北山羊在蒂罗尔绝种一个样。我知道：只要漫山遍野还生着绿油油的黑格尔菜，国家就会找出什么理由来反驳我，可是，倘若冰雹砸毁了收成，当初寄予的希望无一成为现实，谷仓仍然空空荡荡，这时人们最好别再找什么反驳理由，背弃哲学才是聪明之举。现在人们拥有这种权力，黑格尔时代的人却想要这种权力——这是一个重大差别。国家不再需要哲学的认可，哲学便成为累赘。如果国家不再维持，或者——这是我设想的下一阶段的情况——只是假惺惺地，漫不经心地保留教授职位，它将有所得益，但我觉得更为重要的是大学能从中受益。至少我可以认为，一个传授纯科学的场所，只有中断与二分之一、四分之一科学的联盟之后，才能得到促进。况且大学的名声已很成问题，人们不得不把那些甚至让学院派也看不起的学科一律撤销。因为非学院派有充足的理由对大学一律采取某种蔑视态度，他们谴责学院派胆小怕事，说他们是小的怕大的，大的怕舆论，而且当涉及到一切高级文化的时候，他们并非疾步在前，而是蹒跚在后；他们还说学院派根本没有遵循显要学科固有的基本方向。譬如，现在的语言研究比过去搞得更为起劲，但谁不认为自己有必要在口头和笔头表达方面下功夫。印度文化已经敞开大门，可专家们同印度人最不朽的作品，即印度哲学的关系，与动物同里拉琴的关系相差无几：尽管叔本华认为，能够接触印度哲学是我们时代比过去的时代更为优越的一个条件。古典文化变成了随便一种古代文化，不再具有经典意义和示范意义，这点可以由它那些确实不具备示范意义的门徒来证明。弗里德利希·奥古斯特·沃尔夫[①]的精神安在？弗朗兹·帕

① Friedrich Auaust Wolf.

索夫[1]评论说，他倒像一个真正爱国，真正人道的思想家，他的力量足以使一方世界陷入不安和火焰——这种精神安在？新闻记者的精神倒是在大学里面蔓延开来，而且常常打着哲学的名义。举办哗众取宠、花里胡哨的讲座，谈论浮士德和智者纳旦，引用令人作呕的文学报纸的语言和观点，近来也有人谈论我们神圣的德国音乐，甚至要求设立讲授歌德和席勒的教授职位——所有的迹象表明，大学精神开始和时代精神混淆起来。如果校园外面出现一个高级法庭，专门监督和评判大学在促进文化方面的表现，那我倒觉得这是一件很有意义的事情；如果哲学退出校园，以清除自身的委琐顾虑和晦涩语言，那么它必然要变成这么一个法庭：它将在没有权力、没有薪水和名誉的情况下履行责职，它远离时代精神，不惧时代精神——简言之，像叔本华那样活着，专事评判将他团团围住的所谓文化，由此看来，哲学即便不与大学绞在一起，即便它居高临下，保持高傲的距离，它对大学也将有所裨益。

最关键的是，如果事关哲学在世上的存在，或者说——我得把我的意思讲得明白无误——世上出一个哲学家，远比一个国家或者一所大学的继续存在重要，那么国家的存在，大学的发展对我们又有什么意义！舆论的奴役和自由的危险增加几分，哲学的尊严就提高几分。在没落的罗马共和国地动山摇之际，在哲学与历史的名字变成了ingrata principibus nomina[2]的帝制时期，哲学获得了最大的尊严。布鲁图比柏拉图更能证明自己的尊严；在这些时代，伦理学不再包含陈辞滥调。如果说哲学在当前并不很受重视，人们只消问问为什么没有一个大将军、大政治家信奉哲学——所以如此，是因为在他们寻找哲学之际，迎面碰上一个名为哲学，而又弱不禁风的幽灵，这是那种学究气十足的讲坛智慧、讲坛谨慎，总之，在他们眼里，哲学逐渐变成一桩可稽的事情。可是，哲学本应让他们感到畏惧；那些担负使命，去寻找力量的人应该明白，这种力量来自何种英雄的源泉。一个美国人会告诉他们，假如一个思想家降临人世，成为巨大力量的中心，这将意味着什么。爱默生写道：“如果伟大的上帝让一个思想家来到我们的星球，你们要多加小心。

① Franz Passow.

② 拉丁语：不受显贵们欢迎的名词。

一切都面临着危险。就像一座大城市里燃起了大火，谁也不知道究竟还有什么地方是安全的，火要烧到哪里为止。到明天科学结论都将被彻底推翻，文学声望将一文不值，所谓的不朽名人也是这种命运。此时此刻人们之所以觉得什么东西珍贵，只是因为出现在他们的精神视域那些思想，而这些思想又造就了万物的现存秩序，这就好似一棵树上结满了苹果。**文化每前进一步，都将推翻整个人类追求的体系。”**这些思想家如果很危险，那么我们的学院派思想家显然就一点不危险，因为他们的思想在传统的土壤中平静生长，就像树上结出的苹果：他们既不威震四方，又不惊天动地；对于他们的蝇营狗苟，可以用迪奥根尼当初反对称赞哲学家时所说的话来形容：“他搞了这么久的哲学，却不曾使任何人**忧伤，**他还有什么可以炫耀的？”的确，校园哲学的墓碑应该刻上这句话：“它不曾使人忧伤。”但这是对一个老太婆，而不是真理女神的赞语。如果把女神仅仅当做老太婆那些人自身缺少汉子气，因而不被壮汉们放在眼里，那也不足为怪。

但是，我们的时代要果真是这种状况，哲学的尊严就将化为灰烬。哲学仿佛已成为一种滑稽的、无足轻重的东西，因此，真正热爱哲学的人必须反抗这种混淆是非的状况，他们至少要证明只有那些虚伪的哲学仆人和哲学贱人才是滑稽的、无足轻重的。他们最好以行动证明对真理的爱是一种可怕而巨大的力量。

叔本华已经证明这两个道理，并且将日复一日地证明更多的道理。